Haftungsausschluss:

Die Ratschläge im Buch sind sorgfältig erwogen und geprüft. Alle Angaben in diesem Buch erfolgen ohne jegliche Gewährleistung oder Garantie seitens des Autors und des Verlags. Die Umsetzung erfolgt ausdrücklich auf eigenes Risiko. Eine Haftung des Autors bzw. des Verlags und seiner Beauftragten für Personen-, Sach- und Vermögensschäden oder sonstige Schäden die durch die Nutzung oder Nichtnutzung der Informationen bzw. durch die Nutzung fehlerhafter und/oder unvollständiger Informationen verursacht wurden, sind ausgeschlossen. Verlag und Autor übernehmen keine Haftung für die Aktualität, Richtigkeit und Vollständigkeit der Inhalte ebenso nicht für Druckfehler. Es kann keine juristische Verantwortung sowie Haftung in irgendeiner Form für fehlerhafte Angaben und daraus entstehende Folgen von Verlag bzw. Autor übernommen werden.

Sollte diese Publikation Links auf Webseiten Dritter enthalten, so übernehmen wir für deren Inhalte keine Haftung, da wir uns diese nicht zu eigen machen, sondern lediglich auf deren Stand zum Zeitpunkt der Erstveröffentlichung verweisen.

Bibliografische Informationen der Deutschen Nationalbibliothek

Die Deutsche Nationalbibliothek verzeichnet diese Publikation in der Deutschen Nationalbibliografie; detaillierte bibliografische Daten sind im Internet über http://dnb.dnb.de abrufbar.

1. Auflage
© 2022 by Remote Verlag, ein Imprint der Remote Life LLC, Oakland Park, US
Alle Rechte vorbehalten. Vervielfältigung, auch auszugsweise, nur mit schriftlicher Genehmigung des Verlages.

Redaktion: Melanie Krauß
Lektorat und Korrektorat: Lena-Charlotta Bauer, Annika Hülshoff, Fabian Galla
Umschlaggestaltung: Wolkenart - Marie-Katharina Becker, www.wolkenart.com
Satz und Layout: Zarka Ghaffar
Illustrationen und Grafiken: Zarka Ghaffar

ISBN Print: 978-1-955655-41-5
ISBN E-Book: 978-1-955655-40-8
www.remote-verlag.de

JOY S. & KIRSTEN GOTTWALD

Feeling Loved –
DAS SELBSTLIEBEBUCH FÜR MÜTTER

Inhaltsverzeichnis

Teil 1

Selbstliebe für Mütter?

Teil 2

Selbstliebe ist nicht immer leicht – gerade als Mutter

Vorwort

> **The greatest love of all is easy to achieve. Learning to love yourself, it is the greatest love of all.**

Linda Creed
(bekannt geworden durch Whitney Houston)

Die größte Liebe von allen ist die Selbstliebe – und man kann sie ganz leicht erreichen. So sang es zumindest Whitney Houston in ihrem Welthit «Greatest Love of All» von 1986. Selbstliebe «erreichen» – das klingt so, als müsse man zunächst etwas dafür tun. Als könne man es nur bekommen, wenn man genug Disziplin oder Willenskraft mitbringt.

Unserer Meinung nach ist genau das Gegenteil der Fall. Selbstliebe ist wahrhaftig ganz leicht lebbar. Wir brauchen eigentlich nichts, um uns selbst zu lieben. Dennoch gelingt es vielen von uns Müttern erst, wenn sich in der Seele ein Schalter umgelegt hat, sodass du alles, was dir geschieht, aus einer höheren Perspektive betrachten kannst. Aus Sicht des Herzens eben – in dem Selbstliebe ihren Ursprung hat. Diesen Schalter kannst du weder mit Gewalt noch Willenskraft betätigen. Du musst nicht hart daran arbeiten oder zuerst alle deine Lebensbereiche optimieren. Es ist ein magischer Schalter, der sich von selbst umlegt, sobald du loslässt, dich dem Fluss des Lebens hingibst, dich treiben lässt von den Gegebenheiten, die dir das Universum zuspielt, ohne sie zu bewerten, zu kontrollieren oder in eine andere Richtung lenken zu wollen.

Wenn die Selbstliebe beginnt, dein Licht zum Leuchten zu bringen, heißt das nicht, dass du nun perfekt bist oder keine negativen Emotionen mehr kennst. Du lernst vielmehr, alle Gefühle anzunehmen, sie kommen und gehen zu lassen, ohne darin festzuhängen. Statt dich zu verurteilen für alles, was bei dir nicht funktioniert, kannst du achtsamer und nachsichtiger mit dir selbst umgehen, dir mit Liebe begegnen.

Mit einem hohen Maß an Selbstliebe zu leben, heißt auch nicht, dass es keine belastenden Themen mehr in deinem Alltag als Mutter geben wird. Aber die Last fühlt sich leichter an, weil du bewusster und reflektierter bist. Du beginnst, das Universum Lösungen finden zu lassen, anstatt an Problemen festzuhalten. Dich für die Selbstliebe zu öffnen, bedeutet ebenso wenig, dass du sofort aus deinen alten Mustern und Verhaltensweisen ausbrechen wirst. Vielleicht wirst du dich eine Zeit lang immer noch um bestimmte Themen drehen und die damit im Zusammenhang stehenden inneren Widerstände aufrechterhalten. Aber es wird dir bewusster werden, dass du es tust. Mehr ist nicht nötig. Beobachten, erkennen, annehmen – und im Herzen Ruhe einkehren lassen.

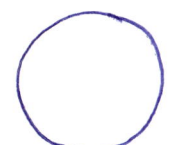

Selbstliebe heißt, zu erkennen, dass du dich im Kreis drehst, und darüber herzlich lachen zu können.

Mit der Selbstliebe kommt die Ruhe, mit der Ruhe die Gelassenheit und mit der Gelassenheit steigt die Lebensfreude. Mit steigender Lebensfreude strahlst du positivere Energien aus. Dadurch ziehst du andere Menschen und Situationen in dein Leben, und ehe du dich versiehst, kommt es dir vor, als hättest du das Leben verzaubert und es dich. Es arbeitet plötzlich nicht mehr gegen dich, sondern für dich. Genau so, wie du es dir immer erträumt hast. Du bist besser in der Lage, loszulassen und die Dinge zu akzeptieren, wie sie kommen, im Vertrauen darauf, dass das, was zu dir gehört, dich auch finden wird. Dadurch formst du den Fluss deines Lebens nach deinen Vorstellungen, anstatt von den Vorstellungen anderer an Orte getrieben zu werden, die du gar nicht besuchen wolltest.

Mit diesem Buch wollen wir dich darin unterstützen, deinen ganz eigenen Flow als Frau und Mutter zu finden. Der Fluss der Selbstliebe, der dich trägt und nährt, anstatt dich mitzureißen und in den Strudel zu ziehen. Alles, was du für deine Reise brauchst, ist Mut: der Mut, der Stimme deines Herzens zu folgen. Lass uns diese Expedition zu deinem ureigenen Selbst gemeinsam starten.

Wir möchten dir in diesem Buch ein paar schöne Ecken aus der Schatzkarte unseres eigenen Herzens zeigen. Vielleicht verweilst du dort genauso gerne wie wir und findest beim Erkunden dir unbekannte, bisher unbeschrittene Pfade und Geheimverstecke, die dir Kraft geben und dein Herz zum Tanzen bringen. 🌺

Von Herzen alles Liebe
Joy S. und Kirsten Gottwald

Unser Ansatz

In diesem Buch möchten wir mit dir teilen, was uns auf dem Weg zu mehr Selbstliebe unterstützt hat. Wir können dich allerdings nur liebevoll an die Hand nehmen – und dann im richtigen Moment wieder loslassen. Da jede Frau unterschiedlich ist, ist auch für jede von uns die Erfahrung von Selbstliebe eine andere. Deshalb können und möchten wir keinen Anspruch auf Vollständigkeit erheben, sondern nur Impulse geben, die du – wenn sie in dir auf Resonanz stoßen – weiter erforschen kannst.

Wir möchten mit diesem Buch eine Brücke schlagen zu allen Frauen, ob jung oder alt, Mütter von Kleinkindern oder erwachsenen Töchtern und Söhnen, an Frauen aller Ethnien, an heterosexuelle Mütter genauso wie an lesbische Frauen, an Mütter, die ihre Kinder physisch bei sich haben genauso wie an Frauen, die Fehlgeburten erlitten haben und deren Kinder bereits verstorben sind. Vielleicht spricht es auch Frauen an, die sich mütterlich fühlen, weil sie das Muttersein in sich tragen, etwas in die Welt gebären, es pflegen und nähren möchten. Dieses Buch ist für leibliche Mütter genauso wie Pflegemütter, Stiefmütter oder Tagesmütter. Es richtet sich an Mütter mit vielen Kindern wie auch an Mütter mit einem Kind. Es kann alleinerziehende Frauen ebenso ansprechen wie Frauen in einer wie auch immer gearteten Beziehung. Außerdem werden es möglicherweise auch einige Männer lesen, die wir an dieser Stelle willkommen heißen möchten, mehr über Mutterschaft und Frausein zu erfahren und vielleicht ebenfalls etwas aus diesem Buch mitzunehmen.

Es ist uns wichtig zu erwähnen, dass wir mit unserer Erfahrung und Sichtweise niemanden ausschließen möchten. Uns ist bewusst, dass wir dieses Buch in erster Linie aus der Sicht einer weißen, heterosexuellen, in einem westlichen Land lebenden Mutter schreiben und uns folglich nicht in alle

patriarchal geprägte Welt

Lebenssituationen unserer Leserinnen hineinfühlen können. Wir haben versucht, mit Hilfe von Interviews, die hier als Mütterstimmen zu Wort kommen, auch Mütter einzubeziehen, die unsere Perspektive erweitern.

Dieses Buch erhebt nicht den Anspruch, wissenschaftlich fundiert zu sein. Auch wenn an einigen Stellen wissenschaftliche Erkenntnisse und Fakten einfließen, basiert es auf unserer Erfahrung und Intuition. Wir versuchen, urweiblichen Prinzipien zu folgen, wohl wissentlich, dass wir uns als Autorinnen, die in einer patriarchal geprägten Welt konditioniert wurden und aufgewachsen sind, nicht komplett von männlichen Prinzipien frei machen können. Es ist uns daher ein Anliegen, noch einmal zu betonen, dass du durch diese Lektüre nichts «erreichen» kannst und wir nicht bewerten möchten, ob du am Ende dieses Buches auf einer Skala von eins bis zehn nun drei Punkte an Selbstliebe dazugewonnen hast oder nicht. Es geht vielmehr darum, dass du in deine Kraft und zurück zu deiner Intuition findest.

Unsere Kapitelauswahl ist größtenteils mit dem Gedanken entstanden, dir möglichst viele verschiedene Zutaten anzubieten, damit du für dich selbst das zubereiten kannst, was dich anspricht. Statt dir ein fertiges Rezept für mehr Selbstliebe zu überreichen, möchten wir dich dazu animieren, alle Zutaten, die dir gefallen, nach deinem persönlichen Geschmack zusammenzumischen, sodass du deine Seele mit genau dem nähren kannst, was zu dir passt. Es kann sein, dass du dich von manchen Kapiteln angezogen fühlst und andere dich überhaupt nicht locken.

Wir haben uns dazu entschieden, neben den Grundzutaten im Text auch einige Übungen als Toppings anzubieten. Erfahrungsgemäß ist es wichtig, nicht nur den Verstand mit neuem Wissen zu füttern, sondern auch den Körper miteinzubeziehen und das

Gesagte von Kopf bis Fuß zu verinnerlichen. Du darfst die enthaltenen Übungen als Anregung verstehen und sie ggf. für dich abwandeln, sodass sie sich für dich stimmig anfühlen. Sollten sie gar nicht zu dir passen, dann fühle gerne in dich hinein, um herauszufinden, was sich für dich persönlich richtig anfühlt. Denn darum geht es in diesem Buch: deinen ganz eigenen Weg zu dir selbst zu finden.

An einigen Stellen weist der Inhalt dieses Buches spirituelle Züge auf. Solltest du noch keinen Zugang zu Spiritualität gefunden haben, laden wir dich ein, dich dafür zu öffnen und die Inhalte individuell mit deinen Einstellungen zu vereinbaren. Unser Wertesystem ist unabhängig von religiösen oder gesellschaftlichen Richtungen – wir orientieren uns eher am Prinzip der Weiblichkeit, das mit dem Verstand nicht zu ergründen ist, weil es tiefer geht und keine Grenzen kennt. Dies mag an manchen Stellen ungewohnt oder mystisch wirken, kann aber dazu beitragen, die weibliche Kraft, die wir alle in uns tragen, wiederzuentdecken und zu leben. 🌷

Viele Wege, ein Ziel:
Unsere Reise in die Mutterschaft

Bevor es richtig losgeht mit unserer gemeinsamen Reise durch dieses Buch, möchten wir dir von unserem eigenen Weg in Richtung Selbstliebe erzählen, dem Weg ins Muttersein.

Joy:

«Kinder? Nein, danke!», sagte ich schon, als ich selbst noch viel zu klein war, um über eigene Kinder nachzudenken. Ich fühlte und beobachtete viel – und was ich sah, verstörte und verunsicherte mich teilweise so sehr, dass ich spätestens im Grundschulalter zumindest innerlich kein Kind mehr war: Ich nahm wie ein Schwamm all die Emotionen um mich herum auf und wusste nicht, wohin damit, zumal ich in diesen frühen Jahren noch nicht in der Lage war, fremdes von eigenem Empfinden zu trennen, weshalb ich einfach ungefiltert alles in mir ansammelte. Vielleicht kann ich mich deshalb so gut an die Reaktorkatastrophe von Tschernobyl erinnern, denn so, wie ich im Inneren Toxisches von anderen in mir anreicherte, so tat es im Außen die Umwelt. Ernste Tage, vielleicht sogar Monate, verbrachte ich wegen der unsichtbaren Gefahr drinnen im Haus statt draußen auf dem Spielplatz und hatte Angst, dass genau das meinen Kindern auch passieren könnte. Es reichte, dass ich selbst zumindest im Beisein der stets besorgten Erwachsenen eine Kindheit ohne Kindsein erlebte – das wollte ich nicht auch noch der nächsten Generation antun.

Diese Haltung änderte sich am Ende meiner Studienzeit, als ich nach zwanzig Jahren Funkstille wieder dem Mann begegnete, zu dem ich schon im Grundschulalter eine tiefe Liebe gespürt hatte. Unsere innige Verbindung war sofort wieder da – als hätte es nie eine Unterbrechung gegeben. Die Erinnerungen an gemeinsame Erlebnisse, an Momente, in denen ich im Beisein anderer Kinder doch auch selbst Kind gewesen war, vermittelten mir ein Gefühl von Verbundenheit und Geborgenheit, von Heimat eben.

Er sah noch genauso aus wie damals, nur größer. Immer wieder ertappte ich mich dabei, dass ich mir, wenn ich ihn anschaute und mich an den niedlichen Jungen aus meinen Kindertagen erinnerte, plötzlich doch vorstellen konnte, einen kleinen Menschen an die Hand zu nehmen und für ihn zu sorgen. Der Gedanke daran erfüllte mich nicht mehr wie früher mit Angst, sondern mit Freude. Aber der große kleine Junge und ich, wir waren noch viel zu weit weg von uns selbst, nicht reif genug für eigene Kinder. Beide hatten wir zu viele eigene unaufgearbeitete Themen, die letztendlich das Ende unserer Beziehung einleiteten.

Ich hatte durch die frühe Trennung meiner Eltern schon als Kind zwei Seiten. Meine pessimistische Seite ging immer davon aus, dass alle mich verließen, sobald ich mich ihnen gegenüber mit meinen eigenen Bedürfnissen und Emotionen zeigte, weshalb es mir in Beziehungen sicherer erschien, mich möglichst unauffällig zu verhalten. Wenn ich meine Sehnsucht nach Nähe und Zugehörigkeit und meine Angst, allein gelassen zu werden, versteckte, würde niemand an mir Anstoß nehmen und von mir weggehen, weil ich so herrlich unkompliziert, wenn nicht sogar unsichtbar war. Gleichzeitig gab es die optimistische, sehr wohl sichtbare, freiheitsliebende, abenteuerlustige, fröhliche, lebensbejahende Seite in mir, die aber nur meine Freunde kannten, weil ich gelernt hatte, dass es nur mit bestimmten Menschen sicher war, Kind zu sein, leicht und unbeschwert.

In Beziehungen unterdrückte ich aus einem alten, automatisch ablaufenden Muster heraus nach der anfänglichen Euphorie und Verliebtheit immer meine positive, weltoffene, kontaktfreudige Seite, denn ich wollte nicht in die Fußstapfen meines Vaters treten und den Menschen, mit dem ich in einer Beziehung war, wegen einer anderen Person, die ich durch zu viel Offenheit eventuell kennenlernen und am Ende auch noch mögen könnte, im Stich lassen. Deshalb zwang ich mich lieber in mein nebelgraues Korsett, indem ich mich selbst einsperrte, kleinmachte, verstellte, anpasste und Kontakte außerhalb der Beziehung mied. Bis ich irgendwann diese Rolle nicht mehr ertragen konnte und mich befreien musste, um mich lebendig zu fühlen.

Nach der Trennung von meiner Grundschulliebe stellte sich aber nicht das übliche Befreiungsgefühl ein. Das lag unter anderem daran, dass ich zum ersten Mal in meinem Leben allein wohnte und niemand da war, um mich abzulenken. Es dauerte nicht lange, bis ich fiel, tiefer als je zuvor.

In meiner ganz persönlichen Hölle, in der der Teufel meine Gedanken im Karussell drehte, war es besonders ein Gedanke, der immer wieder in mein Bewusstsein gewirbelt wurde: Wenn sogar der Partner mich nicht dauerhaft lieben kann, der mich am längsten von allen kennt, dann kann mich auch sonst keiner lieben. Zwar hatte ich mich von ihm getrennt, aber ich war sicher, dass ich ihm nur zuvorgekommen war – denn früher oder später hätte er mich sicher auch verlassen.

Ich war am Abgrund und konnte mir nicht vorstellen, dass es jemals wieder aufwärtsgehen würde. Als kurz nach der Trennung mein Großvater starb, starb auch jeglicher Rest Zuversicht, den ich mir noch bewahrt hatte. Nur Zweifel und Ängste blieben. Ich fühlte mich von allen im Stich gelassen – und schrecklich einsam.

Meine bereits seit der Kindheit unterdrückten und die im Laufe der Jahre aus meinem Umfeld angesammelten Ängste und Sorgen fanden keine freie Stelle in meinem Körper mehr, wo ich sie noch hätte begraben können. Mir blieb nichts anderes übrig, als mich zu ergeben. Ich weinte Tage und Nächte durch. Es war das Einzige, wozu ich fähig war.

Irgendwann hatte ich keine Tränen mehr übrig. Es war, als hätte ich mich entschieden, nach monatelangem Freeze den Reset-Knopf zu drücken, wodurch ein völlig neues Programm aktiviert wurde. Ich fand mich auf einmal allein in meiner

Wohnung mit einer Dankbarkeit, Entschlossenheit, Zuversicht und dem Gefühl, dass alles gut werden würde. Es war an der Zeit, mich endlich um mich zu kümmern, anstatt immer nur auf die Bedürfnisse und Emotionen anderer zu reagieren.

Bücher waren schon immer meine Freunde gewesen. Zum ersten Mal begann ich, mich auch für Sachbücher, insbesondere Ratgeber, zu interessieren. Ich tauchte ein in die Psychologie des Menschen, beschäftigte mich sehr intensiv mit meinem inneren Kind und mit dem Thema weibliche Urkraft. Außerdem lernte ich, einen gesunden Schutzschild gegen die Emotionen anderer aufzubauen und mich vorwiegend mit meinen eigenen Gefühlen auseinanderzusetzen. Mit allem, was ich las, an mir selbst erprobte, analysierte, ausprobierte, integrierte und heilte, wurde ich nicht nur ruhiger, sicherer und kraftvoller, sondern drehte sogar die Zeit um: Heute bin ich ein Kind im Erwachsenengewand und sehr froh darüber, dass Leichtigkeit und Optimismus seit dieser ersten richtig tief empfundenen Krise meine Essenz geworden sind.

Je mehr ich zu mir selbst fand, desto unabhängiger wurde ich von anderen. Das erlernte Überlebensmuster, mich verbiegen, verstellen, anpassen oder verstecken zu müssen, um gefallen zu können, löste sich auf und wurde ersetzt durch eine absolute Selbstgenügsamkeit. Ich beschloss, nur noch meinem eigenen Pfad zu folgen und mich dabei ausschließlich von dem leiten zu lassen, was mich glücklich machte.

Alles, was ich als Kind nicht gedurft oder mir selbst aus Rücksicht auf andere nie erlaubt hatte, holte ich nach: Ich lernte reiten, Gitarre spielen, ging mehrmals die Woche joggen und war ständig und gerne mit Freunden unterwegs – wenn ich mich nicht gerade mit mir selbst beschäftigte. Mir ging es so gut wie nie zuvor in meinem Leben. Ich verstand aus tiefstem Herzen, dass ich niemanden brauchte außer mich selbst. Wenn ich mich annahm, mich liebte und akzeptierte, so, wie ich war, dann war ich nicht länger darauf angewiesen, dass andere diese Rolle für mich übernahmen.

Dann passierte der Klassiker: Mitten in meine Unabhängigkeit und in mein geliebtes, bewusstes, gewolltes Alleinsein hinein begegnete mir plötzlich ein Mann, dem seine Freiheiten genauso wichtig waren wie mir. Ein Mann, der auf vielen Ebenen ganz ähnlich tickte. Einen Tag nach unserer ersten Begegnung wusste ich, dass er derjenige war, den ich heiraten und mit dem ich Kinder bekommen würde.

Und so kam es. Er war sehr naturverbunden, intuitiv und strahlte ein Urvertrauen aus, das sich sehr gut vertrug mit dem Urvertrauen, das ich in meinem Jahr des Alleinlebens auch in mir gefunden hatte. Plötzlich war ein anderer, ein positiver Glaubenssatz in mir aktiv, nämlich der, dass es völlig in Ordnung war, aus reiner Liebe Kinder in die Welt zu setzen. Auch und gerade in der heutigen Zeit, weil ich wusste: Ich war sicher – und meine Kinder würden es auch sein.

Kaum hatte sich unser erstes Kind in meinem Bauch eingenistet, suchte ich mir meine Hausgeburtshebamme, denn ich zweifelte keine Sekunde daran, dass ich dieses Kind im Einklang mit meiner eigenen Kraft in meiner gewohnten Umgebung auf die Welt bringen würde.

Die Geburt erlebte ich als wahrhaft magisch: Alles war im Fluss, funktionierte wie von selbst. Wir verständigten uns überwiegend ohne Worte, allein über Gefühle, getragen von Liebe, Sanftheit, gegenseitigem Respekt, Achtsamkeit und der Gewissheit, dass wir uns aufeinander verlassen konnten.

Knapp zwei Jahre später wiederholte sich das zauberhafte Spiel und kurz darauf suchte auch noch ein vierbeiniges Kind Asyl in unserer Familie. Diese Konstellation war dann zugegebenermaßen schnell gar nicht mehr so magisch.

Familie ⟶ Freiheits-drang

Der Hund, die Mädchen, der Mann und ich – wir alle wirkten immer wieder wie Minenfelder aufeinander. Ständig Explosionen, Kollisionen, Schlachtfelder. Dabei der Versuch, trotz all dem Stress und der Überforderung an meiner Überzeugung von herzorientierter Erziehung festzuhalten. An manchen Tagen fühlte ich mich verzweifelt und innerlich leer. Ein paar Jahre zuvor hatte ich meine eigene Freiheit lieben gelernt – jetzt fesselten mich die Familienbande. Wie sollte ich da rauskommen?

Ich wusste, der einzige Ausweg aus meinem gedanklichen Gefängnis war die Achtsamkeit, das genaue Schauen nach mir selbst und meinen Bedürfnissen, in jedem Moment, auch – oder gerade dann – wenn meine Bedürfnisse mit denen anderer Familienmitglieder kollidieren.

Die Brücke zu schlagen zwischen meinem Freiheitsdrang und meiner Familienzugehörigkeit, ist noch immer meine größte Herausforderung. Dennoch weiß ich, dass Herzoffenheit der Schlüssel ist zu meiner Freude – und Freude ist ansteckend.

Kirsten:

Ich hatte mein ganzes Leben lang das Gefühl, dass ich irgendwann Mutter werden und auch sein wollte, wusste aber nie, wann der richtige Zeitpunkt dafür kommen würde. Im Alter von 14 Jahren bestand ich darauf, die Pille verschrieben zu bekommen, da viele meiner Freundinnen sie schon nahmen und ich dazugehören wollte. Weder ich noch meine Frauenärztin hinterfragten die Sinnhaftigkeit und Tragweite dieser Entscheidung. Obwohl ich noch weit davon entfernt war, Sex zu haben, nahm ich ab diesem Zeitpunkt jeden Tag Hormone ein und hatte somit gar keine Gelegenheit, Bekanntschaft mit meinem natürlichen Zyklus zu machen. Rückblickend kann ich sagen, dass die Pille – so viel sexuelle Freiheit sie mir auch ermöglichte – außerdem dazu führte, dass ich mich für die nächsten 17 Jahre (denn so lange nahm ich die Pille ohne Pause) nicht wirklich «bei mir» fühlte.

Einen Kinderwunsch verspürte ich in dieser Zeit nicht. Es war eher so, dass ich mit meinem Ziel, irgendwann Mutter zu werden, wie auf Autopilot dem gesellschaftlichen Ideal folgte. Meine Beziehungen dauerten meistens mehrere Jahre an. Aber immer, wenn mir einer meiner Partner gestand, dass er gerne ein Kind mit mir haben wollte, fühlte ich mich zwar in meinem Ego bestätigt, aber geriet unter Druck. Obwohl ich mir so ein Commitment ersehnt hatte, war ich nicht bereit dafür, mich in dieser Form zu binden. Oft beendete ich nach einem langen inneren Zwist die Beziehung und zog weiter.

Mit um die 30 hätte ich meiner Vorstellung nach eine beruflich erfolgreiche Mutter sein sollen. Die Realität sah aber so aus, dass ich mit Anfang 30 weder im Berufsleben noch in der Partnerschaft angekommen war. Permanent begleitet vom Gefühl «irgendetwas stimmt nicht» – nicht wissend, ob ich damit meine Beziehung oder andere Lebensumstände meinte. Ich schob es darauf, dass ich als Scheidungskind (meine Eltern hatten sich getrennt, als ich drei Jahre alt war) eine Grund-Skepsis gegenüber Beziehungen und ihrem Fortdauern mitbrachte. Außerdem zweifelte ich daran, dass ich es jemals besser machen könnte als meine Eltern, war doch auch bei mir jede Beziehung zum Scheitern verurteilt gewesen. Ich hatte Angst davor, ein Kind zu bekommen und dann verlassen zu werden. Dieses Schicksal wollte ich meinen Kindern ersparen.

Mit Anfang 30 stürzte ich in eine große Lebenskrise. Trotz fünfjähriger Partnerschaft mit einem wunderbaren Mann verliebte ich mich in einen Kollegen, dachte sogar, in ihm endlich den Vater für meine Kinder gefunden zu haben. Schweren Herzens und mit großen Schuldgefühlen beendete ich meine aktuelle Beziehung, im Glauben, eine erfüllte Partnerschaft mit meinem Seelenverwandten leben zu können.

Wenige Wochen später wurde ich auf den Boden der Tatsachen zurückgeholt: Mein Soulmate war zweigleisig gefahren und parkte mich nun auf dem Abstellgleis. Gleichzeitig ging das Start-up, in dem ich gearbeitet hatte, insolvent. Ich stand vor dem Nichts. Tiefpunkt. Meine größte Angst war wahr geworden, nämlich, von dem Menschen, für den ich bisher die stärksten Gefühle gespürt hatte, verlassen zu werden. Jede Nacht wachte ich mit Panikattacken auf, am Tag versuchte ich, die nächste Stunde zu überstehen. Existenzielle Ängste machten sich in mir breit. Ich fühlte mich kaum überlebensfähig.

Dann hörte ich ganz plötzlich auf, mein Leben zu kontrollieren. Mir blieb nichts anderes übrig, als einfach alles loszulassen. Alles, was ich mir an Erwartungen auferlegt hatte, konnte ich nicht mehr erfüllen, weil mir die Kraft fehlte.

Reisen hatten in der Vergangenheit immer den Effekt auf mich gehabt, mich kurzfristig glücklich zu machen und mich zu stärken. Ich wollte für einen Moment Distanz zu meinem Alltag bekommen und flog nach Kapstadt. Aber trotz der Schönheit des Landes fühlte ich mich hoffnungslos allein. Wenn ich am Strand von Scarborough bei Sonnenuntergang die glücklichen Surfer-Familien sah, war alles, woran ich denken konnte: Werde ich das jemals haben? Werde ich jemals mit meinem Kind hier sitzen und picknicken? In mir wuchs der Wunsch, nicht aufzugeben, damit diese Sehnsucht eines Tages Realität werden konnte.

Zurück in Deutschland begann ich eine Gesprächstherapie und setzte mich mit den Wunden meiner Kindheit und damit verbundenen Verhaltensmustern auseinander. Alles, was mir Energie geraubt und mich von meiner Intuition weggeführt hatte, sortierte ich aus. Was dazu beitrug, mich im Jetzt ein Stück glücklicher zu machen, lud ich ein. Ich hörte auf, die Wünsche von anderen erfüllen zu wollen, und legte meine Angst davor ab, mich authentisch zu zeigen. Allmählich lernte ich, mich nicht länger verstellen zu müssen, um dazuzugehören, sondern mich denen zugehörig zu fühlen, die mich genauso annehmen konnten, wie ich war. All diese kleinen Schritte führten dazu, dass ich mich wie neugeboren fühlte, weil ich mich selbst plötzlich auch genauso annehmen konnte, wie ich war. Ich fühlte mich «gesehener» und alle, denen nicht gefiel, was sie sahen, von denen war ich nicht länger abhängig. Das bescherte mir eine unglaubliche innere Freiheit und das Gefühl, aus mir selbst heraus glücklich zu sein, meinen Wert selbst zu definieren. Zum ersten Mal manifestierte sich in mir etwas sehr Nachhaltiges: das tiefe Wissen, dass mir in dem Moment, in dem ich mich selbst liebte, niemand meine Würde nehmen konnte. Ich ertappte mich dabei, wie ich oft stundenlang grinsend auf dem Sofa saß, im Wohnzimmer tanzte, mich verbunden fühlte – mit mir und mit anderen.

Es gab Tage, an denen ich mich aus mir selbst heraus so glücklich fühlte, dass ich hätte sterben können, weil ich niemals ein besseres Gefühl kennengelernt hatte: die absolute Erfüllung und 100 Prozent Selbstliebe.

Mir wurde klar, dass ich nie wieder eine von Abhängigkeit geprägte Beziehung eingehen würde. Ich suchte nicht mehr nach jemandem, der mein Leben besser machen würde, sondern übernahm selbst die Verantwortung für mein Lebensglück, ließ es auf mich zukommen, irgendwann jemanden zu treffen, mit dem ich gerne Zeit verbringen wollte und dem es seinerseits genauso mit mir ging. Der nicht davon abhängig war, dass ich ihn liebte oder seine Bedürfnisse erfüllte.

Tatsächlich fand ich ihn ganz unverhofft. Sein zufriedenes, strahlendes Lächeln hatte die Kraft, mich im Herzen zu erreichen. Ab diesem Zeitpunkt war klar: Dieser Mensch würde mich von nun an begleiten.

Während meiner Krise hatte auch ein Shift stattgefunden, was das Kinderthema anging. Zum einen wusste ich, dass ich nicht unbedingt Mutter sein musste, um glücklich zu sein. Zum anderen war trotzdem der Wunsch entstanden, die Erfahrung zu machen. Aus meinem neuen Zustand der Selbstliebe heraus kam auch die Gewissheit, dass ich eine gute Mutter sein würde.

Aber nicht alles war Friede, Freude, Eierkuchen. Ich hatte nach wie vor Ängste, meine neu-erlangte (innere) Freiheit wieder aufgeben zu müssen, nicht mehr alles tun zu können, was mir Freude bereitete.

Wir verschoben das Kinderkriegen nach hinten und genossen erst einmal unsere Partnerschaft. Mit meinem 35. Geburtstag und nach drei Jahren Beziehung begannen wir, öfter darüber zu sprechen, nicht mehr zu verhüten. Momente der Panik und der freudigen Aufregung wechselten sich ab. Es klappte direkt beim ersten Versuch und das Abenteuer Mutterschaft nahm seinen Lauf. Meine Schwangerschaft war unkompliziert – wie ein Traum. Trotzdem hatte ich nicht dieses Gefühl, das manche Mütter als «die schönste Zeit des Lebens» beschreiben. Da ich seit einigen Jahren schon die schönste Zeit meines Lebens lebte, fühlte sich die Schwangerschaft alles in allem einfach nur stimmig an. Auch meine Geburtserfahrung war schön: Die Wehen erlebte ich ohne Schmerzen, dennoch schaffte ich es im Kreissaal nicht, meine Tochter aus eigener Kraft herauszupressen. Obwohl ich vorher dagegen gewesen war, weil ich viel zum Thema natürliche Geburt ohne Betäubung gelesen hatte, ließ ich mir nach langem Versuchen eine PDA geben. Die Geburt verlief somit schmerzfrei, aber mit Gefühl.

Vom ersten Tag an war ich verliebt in dieses kleine Wesen. Das heißt aber nicht, dass mich die Mutterrolle komplett erfüllte. Ich machte viele Gefühle durch. Die Unsicherheit und Unbeholfenheit der ersten Tage und Wochen, in denen ich zum ersten Mal für ein Baby sorgen musste. Sieben Wochen lang starke Schmerzen beim Stillen. Dankbarkeit für mein Kind und all die schönen, besonderen Momente, die ich mit meiner Tochter erleben durfte.

Freude, dass ich ich geblieben war und dennoch als Teil einer Familie durchs Leben gehen konnte. Glück, als ich während unserer Elternzeit-Reise mit meiner Tochter in der Trage meine Füße in den Sand von Scarborough Beach bohrte und mir klar wurde, dass mein Wunsch in Erfüllung gegangen war. Trauer darüber, nicht mehr so selbstbestimmt leben zu können wie vor meiner Mutterschaft. Langeweile und gleichzeitige Überforderung in den vielen Stunden, die ich allein mit meinem Kind zu Hause verbrachte und noch wenig mit ihr kommunizieren konnte. Stress, wenn ich für alles die Verantwortung übernehmen musste und die Dinge nicht so klappen wollten, wie ich sie mir vorgestellt hatte. Müdigkeit, wenn ich spät ins Bett ging und meine Tochter eine unruhige Nacht hatte. Verzweiflung, wenn mein Mann und ich unterschiedliche Vorstellungen von Erziehung, Organisation und Zukunftsplanung hatten. Und trotzdem hat mich ein Gefühl nie wieder verlassen: das der absoluten Selbstliebe und die Bereitschaft, alle Gefühle so annehmen zu können, wie sie sich zeigen wollen.

Vielleicht gibt es die eine oder andere Mutter, die nun denkt: Klar, das ist einfach, wenn alles so läuft, wie man es sich vorgestellt hat. Ohne Komplikationen. Ich habe 2020 auch die Erfahrung gemacht, wie es sich anfühlt, wenn es anders läuft. Zum zweiten Mal wurde ich sehr schnell schwanger. Aufgrund der Erfahrung bei meinem ersten Kind erwartete ich, dass auch dieses Mal wieder alles easy-peasy laufen würde. Aber meine Schwangerschaft war dieses Mal begleitet von Ängsten. Die ersten Wochen wachte ich eher mit Bauchschmerzen als mit Vorfreude auf. Ich war mir nicht sicher, ob ich wirklich noch einmal Mutter werden wollte, hatte ich doch gerade erst wieder ein Stück meiner persönlichen Freiheit zurückgewonnen. Auch die sozialen Umstände bereiteten mir Sorgen: Wir lebten immer noch in unserer Zweizimmerwohnung, ich war noch nicht wieder in den Beruf zurückgekehrt und damit finanziell von meinem Mann abhängig.

Bei einem Ultraschall Ende der zwölften Woche dann die unerwartete Nachricht: Keine Herztöne mehr …

Der Abgang meines zweiten Babys erwischte mich kalt und machte mich wirklich traurig. Trotzdem war da noch immer das Grundgefühl, mir selbst darin zu vertrauen, dass ich das, was mir begegnet, auch bewältigen kann. Und zwar dann, wenn ich mir erlaube, alles zu fühlen. Die Trauer um das, was hätte sein können. Darüber, dass ich mein Kind niemals so sehen würde, wie ich es mir schon ausgemalt hatte. Den Schmerz der Ungewissheit, ob ich noch mal eine Schwangerschaft erleben würde. Die Erleichterung, dass sich unser Leben als Familie zunächst keinen neuen Herausforderungen stellen musste, die mit der Geburt eines weiteren Babys verbunden gewesen wären. Das Unwohlsein, wenn ich an den von mir selbst gewählten natürlichen Abgang dachte: Ich erlebte eine weitere Geburt, aber hielt nach einigen Stunden mit Wehen kein Kind in den Armen.

Es waren schwierige Wochen, in denen es mir nicht immer leichtfiel, Vertrauen zu haben. Jemanden zu verabschieden, der niemals richtig da gewesen war, und trotzdem um ihn trauern zu können – auch für diese Erfahrung empfinde ich große Dankbarkeit.

Meine Verbundenheit gilt allen Müttern. Ich weiß, dass es unterschiedliche Erfahrungen von Mutterschaft gibt. Viele Individualreisen. Unbeschrittene Wege, die von diversen Gefühlen begleitet werden und zugleich wunderschön und herausfordernd sind.

Deine Reise in die Mutterschaft

Wie war deine Reise in die Mutterschaft? Hast du Lust, sie auf Papier zu bringen? Das Verschriftlichen der eigenen Erfahrungen kann dir dabei helfen, dich selbst besser zu verstehen und deine Entscheidungen von damals aus heutiger Sicht liebevoller annehmen zu können. Eventuell wird dir beim Schreiben auch klarer, wo und wie dein Weg für dich weitergeht.

Etwas so Persönliches zu formulieren, ist gar nicht so leicht. Vielleicht dauert es einige Durchgänge, bis du dich mit dem Ergebnis halbwegs wohlfühlst. Das ist normal und völlig in Ordnung. Das Ziel bei dieser Übung ist nicht, besonders schön zu formulieren oder einen umwerfend spannenden Lebenslauf zu präsentieren, sondern es geht darum, dass du dich durch das Schreiben einfühlen kannst, sowohl in die Person, die du einmal warst, als auch in die, die du durch die Mutterschaft geworden bist. Und vor allem wünschen wir dir, dass dir durch dein eigenes Reisetagebuch bewusst wird, wie sehr du durch all das, was du erlebt hast, gewachsen bist. 🌸

Teil 1

Selbstliebe für Mütter?

Selbstliebe für Mütter?

Zwar gibt es unzählige Bücher zum Thema Selbstliebe, aber Mutterschaft spielt darin allenfalls eine untergeordnete Rolle. Doch gerade durch die Veränderungen, die das Muttersein in Gang setzt, werden viele Frauen an ihre Grenzen gebracht, weil alte Konditionierungen reaktiviert werden und gleichzeitig neue Trigger entstehen. Immer wieder werden von uns Extremleistungen verlangt, durch die wir uns selbst neu kennenlernen und weiterentwickeln.

Ebenso gibt es hunderte Bücher zum Thema Schwangerschaft, Geburt und Erziehung, aber nur wenige, die Mütter auch nach der Geburt noch begleiten, und zwar ganz klar mit dem Fokus auf die Mutter selbst. Wie können wir dafür sorgen, uns selbst nicht zu vergessen und achtsam mit uns umzugehen? Wie können wir unsere neue Rolle als Mutter einnehmen und uns dennoch selbst treu bleiben? Wie können wir lernen, auf unsere Intuition zu hören, statt uns mit anderen zu vergleichen?

Wir möchten dir mit diesem Buch die Möglichkeit geben, dir selbst authentisch und achtsam zu begegnen und dein volles Selbst zu lieben, ohne die schwierigen Gefühle, die mit dem Muttersein einhergehen, auszusparen oder zu tabuisieren. Wir möchten dir helfen, ein Bewusstsein dafür zu entwickeln, die Dinge zu finden, die dir die meiste Energie rauben, und dir gleichzeitig helfen, trotz Trubel, Stress und Zeitmangel wieder bei dir selbst anzukommen. Dich ganz anzunehmen, mit allem, was dich ausmacht – auch dem, was nicht dem Idealbild einer Mutter entspricht, aber trotzdem zu dir gehört und genau so, wie es ist, gut und richtig ist. 🌷

Mütter und Selbstliebe

Warum ist es gerade für Mütter so schwierig, sich selbst uneingeschränkt zu lieben?

Wenn es einen Wunsch gibt, der die meisten von uns Müttern vereint, dann lautet dieser: «Ich möchte eine gute Mutter sein.» Das gilt für die Mütter, die ein enges und harmonisches Verhältnis zu ihrer eigenen Mutter haben und das Gleiche für ihr Kind wollen, ebenso wie für all diejenigen, die in ihrer Kindheit nicht oder nur teilweise das Gefühl von bedingungsloser mütterlicher Liebe und Geborgenheit erfahren haben und es besser machen wollen als die eigene Mutter. Aber wann macht man es überhaupt «gut»?

Zahlreiche Frauen haben den Glaubenssatz des Kollektivs verinnerlicht, dass eine Mutter immer «gut» sein muss. Eine Mutter soll den höchsten Ansprüchen genügen: jederzeit für ihre Kinder da sein und liebevoll mit ihnen umgehen, warm und zugewandt sein, sie aber nicht übermäßig behüten und rechtzeitig loslassen. Eine Mutter soll das Kind gut nähren, möglichst lange stillen und jederzeit gesunde Mahlzeiten zubereiten. Idealerweise kümmert sich eine gute Mutter aber in gleichem Maße um sich selbst, hält sich fit und gesund, ist beruflich und finanziell unabhängig, jedoch selbstverständlich ohne ihre Kinder zu vernachlässigen. Mit ihrem Partner führt sie eine harmonische Beziehung und zeigt sich sexy und allzeit bereit. Außerdem soll eine Mutter glücklich sein und sich bitte nicht beschweren, denn sie hat sich ja ihr Schicksal und ihr Leben selbst genau so ausgesucht.

Dies sind nur einige der vielen utopischen Forderungen, die die Gesellschaft uns auferlegt hat und die wir deshalb, oft ohne uns dessen bewusst zu sein, übernommen haben. Diese Ideale basieren zum einen auf dem traditionellen, bürgerlichen Mutterideal der kinderbetreuenden Hausfrau und Gattin, das von einer arbeitenden Bevölkerung schon im 19. Jahrhundert nicht umgesetzt werden konnte. Zum anderen beinhalten sie die (zum Teil widersprüchliche) Idee eines liberalen Feminismus, der von

Frauen fordert, mit Männern gleichzuziehen und sich durch harte Arbeit erfolgreich in Führungspositionen zu etablieren, um sich in den Dienst des Kapitalismus zu stellen.

Auch der Schönheits- und Fitnesskult einer Welt, die von Social Media befeuert wird und ihren Meinungsführerinnen nicht nur Millionen Followerinnen, sondern auch ein großes Vermögen einbringt, trägt Anteil daran, dass Mütter glauben, keine Durchschnittsmama sein zu dürfen.

Gerade weil das entworfene Idealbild in der Realität nicht haltbar ist, bietet eine Mutterschaft viel Raum, mindestens einem der genannten Punkte nicht gerecht zu werden. In diesem Spannungsfeld zwischen dem Versuch, gemäß den eigenen Fähigkeiten zu handeln, und dem gleichzeitigen Bestreben, den gesellschaftlichen Wunschbildern zu entsprechen, ist es fast unmöglich, sich permanent «gut» zu fühlen. Doch stets mit bester Laune sämtliche Hürden spielerisch zu meistern, ist auch gar nicht das Ziel. In Sachen Selbstliebe geht es vielmehr darum, unseren Wert selbst zu definieren und auch unsere unvollkommenen Seiten anzuerkennen.

Eine physische und psychische Belastung entsteht aber bei Müttern nicht immer nur durch ein überzogenes Mutterbild oder ermüdende innere Glaubenssätze. Tatsächlich haben Mütter es auch mit ganz realen Belastungen zu tun: Eine qualitative Studie des Deutschen Instituts für Wirtschaftsforschung (DIW Berlin)[1] untersuchte vor dem Hintergrund der Regretting-Motherhood-Debatte, wie sich die Geburt eines Kindes auf das mentale Wohlbefinden der folgenden sieben Lebensjahre (im Vergleich zu vor der Geburt) auswirkte. Die Studie ergab, dass sich bei 46 Prozent der Mütter das mentale Wohlbefinden verschlechterte. Bei einem Drittel der Frauen verschlechterte es sich sogar substanziell. Zu den Gründen gehörten neben mentalem Stress auch stressbedingter sozialer Rückzug, Angstgefühle und depressive Verstimmungen. Bezeichnend ist, dass sich verschiedene Merkmale nicht nur auf die Zeit der Säuglingsphase bezogen, sondern im Alter zwischen vier und sieben noch zunahmen. Die Belastung geht folglich über die Phase hinaus, in der Mütter körperlich stark eingebunden sind.

Die Geburt eines Kindes ist ein zutiefst transformierendes Erlebnis. Durch die Geburt unseres Kindes werden auch wir als Mütter neu geboren. Wir alle wissen, dass es sehr beglückend sein kann, sich zu verändern und zu entwickeln. Aber oftmals gehen damit auch Ängste und Wachstumsschmerzen einher. Postnatale Depression, finanzielle Sorgen, das Gefühl von Freiheits- oder Kontrollverlust, Streit mit dem Partner, sich in vielerlei Hinsicht aus der eigenen Komfortzone bewegen zu müssen, gesundheitliche Probleme – viele von uns Müttern haben es erlebt. Und doch sprechen nicht alle darüber. In unserer Gesellschaft sind die oben genannten Themen oft mit Scham und Schuld verknüpft. Viele denken: «Ich bin die Einzige, der es so geht. Ich bin nicht gut genug. Alle anderen schaffen es ja schließlich auch. Denen geht es gut, nur mir nicht.» Deshalb ist es unbedingt notwendig, dass wir selbst anfangen, über unsere Probleme zu sprechen. Andernfalls kommen wir nicht aus dem Teufelskreis aus Schuld und Scham heraus.

Dabei haben wir es mit ganz normalen Gefühlen zu tun. Wir dürfen uns schlecht fühlen, wir dürfen Dinge nicht hinbekommen, dürfen anders sein, uns zurückziehen oder mal vollkommen durchdrehen (im positiven wie im negativen Sinn). Müdigkeit, Stress, Anspannung und Ängste gehören zum Muttersein, genauso wie Freudentränen, Spaß und Glücksgefühle. Und doch leidet bisweilen unsere Selbstliebe, wenn wir unsere eigenen Ansprüche nicht erfüllen.

Was können wir also tun, um unsere Selbstliebe zu nähren oder zurückzuerobern? Zunächst einmal erscheint es hier wichtig, die Definition von Selbstliebe generell unter die Lupe zu nehmen. 🌾

Was ist Selbstliebe?

Das Wort besteht aus zwei Teilen: «Liebe» und «Selbst». Beide Wörter haben keine konkrete Definition. Sie sind mit dem Verstand nicht in ihrer vollen Dimension greifbar. Jede von uns verbindet das Wort «Liebe» mit unterschiedlichen Dingen und Erfahrungen: Liebe ist etwas Großes. Ein Gefühl, das erfüllend, wohltuend und beflügelnd sein kann, aber auch sehr schmerzhaft, wenn es nicht erfüllt wird, nicht auf Gegenseitigkeit beruht oder nicht ausreichend vorhanden ist. Liebe hat die Macht, uns zu tragen und mit allen Lebewesen zu verbinden. Viele denken, wenn sie das Wort «Liebe» hören, an Zuwendung, Leidenschaft, Dankbarkeit, Mitgefühl, Wertschätzung und Wohlwollen. Es überrascht daher nicht, dass viele Mütter davon sprechen, dass sie noch nie so viel Liebe empfunden haben wie für ihr Kind. Aber was ist mit der Liebe für das eigene Selbst?

Auch das Wort «Selbst» hat keine einheitliche Bedeutung. In spirituellen Kreisen wird sogar infrage gestellt, ob es überhaupt existiert. Ist das Selbst das, was du wirklich bist, statt das, was du glaubst zu sein? Was erfordert es, um unsere wahre Essenz wahrzunehmen und lieben zu können? Setzt Selbstliebe nicht voraus, dass wir uns vom Ego distanzieren und uns dem Wesen, das hinter dem bewussten Dasein steht, zuwenden? Wie können wir uns etwas, das in unserer vom Verstand erschaffenen Realität nicht existiert, zuwenden oder es gar lieben?

Hier wird deutlich, dass es keine allgemeingültige Definition von Selbstliebe geben kann, aber dass sie, wie auch die «Liebe» und das «Selbst», keine Grenzen kennt. Selbstliebe wird für einige sicherlich nur in Teilaspekten erfahrbar sein, während andere sie in ihrer vollen Dimension wahrnehmen können. Das hat auch etwas damit zu tun, an welcher Stelle unseres Weges wir uns befinden, ob wir uns öffnen oder durch den Verstand bremsen lassen.

Einigen Leserinnen wird es daher sicher ausreichen, sich selbst ein bisschen näherzukommen, und sie werden dies bereits als Selbstliebe verstehen. Weniger Selbstverurteilung, mehr Selbstwert – das kann schon ein großer Schritt sein. Andere befinden sich bereits an diesem Punkt und wünschen sich vielleicht einen Zustand von Selbstliebe, der einer Erleuchtung gleichkommt: ein grenzenloser, allumfassender, allgegenwärtiger, verbundener und glückseliger Seinszustand.

Auch wenn jede für sich Selbstliebe anders versteht, möchten wir dennoch den Versuch einer Definition wagen, der das Gefühl der Selbstliebe erfahrbar macht: Selbstliebe bedeutet für uns, sich in seinem wahren Selbst voll anzunehmen, zu lieben und zu respektieren und dementsprechend mit sich selbst umzugehen. Sich mit Milde zu begegnen, gut für sich zu sorgen, sich zu nähren und auch in Gedanken wohlwollend zu behandeln. Wenn du dich selbst liebst, dann bist du unabhängig von der Meinung anderer, weil du selbst positiv auf dich blickst – und zwar auch in Momenten, in denen nicht alles in bester Ordnung ist. Selbstliebe bedeutet nicht, dass plötzlich alles in deinem Leben immer perfekt läuft, sondern dass du es dir auch mal nachsehen kannst, wenn du wütend, enttäuscht, überfordert, ängstlich oder traurig bist. Selbstliebe heißt auch, sich verletzlich zeigen zu können, um Hilfe zu bitten und Schwieriges auszusprechen.

Wenn es dir schwerfällt, dir ein Bild davon zu machen, wie sich Selbstliebe anfühlen kann, dann stell dir einfach vor, wie sich die bedingungslose Liebe für dein Kind anfühlt – du kannst es auch lieben in einem Moment, in dem du Wut verspürst oder es deine Nerven auf die Probe stellt. Das Gefühl, das über allem steht, ist die Liebe.

Abhängig davon, auf welchem Niveau wir die Selbstliebe erleben, sind kleine und große Transformationen unseres Lebens möglich. Selbstliebe hat immer Auswirkungen auf uns, aber auch auf unser Umfeld. Wenn wir uns selbst lieben, nehmen wir auch die Reaktion anderer auf uns anders wahr. Wir sind nicht mehr abhängig davon, Anerkennung vom Umfeld zu erhalten.

Wenn z. B. jemand schlecht gelaunt ist und uns dementsprechend behandelt, beziehen wir dies nicht auf uns, sondern erkennen, dass unser Gegenüber ein Bedürfnis hat, das gerade nicht erfüllt wird. Dann können wir u. a. in echten Kontakt treten und empathischer auf diese Person eingehen, statt uns verletzt oder enttäuscht abzuwenden, weil wir meinen, es beziehe sich auf uns.

Gerade in Bezug auf unser Familienleben kann das hilfreich sein, denn alle Familienangehörigen gehen durch Phasen, die nicht einfach sind. Von der Trotzphase bis hin zur Midlife-Crisis – als Mütter stoßen wir oft auf vermeintliche Ablehnung. Auch wenn wir vom Verstand her wissen, dass das Verhalten unserer Familienmitglieder ganz natürlich, sogar notwendig ist. Eine Frau, die sehr mit sich selbst hadert, wird sich mit diesen Phasen schwerer tun als eine Frau, die ihren Selbstwert nicht nur aus der Liebe und Anerkennung anderer bezieht.

Auch wenn wir allein sind, hat eine gesteigerte Selbstliebe Auswirkungen auf die Art und Weise, wie wir mit uns selbst umgehen. In Phasen, in denen wir wenig Selbstliebe in uns tragen, werden wir oft von einem harten inneren Kritiker bevormundet, der uns z. B. sagt, was wir zu tun und zu lassen haben, in was wir besser werden müssen, wie wir aussehen sollten etc. Als Selbstliebende können wir hingegen mehr Milde walten lassen.

Nicht streng mit uns selbst zu sprechen, sondern Mitgefühl mit uns zu haben, ist ein schönes Gefühl. Es ist in Ordnung, dass wir als Mütter immer wieder an unsere Grenzen geraten. Vielleicht sind wir nicht immer top gestylt, essen Fastfood oder sind müde, weil wir die neue Netflix-Serie nicht ausschalten konnten und deswegen spät ins Bett gegangen sind. Dann dürfen wir uns im Spiegel zulächeln und denken: Aber im Großen und Ganzen mach ich das richtig gut!

Empfinden wir wenig Selbstliebe, verfallen wir schneller in negativen Self-Talk, kritisieren uns für all das, was wir vermeintlich falsch gemacht haben. Menschen mit wenig Selbstliebe versuchen, diesen Mangel oft auszugleichen, indem sie zu Perfektionismus neigen oder versuchen, es allen recht zu machen. Nicht selten akzeptieren sie es sogar, von anderen schlecht behandelt oder gar missbraucht zu werden. Sie verleugnen ihre Gefühle, verdrängen ihre Bedürfnisse oder treffen unvorteilhafte Entscheidungen für sich. Dadurch bleiben sie unter ihren Möglichkeiten und können ihr Potenzial nicht nutzen, da sie sich weniger zutrauen als anderen oder glauben, dass die Dinge sowieso nicht klappen werden. Viele destruktive Verhaltensweisen haben ihren Ursprung in mangelnder Selbstliebe.

Wenn wir uns selbst keinen Wert beimessen und auch das Gefühl haben, dass kein anderer uns liebt, geraten wir schneller in eine Opferhaltung. Wir suchen Bestätigung dafür, dass wir Recht bzw. Unrecht haben mit all den Thesen, die wir aufstellen. Das kann so weit gehen, dass wir unsere Mitmenschen manipulieren und Beweise von ihnen erwarten, die zeigen, dass wir ihnen etwas bedeuten. Jedoch kann keiner die Leere in uns füllen, strengt er sich auch noch so sehr an. Jeder vermeintliche Beweis ist bestenfalls ein Tropfen auf dem heißen Stein und führt nicht dazu, dass wir nachhaltig mehr Liebe für uns verspüren. Das Gefühl der Anerkennung, die von außen kommt, verpufft nach einer Zeit. Wir werden erneut unsicher, ob wir gemocht werden, und brauchen weitere Beweise.

Gesunde Selbstliebe hingegen bewirkt, dass wir uns selbstsicherer fühlen und uns trauen, uns authentisch mit allen Stärken und Schwächen zu zeigen. So bekommen andere ein realistischeres und ganzheitlicheres Bild von uns. Wenn wir dann erfahren, dass wir keine Maske tragen müssen, um geliebt zu werden, sondern trotz unserer Makel angenommen werden und genau so sein dürfen, wie wir sind, ist das ein sehr heilsames, wohliges Gefühl.

Deshalb ist es essenziell, dass wir lernen, uns zu lieben, wenn wir ein zufriedenes Leben führen und erfüllte Beziehungen inner- und außerhalb unserer Familie erfahren wollen.

Im Folgenden haben wir einige Mütterstimmen gesammelt, um exemplarisch ein paar Möglichkeiten für die vielen unterschiedlichen Definitionen von Selbstliebe zu geben:

Freya (40), Mutter von Elsa (4)

Ich beschreibe Selbstliebe gern als Gefühl des «aus mir selbst heraus Glücklichseins». Wobei Glücklichsein dabei nicht als permanent anhaltender Gefühlszustand anzusehen ist, sondern eher als ein Grundzustand, der variieren kann. Die Ausgangslage ist Zufriedenheit mit mir selbst, mit meinem Körper, mit dem, was ich tue, denke und sage. Manchmal reicht dieser Zustand aber auch bis hin zur Euphorie, eine regelrechte Begeisterung für mich selbst und mein Leben. Unendliche Dankbarkeit dafür, dass ich genau so bin, wie ich bin. Auch dann, wenn ich Wut, Trauer, Angst oder Schmerz empfinde. Selbst dann kann ich mir oft mit Mitgefühl begegnen oder aber sogar Freude darüber empfinden, dass ich als Mensch die unterschiedlichsten Emotionen erleben kann und darf. Meine Gefühle stehen zwar in Verbindung mit dem Verhalten von anderen, ich bin aber nicht davon abhängig, wenn ich selbst weiß, wer ich bin und warum das gut so ist.

Naomi (31), Mutter von Jamal (1)

Selbstliebe ist für mich, dass ich genau so sein darf, wie ich bin. Ich glaube, dass wir uns nicht an andere anpassen, nicht alle gleich denken, handeln und fühlen müssen. Wir sind wie viele unterschiedliche Pflanzen und zusammen ergeben wir ein wunderschönes, diverses, farbenfrohes Zusammenspiel. In diesem Garten des Lebens hat jeder seinen Platz, hat seine Bedürfnisse, seine Existenzberechtigung. Auch ich.

Lisa (39), wäre gerne Mutter von 3 Kindern

Selbstliebe ist für mich der sichere Hafen, das Beständigste im Leben. Es ist der Ort, an dem ich (immer wieder) ankomme, wenn ich es schaffe, alle meine Teile zu mir einzuladen. Alles an mir und in mir zu akzeptieren. Alles zu integrieren und mich als Ganzes anzuerkennen. Als Kunstwerk, das genau so sein soll. Selbstliebe ist für mich das Zuhause, das ich überall mit hinnehmen kann.

Brigitte (38), Mutter von Lotta (2) und Lio (4)

Meine Definition von Selbstliebe ist eigentlich, dass ich das tue, was mir guttut, was mich erfreut und was bewirkt, dass mir wohl ist. Es ist nicht gesteuert von der Meinung anderer Menschen oder von der Gesellschaft. Wenn ich für mich eine Entscheidung treffen muss, dann stelle ich mir immer zwei Bänke vor (welche jeweils eine Entscheidungsmöglichkeit symbolisieren) und setze mich auf jede Bank. Dann spüre ich in mich hinein und frage mich: Wo ist es mir wohler? Auf dieser Bank oder auf der anderen Bank? Zum Beispiel war für mich in den letzten Wochen das Thema Abstillen präsent. Dann habe ich mich gefragt: Soll ich, wenn ich wieder arbeite, abstillen oder soll ich noch weiter stillen? Dann habe ich mir wieder zwei Bänke vorgestellt, bin auf jeder Bank gesessen und habe gespürt, wie fühlt es sich für mich an? Habe ich ein befreiendes, wohliges Gefühl oder ist es ein Gefühl von gestresst sein? Selbstliebe hat für mich sehr viel damit zu tun, dass ich in mich hineinhöre, wie es mir geht und was ICH will.

Tatjana (38), Mutter von Frida (4),
Leni (10), Mio (14) und Finn (20)

Ich finde, es geht bei Selbstliebe darum, sich selbst zu feiern. Einfach den Fokus darauf zu legen, was gut ist, was funktioniert hat, worauf man stolz ist, was einem ein gutes Gefühl gibt. Das darf man dann ruhig in den Himmel heben und die Gedanken darum kreisen lassen und sich selbst immer wieder sagen: «Wow, das habe ich richtig gut gemacht!» Denn eigentlich ist es ja oft genau das Gegenteil: Man macht einen kleinen, blöden Fehler und zerfleischt sich selbst mit Sätzen wie «Das hätte ich anders machen müssen! Warum habe ich das nur getan? Was denken die anderen über mich? Welche Folgen hat das jetzt für mich? Ich bin so bescheuert!» Diesen Negative Talk mit sich selbst sollte man einfach weglassen und sich sagen: «Okay, das war heute nichts. Aber ich mache jetzt einfach weiter.» *Ich überlege dann auch: Wie hätte ich es lieber machen wollen? Beim nächsten Mal kann ich es dann so umsetzen. Diese Gedankenhygiene finde ich total wichtig!*

Lena (36), Mutter von Liam (3)

Selbstliebe bedeutet für mich, meine Bedürfnisse mindestens genauso wichtig zu nehmen wie die Bedürfnisse anderer. Mich gut um mich zu kümmern, mir Zeit für mich und meinen Körper zu nehmen und darauf zu achten, meinen Tank regelmäßig aufzufüllen. Selbstliebe bedeutet auch, mich selbst anzunehmen und mich nicht mit anderen zu vergleichen.

Ulrike (45), Mutter von Theo (2) und Anna (8)

Authentisch sein und sich dafür zu feiern. Sich mit allen Fehlern und Unsicherheiten anzunehmen. Das ist Selbstliebe.

Lisa (40), Mutter von Romy (8)

Selbstliebe bedeutet für mich, so bewusst zu sein, dass ich immer bei mir bleiben kann, dass ich immer weiß, dass ich eine Wahl habe, wie ich reagiere, und dass ich weiß, dass ich für mich verantwortlich bin und für alles, was ich fühle. Ich weiß, dass ich mein Leben in die Hand nehmen kann (im Gegensatz zu früher, wo ich dachte, dass ich immer noch mehr tun und noch mehr Meinungen von anderen einholen muss). Jetzt weiß ich, dass es wichtig ist, bei mir zu bleiben und zu fühlen, was für mich stimmig ist, und danach zu entscheiden (und andere zwar einbinden kann, aber nicht den Fokus auf sie kohärenter: legen sollte). Das sind die Dinge, die im Innern stattfinden. Selbstliebe heißt für mich aber auch, mich mit gutem Essen zu versorgen, tatsächlich auch nicht im Übermaß zu essen, weil ich, wenn ich in der Selbstliebe bin, nicht so viel Essen brauche, das mich schwerer macht. Die Leichtigkeit tut

mir gut. Deshalb wähle ich Essen jetzt bewusster aus. Frische Luft ein-
atmen, oder Atmen generell. Raus in die Natur gehen, langsam machen,
achtsam sein, vielleicht sogar so langsam, dass es anderen auffällt. Zum
Beispiel mit meiner Tochter.

Swetlana (26), Mutter von Irina (8)

Selbstliebe heißt, mich selbst zu erforschen und mir auf dem Weg in mein
Inneres mit Wohlwollen zu begegnen. In mir gibt es Orte, die ich gerne
besuche, aber auch welche, für deren Besuch ich noch Zeit brauche. Die
will ich mir irgendwann ansehen, aber nicht jetzt. Das ist auch Selbst-
liebe, dass es okay ist, mir die Zeit zu nehmen, die ich brauche. Nicht
getrieben zu sein von den Erwartungen anderer.

Nancy (34), Mutter von Jordan (4) und Jayden (4)

Ich bin mir nicht sicher, was genau Selbstliebe ist. In meiner Familie war
Selbstliebe mit Arroganz oder Egoismus gleichbedeutend. Ich sollte ein
«good girl» sein und anderen den Vorrang geben. Brav tun, was von
mir erwartet wurde. Bescheiden sein. Selbstliebe bedeutet für mich, das
nicht mehr zu glauben. Ich will frei sein und wild und mich selbst an
erste Stelle setzen. Die Freude am eigenen Leben ist für mich die Grund-
voraussetzung dafür, eine gute Mutter zu sein.

Was ist Selbstliebe für dich?

Hier ist Platz für deine eigene Definition:

_____

_____

_____

_____

_____

_____

Wie im Falle von Nancys Familie wird Selbstliebe immer noch
von vielen mit Arroganz, Egoismus oder sogar Narzissmus

gleichgesetzt. Warum fühlen wir uns narzisstisch, wenn wir uns viel mit uns selbst beschäftigen, aber begehrenswert, wenn wir Aufmerksamkeit von anderen bekommen? Warum werden wir von anderen als fürsorgliche Mutter wahrgenommen, wenn wir uns um unsere Familie kümmern, aber als egoistisch bezeichnet, wenn wir Lust haben, in Vollzeit zu arbeiten, uns selbst zu verwirklichen oder in der Freizeit gerne einfach Zeit mit uns selbst verbringen möchten?

Mit diesen Vorurteilen wollen wir im nächsten Kapitel aufräumen und aufzeigen, inwiefern sich Selbstliebe von den eben genannten unterscheidet. 🌷

Abgrenzung zu Arroganz, Narzissmus und Egoismus

Ist es arrogant, sich selbst zu lieben?

Während unserer Recherchen bemerkten wir in Gesprächen mit Frauen, dass es immer noch Vorbehalte in Bezug auf die Selbstliebe gibt. Eine befreundete Mutter fragte z. B.: «Darf ich mich überhaupt selbst lieben und das offen aussprechen? Gelte ich dann nicht als arrogant?»

Arroganz wird als überhebliche, anmaßende Haltung gegenüber anderen verstanden, die vermittelt, dass man sich für etwas Besseres hält. Oft tritt sie situativ auf, d. h. der oder die Handelnde verhält sich nicht immer und nicht gegenüber jeder anderen Person so, sondern nur in bestimmten Situationen. Arroganz ist keineswegs mit Selbstliebe gleichzusetzen.

Im Gegenteil: Arroganz ist eine Verhaltensweise, die nicht selten aus fehlender Selbstliebe resultiert. Zwar kommunizieren arrogante Menschen oft, dass sie besser als andere seien, und das mutet auf den ersten Blick so an, als hätten sie eine besonders hohe Meinung von sich selbst. Tatsächlich werten sie aber andere oft nur ab, um sich selbst zu erhöhen und sich dadurch besser zu fühlen.

Unter Psychologen wird Arroganz auch als Symptom von Unsicherheit, Angst oder Minderwertigkeitskomplexen gewertet. Arrogante Menschen erheben sich mit ihrem Verhalten nicht nur über andere, sondern versuchen auch (manchmal unterbewusst), sich zu distanzieren, z. B. um nicht angreifbar zu sein oder nicht mit dem Gegenüber auf einer vergleichbaren Ebene zu stehen.

Eine Person, die Selbstliebe empfindet, tritt gar nicht erst in den Vergleich und schon gar nicht in den Wettbewerb mit anderen. Sie bezieht ihren Selbstwert nicht aus der Meinung anderer, sondern aus sich selbst. Sie hat keine Angst davor, Stärken und Schwächen zu zeigen, und kann damit umgehen, wenn sie nicht in allem «mithalten» kann, weil sie weiß, dass sie es gar nicht muss.

Während Leute, die sich selbst lieben, mit sich und ihren Mitmenschen verbunden sind, treten arrogante Menschen oft in Abgrenzung zu anderen. Ein arroganter Mensch wird sich nicht auf natürliche Art und Weise erfüllt fühlen, seine Zufriedenheit ist von kurzer Dauer, da sie meist nur dann auftaucht, wenn er sich gegenüber anderen profilieren kann.

Weiterhin kann Arroganz bisweilen eine Reaktion von Menschen sein, die sich isoliert oder ausgegrenzt fühlen. Es liegt klar auf der Hand, warum solche Menschen sich hochmütig zeigen. Nämlich u. a. aus Schmerz und dem Gefühl, vom Leben unfair behandelt worden zu sein. Dann dient ihre Strategie dazu, andere zu verletzen und somit an ihrem eigenen Leid teilhaben zu lassen. Oder sie machen sich wichtig, um ihrem Bedürfnis nachzukommen, von anderen überhaupt wahrgenommen zu werden.

Narzissmus

Umgangssprachlich wird der Begriff «Narzisst» meist gleichbedeutend mit einem selbstverliebten Menschen verwendet. Eine Frau, die selbstverherrlichendes Verhalten an den Tag legt und sich selbst wertvoller einschätzt, als ihre Mitmenschen sie wahrnehmen, würde demnach als Narzisstin bezeichnet werden.

Da sich hinter Narzissmus aber nicht nur ein in der Alltagspsychologie verwendeter Begriff für einen stark auf sich selbst bezogenen Menschen verbergen kann, sondern auch eine krankhafte Persönlichkeitsstörung, handelt es sich hier um ein komplexeres Thema, das wir im Rahmen dieses Buches nicht ausführen möchten.

Denken wir jedoch an die umgangssprachliche Verwendung des Wortes «Selbstverliebtheit», so wird klar, dass Narzissmus und Selbstliebe nicht dasselbe sind. Selbstliebe bedeutet nicht, dass ich mich über andere stelle, mir einen höheren Wert beimesse oder nur noch Augen für mich habe. Vielmehr habe ich ein gesundes Selbstwertgefühl, mein Blick ist nach innen gerichtet, ohne das Außen zu ignorieren.

Ist Selbstliebe egoistisch?

Während Arroganz und Narzissmus relativ leicht von Selbstliebe zu unterscheiden sind, ist es einfacher, Selbstliebe mit Egoismus zu verwechseln.

Egoistisches Verhalten wird als Handeln aus Eigennutz definiert. In gewisser Weise sind wir alle egoistisch, da wir in letzter Konsequenz in unserem eigenen Interesse handeln. Egoismus ist nicht per se schlecht, auch wenn er oft negativ bewertet wird. Es ist sogar wichtig, dass wir wissen, was wir wollen und brauchen, gut für uns sorgen und ggf. Grenzen setzen.

Zwischen «ungesundem» und «gesundem» Egoismus ist es oft nur ein schmaler Grat. Von außen betrachtet, sind sie nicht immer einfach auseinanderzuhalten. Wo liegt also der Unterschied?

«Ungesunder» Egoismus – die Art von Egoismus, die meist negativ bewertet wird – bedeutet, dass ich meine persönlichen

Ziele verfolge, ohne Rücksicht auf andere. Mir ist egal, wer die Last meiner Handlungen trägt, solange es mir gut geht und ich das bekomme, was ich möchte.

Diese Form von egoistischem Verhalten resultiert oft aus Minderwertigkeitskomplexen oder dem Gefühl, zu kurz zu kommen, wenn ich meine Ellenbogen nicht ausfahre. Manche Menschen sind bereits als Kind darauf geprägt worden, sich durchsetzen zu müssen. Da besonders Jungen suggeriert wird, dass sie Mann und nicht Weichei zu sein haben und nicht klein beigeben sollen, ist Egoismus ein Verhalten, das unter Männern tendenziell etwas öfter beobachtet werden kann. Von Mädchen wird stattdessen eher erwartet, dass sie sich anpassen, lieb sind und sich zugunsten anderer zurücknehmen. Leider können beide Muster dem Erlernen eines «gesunden» Egoismus entgegenwirken.

Wer nur gehört hat, dass er seine Ziele mit aller Macht verfolgen soll, hat oft nicht gelernt, sich in andere einzufühlen und ihre Bedürfnisse in die eigenen Überlegungen miteinzubeziehen. Habe ich hingegen beigebracht bekommen, dass ich mich immer brav und angepasst verhalten soll, achte ich möglicherweise zu wenig auf meine eigenen Wünsche und schiebe anderen keinen Riegel vor, wenn sie meine Grenzen übertreten.

Mit steigender Selbstliebe werde ich mir bewusster darüber, wer ich bin, was ich möchte und brauche. Ich bin bereit, für mich einzutreten und gut für mich zu sorgen. Allerdings heißt das nicht, dass ich dafür über Leichen gehe. Es ist fast unmöglich, als selbstliebender Mensch keine Liebe für andere Menschen zu empfinden. In dem Moment, in dem ich mich und andere mag und mich mit allem eins fühle, kann ich gar nicht anders, als auch andere in mein Verhalten miteinzubeziehen. Wenn ich mich selbst verstehen lerne, erkenne ich oft auch besser die Verhaltensmuster und Bedürfnisse meiner Mitmenschen. In vielen Fällen entscheide ich zwar trotzdem im Sinne meiner eigenen

Prioritäten, aber ich lasse die anderen nicht außer Acht. Allein die bewusste Entscheidung für mich und nicht gegen andere macht einen großen Unterschied.

Selbstverständlich habe ich aber als Mutter eines Kleinkindes einen ganz anderen Handlungsspielraum als z. B. eine alleinstehende Frau. Denn mit Kind gibt es tatsächlich Phasen, die verlangen, dass die Bedürfnisse des Kindes vor den eigenen erfüllt werden müssen. Wenn mein Baby vor Hunger schreit, kann ich als Stillende nicht zuerst noch zwei Stunden zum Sport gehen, weil ich gerade Lust auf Bewegung habe. Würde ich das tun, wäre ich rücksichtslos. Diese Phasen sind nicht immer leicht zu ertragen, gerade wenn die Energiereserven größtenteils aufgebraucht sind und ich spüre, dass ich dringend etwas für mich tun muss.

Wichtig ist, dass ich meine Bedürfnisse nicht aus den Augen verliere, akzeptiere, dass nicht immer alles sofort möglich ist, aber auch bewusst nach Möglichkeiten suche, wie ich meine Wünsche umsetzen kann. Ich finde eine Balance zwischen dem, was ich zugunsten meiner Lieben tue, und dem, was ich für mein eigenes Wohlbefinden benötige.

Als Selbstliebende weiß ich, dass ich längerfristig nur für andere sorgen kann, wenn meine eigenen Speicher gefüllt sind. Davon profitiere am Ende nicht nur ich, sondern auch meine Kinder und mein ganzes Umfeld. 🌷

Du als dein eigener Fan – So fühlt sich Selbstliebe an

Wir haben bereits definiert, was Selbstliebe ist und was sie nicht ist. Doch Selbstliebe auf rationaler Ebene zu begreifen und sie wirklich auch zu fühlen, sind zwei verschiedene Dinge. Daher möchten wir im Folgenden gerne ein bisschen ausführlicher darauf eingehen, wie du Selbstliebe spüren kannst.

Warum es schwierig sein kann, sich selbst lieben zu lernen

Die meisten von uns haben Liebe nicht als ein Gefühl kennengelernt, das wir uns selbst entgegenbringen können, sondern eines, für das wir ein Gegenüber benötigen. Ein Gefühl, das im Austausch mit anderen stattfindet und das wir möglicherweise auch nur geben möchten, wenn wir es zurückerhalten. «Wenn ich mich geliebt fühlen möchte, muss ich meinem Kind, meinem Partner oder wem auch immer mehr Liebe schenken. Dann bekomme ich auch mehr Liebe», so denken manche. Ein Trugschluss. Denn selbst wenn wir von anderen geliebt werden, können wir diese Liebe oft nicht auf Gefühlsebene empfangen, wenn wir uns selbst nicht lieben. Vom Kopf her weiß ich vielleicht: «Wenn mein Partner mich nicht lieben würde, wäre er nicht bei mir», aber das heißt noch lange nicht, dass ich mich auch geliebt fühle.

Die wenigsten von uns haben schon als Kind gelernt, dass man einfach um der Liebe Willen lieben kann. Es braucht keinen Anlass, keine Bedingung, an die unsere Liebe geknüpft ist, und nicht mal einen anderen Menschen, um zu lieben.

Wie findet man nun aber das Gefühl der Liebe in sich selbst?

Wir möchten dich an dieser Stelle gerne zu einer Übung einladen, die dir möglicherweise helfen kann, die Liebe in dir selbst zu spüren.

Übung: Liebesbrief an dein Selbst

Für diese Übung brauchst du Papier und Stift. Wir möchten dir empfehlen, den nachfolgenden Brief tatsächlich zu schreiben und nicht nur in Gedanken zu formulieren, denn so hat er eine noch größere Kraft.

1. Such dir einen schönen, ruhigen Ort zum Schreiben, an dem du für eine Weile ungestört bist. Schalte dein Handy aus.

2 Schließe für einen Moment die Augen und denke an jemanden oder etwas (ggf. auch gerne einen Ort / ein Haustier / etc.), das du wirklich von Herzen liebst. Vielleicht lebt der- oder diejenige noch, vielleicht ist er/sie auch schon verstorben. Wichtig ist, dass deine Liebe für denjenigen Menschen an keine Bedingung geknüpft ist. Egal, wie er/sie aussieht, was er/sie denkt oder fühlt, das allumfassende Gefühl, das du mit dieser Person verbindest, ist Liebe.

3 Wenn du die Person vor Augen hast, beginne ruhig zu atmen und komme ganz bei dir an. Stelle dir den Menschen so lebendig vor deinem inneren Auge vor wie möglich. Spüre in dich hinein. Wo fühlst du etwas? Was fühlst du? Atme ruhig weiter, tief in dein Herz. Nimm das Gefühl einen Moment lang wahr. Dann öffne langsam wieder die Augen.

4 Beginne, einen Brief an diesen Menschen zu schreiben. Einen Liebesbrief, der beschreibt, wofür du diese Person liebst. Was macht sie aus? Was ist so besonders an ihr, dass du sie einfach so lieben kannst? Schreib drauflos, ohne groß zu überlegen. Notiere einfach das, was spontan aus dir rauskommt, denn du schreibst diesen Brief in erster Linie für dich und musst ihn niemand anderem zeigen. (Falls es für dich stimmig ist, kannst du ihn dem betreffenden Menschen natürlich auch geben/vorlesen.) Du darfst deinen Brief gerne vor Liebe überfließen lassen.

5 Wenn dir nichts mehr einfällt, was du noch mitteilen möchtest, beende deinen Brief mit einer liebevollen Abschiedsformel. Spüre nach. Wie fühlt sich die Liebe und Dankbarkeit für diese Person in deinem Leben an?

6 Jetzt kannst du noch einen Schritt weiter gehen: Denn in dieser Übung geht es eigentlich darum, dir bewusst zu machen, wie sich Selbstliebe anfühlt. Hier geht es um dich und deine Liebe für dich selbst. Denn genauso, wie du den anderen unabhängig von seinem Verhalten oder seinem Äußeren lieben kannst, kannst du auch dich lieben, deinen wahren Kern. Erinnere dich an das Gefühl, das du eben beim Schreiben hattest, und lass es nun dir selbst zukommen.

7 Schreibe nun auch einen Liebesbrief an dein Selbst. Deine Essenz ist es wert, von dir bedingungslos angenommen zu werden. Feiere dich heute für das, was dich ausmacht. Mit all deinen Stärken und Schwächen. Im Kern bist du ein wundervoller, liebenswerter Mensch. Beende deinen Brief mit einer wertschätzenden Abschiedsformel an dich selbst. Wie fühlt es sich an, wenn du dir selbst mit viel Liebe und Anerkennung begegnest?

8 Bewahre den Brief auf und lass dir das Gefühl der bedingungslosen Selbstliebe zukommen, wann immer du es benötigst. Du kannst es immer wieder abrufen. Erinnere dich stets daran, dass du niemand sein musst, der du nicht bist. Du musst nichts erreichen und nicht «besser» werden. Du darfst genau so sein, wie du bist.

Hast du nun ein besseres Gespür dafür, wie sich deine Liebe anfühlt? Wo sie sitzt? Wie du sie dir entgegenbringen kannst? Selbstliebe ist ein wunderbares Gefühl.

Marianna (45), Mutter von Paula (9) und Luca (14)
Wie fühlt sich Selbstliebe an? Eine gute Frage! Ich vergleiche es gerne mit Tanzen. Es ist wie dieses Gefühl im Club, wenn der DJ plötzlich dein Lieblingslied spielt und du einfach nicht anders kannst, als voller Euphorie auf die Tanzfläche zu stürmen. Dein Herz wird warm

und dein Bauch kribbelt. Dein Mund verzieht sich zu einem debilen Grinsen. Du tanzt einfach los. Egal, ob jemand mitmacht. In dem Moment ist es egal, ob du allein auf der Tanzfläche bist oder deine Bewegungen «blöd» aussehen. Du hast Spaß – und alles läuft wie von selbst. Das Schöne daran: Du tust das nicht, um von anderen Beifall zu bekommen oder damit dich jemand wahrnimmt, denn das Außen spielt in solchen Momenten allenfalls eine Nebenrolle. Du genießt es einfach, du zu sein. Pure Lebensfreude! Du nimmst deinen Raum ganz ein und weißt genau, wer ihn betreten darf und wer nicht.

Auswirkungen von Selbstliebe auf die Paarbeziehung

Mit diesem Gefühl im Herzen ist es auch einfacher zu erkennen, wer mit dir sein darf. Wenn du nicht davon abhängig bist, wer *dich* liebt, wirst du klarer erkennen, wen *du* liebst. Sich frei von Abhängigkeiten dafür zu entscheiden, mit wem man selbst gerne Zeit verbringen möchte, ist eine gute Basis für eine gesunde Beziehung.

Wenn ich als selbstliebender, authentischer, offener Mensch auf ein solches Gegenüber treffe, kann das eine beglückende Erfahrung sein, die die Selbstliebe nur noch steigert. Dann nehme ich den anderen nicht mehr als eine Person wahr, die ich brauche, weil sie mir etwas geben oder bestätigen muss. Ich spüre selbst, dass ich es wert bin, geliebt zu werden, und bin dankbar, wenn es auch ein anderer so empfindet. Weniger Drama, Eifersucht und toxisches Verhalten können die Folge sein – und damit auch eine erfülltere Beziehung und ein friedlicheres Familienleben. 🌼

Wenn etwas Grundlegendes nicht stimmt

Nun haben wir schon einiges genannt, das dich auf dem Weg zu mehr Selbstliebe unterstützen kann. Und dennoch ist es möglich, dass nichts davon dich weiterbringt, weil es grundlegende Dinge sind, die dir die Mutterschaft erschweren.

Für schwierige Gefühle kann es mehr Gründe geben als mangelnde Selbstliebe. Strukturelle Probleme und persönliche. Oft bemerken wir nicht sofort, wenn etwas tiefer liegt. Wir suchen den Fehler an der Oberfläche. Wir wissen nicht, was wir brauchen oder was uns fehlt.

Zu den belastendsten Erfahrungen von Müttern gehören u. a.:

- Traumata im Zusammenhang mit Geburt und Mutterschaft
- Erschöpfungszustände, Mental Load und Burn-out
- Wochenbettdepression
- Das Einnehmen einer Mutterrolle, die uns nicht entspricht
- Ein Ungleichgewicht in der Paarbeziehung

Kirsten:

Lange Zeit ist es mir schwergefallen, Mutter zu sein, obwohl ich mein Kind so sehr liebe. Ich konnte nicht verstehen, was mit mir los war. Meine Tochter war so entspannt, dass wir sie am Anfang sogar «Buddha Baby» nannten. Trotzdem fühlte ich mich nach einem Jahr ausgebrannt. Mir war nicht bewusst, warum ich eine große Blockade entwickelte, ein zweites Kind zu bekommen, obwohl das mein Wunsch gewesen war. Auch fehlte mir die Klarheit darüber, warum meine zweite Schwangerschaft, die in einer Fehlgeburt endete, von panischen Ängsten begleitet war, und warum es mich Überwindung kostete, es noch einmal zu versuchen. Ich fühlte mich schlecht, weil ich auch in den ersten Wochen meiner dritten Schwangerschaft wenig Freude und viel Verzweiflung verspürte.

Erst als ich mir diese Sorgen zum Teil mit professioneller Hilfe anschaute und mit Freundinnen sprach (von denen es vielen sehr ähnlich ging), begriff ich einmal mehr, dass ein hohes Level an Selbstliebe nicht ausreichte, damit ich mich als Mutter glücklich fühlte. Aber es erlaubte mir, mich diesen Gefühlen zu stellen und sie offen zu kommunizieren. Mich nicht dafür zu schämen, sondern sie genau anzuschauen.

Obwohl ich selbst Psychologin und Coach bin, hatte ich nicht entdeckt, dass mich während der ganzen Kleinkindphase ein Trauma begleitet hatte, das mir stetig Energie raubte. Ich erkannte auch, dass mir unsere Elternschaft, obwohl mein Mann viel Zeit mit unserer Tochter verbrachte und viele Aufgaben in der Erziehung und im Haushalt übernahm, nicht gleichberechtigt genug war. Das ermöglichte mir, nach Lösungen zu suchen, um Veränderungen anzustoßen, bevor unser zweites Kind geboren wurde.

All das darf sein. Es ist normal. Es gibt Hilfe und es gibt Lösungen. Wichtig ist, dass wir uns bewusst darüber werden, dass wir Verantwortung für uns übernehmen müssen und uns ggf. sogar professionelle Unterstützung suchen dürfen. Das kann z. B. eine Hebamme sein, die sich auf Traumatherapie spezialisiert hat, ein Verhaltenspsychologe, eine Paartherapeutin, ein Finanzcoach oder eine Familienberaterin – je nachdem, welches Thema uns beschäftigt.

Für viele ist es immer noch stigmatisiert, sich mit schwierigen Gefühlen oder Erschöpfungszuständen im Zusammenhang mit der Mutterschaft Hilfe zu holen, weil wir denken, dass wir besser sein müssten. Dabei ist es eine völlig neue Rolle, die wir oft komplett unvorbereitet antreten. Im Arbeitsleben würden wir nie von uns oder anderen erwarten, dass wir ohne Ausbildung direkt eine Führungsposition übernehmen, ohne Fehler zu machen. Aber als Mutter stellen wir diesen Anspruch häufig an uns selbst. Wir sollten uns eine gewisse «Einarbeitungsphase» (die durchaus auch länger als einige Monate dauern kann!) zugestehen, um uns an die neuen Aufgaben zu gewöhnen, aus den Erfahrungen zu lernen, bei Bedarf nachzujustieren und unsere eigenen, ganz individuellen Lösungen zu finden. Auch das bedeutet Selbstliebe.

Es gibt viele wunderbare Frauen und Männer, die großartige Bücher über die Themen Geburtstraumata, postnatale Depression, Burn-out bei Müttern, Regretting Motherhood, Mental

Load oder gleichberechtigte Elternschaft geschrieben haben. All das in der Tiefe zu behandeln, würde den Rahmen dieses Buches sprengen. Im Folgenden möchten wir dennoch kurz einige wichtige Themen anreißen, um dich dafür zu sensibilisieren und dich zu ermutigen, ggf. Unterstützung zu suchen.

Geburtstraumata und postnatale Depression

Nicht alle Mütter erleben die Schwangerschaft, Geburt und die ersten Monate mit dem Kind als die schönste Zeit ihres Lebens. Verletzungen, Ängste und Traumata werden immer noch eher selten thematisiert und haben wenig Platz in Geburtsvorbereitungskursen.

Umso schlimmer ist es dann für betroffene Frauen, wenn sie sich nach der Geburt nicht glücklich, sondern sogar depressiv oder traumatisiert fühlen.

Als typische Symptome eines Geburtstraumas gelten Schuld- und Schamgefühle, die Angst, versagt zu haben, Wut auf an der Geburt beteiligte Personen oder das eigene Kind, körperliche und mentale Unruhezustände, Schlaflosigkeit, Magen- oder Brustschmerzen, Trauer und depressive Verstimmung, Albträume, Ängste oder Überforderung sowie Gereiztheit und sozialer Rückzug.

Die Auslöser sind sehr individuell, können aber z. B. übergriffige oder gegen das Wertesystem gehende Handlungen während der Geburt sein, der Einsatz von geburtsbeschleunigenden Medikamenten, Geburt mit Saugglocke oder Zange, Kaiserschnitt (insbesondere, wenn er nicht geplant war), Geburtskomplikationen generell, frühzeitige Trennung vom Kind (z. B. durch Kaiserschnitt, Not-OP, Frühgeburt), unsanfte oder schlecht begleitete Untersuchungen oder abwertende Kommentare von der Familie oder Außenstehenden nach der Geburt.

Wenn du eines dieser Dinge (oder etwas anderes, das dich belastet) erlebt hast und spürst, dass es deine Beziehung zum Kind beeinträchtigt oder du keinerlei Freude in Bezug auf deine

Mutterschaft empfinden kannst, wisse, dass du nicht die Einzige bist und dich nicht dafür schämen musst. Hole dir professionelle Hilfe (du kannst z. B. zunächst deinen Arzt oder deine Hebamme ansprechen) und suche den Austausch mit anderen Betroffenen (z. B. in Foren oder Selbsthilfegruppen).

Lena (37), Mutter von Edda (4)

Für meine erste Geburt hatte ich mir eine Klinik mit anthroposophischer Ausrichtung ausgesucht. Sie erschien mir als guter Mittelweg zwischen Hausgeburt und einer Geburt im konventionellen Krankenhaus, da ich mein Kind in geborgener Atmosphäre möglichst natürlich und in Ruhe zur Welt bringen wollte und mir eine individuellere, engmaschigere Betreuung wünschte.

Leider kam alles anders, als ich es mir ausgemalt hatte: Von Anfang an wurde ich als Erstgebärende relativ allein gelassen. Nach 14 Stunden mit Wehen im Geburtszimmer war ich körperlich am Ende. Obwohl ich schon deutlich über meine Grenzen gegangen war, nahm mich niemand an die Hand oder unterstützte mich darin, den Weg der komplett natürlichen, selbstbestimmten Geburt zu überdenken oder machte rechtzeitig Vorschläge für eine alternative Vorgehensweise. Ich hatte mir eine entspannte Geburt gewünscht, aber keine ohne jegliche Anleitung. Nach weiteren drei Stunden ließ ich mir völlig erschöpft eine PDA legen. Doch der Geburtsprozess ging nicht voran.

Wiederum acht Stunden später stellte die Oberärztin fest, dass unser Kind sich verkeilt hatte und bemerkte nüchtern: «Die müssen wir wohl eine Etage höher rausholen» (was einen Notkaiserschnitt im OP bedeutete). Ich fühlte mich immer unsicherer. Nicht nur, dass ich mich nun auf eine Geburtsmethode einlassen musste, die jenseits meiner Idealvorstellung lag, sondern auch die Art und Weise, wie in diesem Moment mit mir umgegangen wurde, gab mir ein schlechtes Gefühl.

Die OP selbst dauerte verhältnismäßig lang, da es einer wohl recht unerfahrenen Ärztin nicht gelang, eine Blutung zu stillen. Auch beim Zunähen meiner Wunde gab es Komplikationen, so wurde die

Operierende von einer anderen anwesenden Ärztin kritisiert mit den Worten «Das gefällt mir noch nicht, mach das bitte noch mal.» Ich fühlte mich ausgeliefert und keineswegs in guten Händen.

Wenige Tage später entzündete sich meine Kaiserschnittnarbe. Neben den anderen Blessuren, die ich von der Geburt davongetragen hatte, hatte ich viele Monate mit dem Heilungsprozess der Narbe zu tun. Kapazitäten, die ich eigentlich gerne für mein Kind gehabt hätte, brauchte ich für mich. Ich gab mir die Schuld, weil ich die Entscheidung für die Klinik getroffen hatte, im Geburtsprozess nicht selbstbestimmter gehandelt hatte (aber wie hätte ich es besser wissen können?) und auch eine anfängliche Blockade im Beziehungsaufbau zu meinem Kind verspürte.

Dass ich aus meiner Geburt ein Trauma mitgenommen hatte, bemerkte ich erst einige Monate später, als sich bei dem sehr positiven und unkomplizierten Geburtsbericht einer Freundin Gefühle wie Neid, Verbitterung, Hilflosigkeit und Selbstzweifel zeigten.

Glücklicherweise hatte meine Nachsorgehebamme ein offenes Ohr und nahm meine schwierigen Emotionen ernst. Sie verwies mich an eine Therapeutin, die sich auf das Thema Geburtstraumata spezialisiert hatte. Die Teilnahme an einer Gruppentherapie und Einzelsitzungen halfen mir dabei, mich mit meiner Geburtserfahrung auseinanderzusetzen, und es gelang mir, die Gefühle, die ich mit der Geburt verbunden hatte, zu relativieren und besser einzuordnen. Trotzdem wirkt diese Erfahrung nach all den Jahren nach und beeinflusst noch heute die Entscheidung für ein zweites Kind.

Ich würde jede Frau, die Ähnliches erlebt hat, dazu ermutigen, sich in die Hände einer Therapeutin zu begeben. Es hilft sehr, über die traumatischen Erlebnisse zu sprechen und sie in einem geschützten Raum aufzuarbeiten. Außerdem möchte ich allen Frauen sagen: Hört auf eure Gefühle, respektiert eure Grenzen und lasst euch insbesondere im Geburtsprozess nicht von dogmatischen Aussagen leiten.

Gleiches gilt für die postpartale Depression. Auch wenn sie im Volksmund «Wochenbettdepression» genannt wird, geht sie oft weit über die ersten Tage und Wochen mit Baby-blues hinaus. Wenn sich aus einem anfänglichen und völlig gängigen Stimmungstief ein andauerndes Gefühl der Verzweiflung entwickelt, das möglicherweise einen sozialen Rückzug zur Folge hat, trau dich, mit deiner Ärztin oder Hebamme zu sprechen. Lass deine Gefühle nicht durch wen auch immer abtun, denn sie haben Berechtigung und sollten ernst genommen werden.

Mental Load

Die Mental Load, also die Belastung, die entsteht, wenn wir an alles denken und es organisieren müssen, wird in den meisten Familien von den Müttern getragen. Sie wird von außen nicht wahrgenommen und daher meist auch nicht wertgeschätzt. Glücklicherweise sind in den letzten Jahren viele sehr gute Bücher und Blogs zu dem Thema entstanden. Auch in Podcasts und Vorträgen wird mittlerweile stärker thematisiert, dass das tägliche Planen und die Bewältigung von einem Haufen an To-dos nicht selten zu Überforderung, Erschöpfungszuständen oder sogar in den Burn-out führt.

Ulrike (45), Mutter von Theo (2) und Anna (8)

Als ich zum ersten Mal von Mental Load hörte, war das ein absoluter Aha-Moment für mich und mir fiel ein großer Stein vom Herzen. Endlich hatte ich einen Namen für das, was ich mir selbst und meinem Mann nicht erklären konnte: Dass ich mich mit allem allein fühlte, dass ich total ausgelaugt war von all den vermeintlichen Kleinigkeiten, an die ich neben meinem Job noch denken musste.

Mein Mann reagierte oft mit Unverständnis, wenn ich ihm erklärte, dass ich nicht mehr konnte oder gar überlegte, mich zu trennen, weil er zum gefühlt zweihundertsten Mal keine neue Klopapierrolle aufgefüllt hatte. Dabei ging es mir ja gar nicht um das Toilettenpapier, sondern um die Energie, die ich täglich darauf aufwenden musste, an alles zu denken, was unsere Familie betraf. Für einige mag es trivial klingen, aber für mich war es so schlimm, dass ich mir manchmal wünschte, ich wäre nie Mutter geworden. Dann las ich das Buch «Raus aus der

Mental Load Falle» *und hatte endlich eine Idee davon, was falsch ge-*
laufen war und was wir ändern konnten.

Im oben genannten Buch[2] liefert Cammarata Lösungen, wie
man sich als Betroffene von der Last befreien oder sie zumindest
auf mehrere Schultern umverteilen kann. Dazu gehört u. a. die
Bestandsaufnahme aller (Kleinst-)Aufgaben in einer Mental-
Load-Map, um die unsichtbaren Aufgaben für alle deutlich zu
machen. Das Anfertigen einer Excel-Liste, in der nicht nur alle
To-dos aufgeführt werden, sondern auch, wer für gewöhnlich
an diese Aufgaben denkt, wer sie umsetzt, wie oft sie ausgeführt
werden und wie lange das dauert. Es folgt eine neue, faire Verteilung der Verantwortlichkeiten sowie eine regelmäßige Analyse, was gut gelaufen ist und wo es Bedarf für Änderungen gibt.

Eine solche Bestandsaufnahme kann eine enorme Veränderung bewirken. Selbst wenn im Anschluss nicht alles 50:50
verteilt wird, wirkt es entlastend, dass der Partner überhaupt um
all die Kleinigkeiten weiß, die wir als Mütter täglich wuppen.

Selbstverständlich gibt es aber auch noch viele andere Möglichkeiten, sich von einem Teil der Last zu befreien. Unwichtige Aufgaben können vielleicht komplett gestrichen werden. Wenn die
finanziellen Mittel da sind, lassen sich bestimmte Tätigkeiten
gegen Bezahlung an Externe auslagern. Ggf. kann man sich ein
Nachbarschaftsnetzwerk aufbauen, in dem man sich gegenseitig
unterstützt. In einigen Städten gibt es auch Projekte, in denen
Ehrenamtliche überforderten Eltern unter die Arme greifen – sei
es mit ein paar Stunden Kinderbetreuung oder Hilfe im Haushalt.

Für Frauen, die sich kurz vor dem Burn-out befinden oder
bereits mittendrin, gibt es ebenfalls Angebote, die sich speziell
an Mütter richten.

Milena (37), Mutter von Lotti (4)
Ich finde es nach wie vor nicht leicht, über meine Situation zu sprechen:

*Letztes Jahr hatte ich einen Burn-out. Als Alleinerziehende bin ich
die meiste Zeit für alles zuständig: Job, Haushalt, Care-Arbeit. Als
meine Tochter zwei war, fing es an, dass ich mich immer ausgebrannter
fühlte. Ich hatte keine Lust mehr aufzustehen, alles war mir zu viel.
Ich hatte Panik, arbeiten zu gehen und meinen Job nicht mehr gut zu
machen, ich wollte nicht mehr aufräumen oder sauber machen und
mir fehlte die Energie, nach der Kita noch etwas mit meiner Tochter
zu unternehmen.*

*Von Woche zu Woche wurde es schlimmer und ich sah keinen Ausweg
mehr. Selbst eine Mutter-Kind-Kur an der Nordsee brachte nicht viel, weil
meine Tochter sich nicht gut in der Kinderbetreuung einfand und ich am
Ende doch wieder für alles verantwortlich war. Deshalb nahm ich den Rat
meiner Ärztin an, eine Kur ohne Kind zu beantragen. Die Vorstellung, ein
paar Wochen getrennt von meiner Kleinen zu sein und sie in der Obhut
meiner Eltern zu lassen, war ziemlich hart für mich. Ich habe mich gefühlt
wie eine Rabenmutter, die ihr Kind im Stich lässt. Aber letztendlich war es
notwendig und das Einzige, was mir wirklich half.*

*Zeit für mich haben, mich um meine Gesundheit kümmern, der Aus-
tausch mit anderen überlasteten Müttern, mit Hilfe der Therapeuten
neue Strukturen in meinen Alltag zu etablieren – das hat mir wieder
auf die Füße geholfen und ich kann es nur jeder Mutter raten, deren
Reserven am Ende sind.*[3]

Es kann ein Akt der Selbstliebe sein, dir all diese Dinge bewusst
zu machen und gut für dich zu sorgen, indem du auf deine
Ressourcen achtest.

Gleichberechtigte Elternschaft

Manchmal tut es gut, zu hinterfragen, ob man sich in seiner
aktuellen Rolle wohlfühlt und ob man eine Elternschaft auf
Augenhöhe führt. Das ist übrigens nicht nur für zusammen-
lebende Paare relevant, sondern auch für getrennte Eltern (falls
du getrennt lebst, ersetze im Folgenden das Wort «Partner»
gerne durch «Expartner»).

Folgende Fragen können z. B. hilfreich sein:

- Lebst du deine Mutterrolle so, dass du dich damit wohl-fühlst?
- Werden deine Bedürfnisse genauso berücksichtigt wie die deines Partners?
- Hast du die Möglichkeit, in gleichem Maße deiner Arbeit / deinen Hobbys nachzugehen wie dein Partner?
- Gibt es eine gerechte Aufgabenverteilung in deiner Familie?
- Bist du finanziell (gerade im Hinblick auf die Altersvor-sorge) genauso gut aufgestellt wie dein Partner?

Falls du bei einer der Fragen Bauchschmerzen verspüren solltest, könnte das ein Indiz sein, dass es das Thema neu zu verhandeln gilt. Auch das ist Selbstliebe. Dir den gleichen Stellenwert einzu-räumen wie deinem Partner.

Mögliche Karriere-, Gehalts-, Renten- und gesundheitliche Ein-bußen in Betracht zu ziehen und Kompromisse zu finden, um entsprechende negative Auswirkungen für dich zu verhindern.

Es fängt vielleicht damit an, dass du in der Schwangerschaft nicht alle Untersuchungen allein bezahlst, den Geburtsvor-bereitungskurs mit deinem Partner gemeinsam besuchst oder die Elternzeit gleichmäßig mit ihm aufteilst.

So können beide Eltern an allem teilhaben, eine enge Be-ziehung zum Kind aufbauen, sich selbst verwirklichen und etwas zum Familieneinkommen beitragen.

Mascha (35), Mutter von Maia (1) und Jakob (4)

In meine erste Schwangerschaft und Elternzeit bin ich irgendwie rein-geschlittert. Da ich keine Erfahrung als Mutter und keine Ahnung hatte, wie ich mich als Vollzeit-Mum fühlen würde, haben mein Mann und ich uns für das klassische Elternzeitmodell entschieden: Ich blieb 12 Monate daheim und er nahm zwei Monate, in denen wir gemeinsam eine Elternzeitreise nach Teneriffa machten. Die Monate, in denen ich mit meinem Sohn allein zu Hause war, waren zwar wunderschön, aber auch extrem herausfordernd. Es kam oft zu Reibereien, weil ich nach einem anstrengenden Tag, wenn mein Mann um 19 Uhr von der Arbeit nach Hause kam, das Kind nur noch an ihn abgeben wollte. Wenn er dann auch noch meckerte, warum ich nicht wenigstens das Geschirr in die Spülmaschine geräumt hatte, konnte daraus auch mal ein handfester Streit werden. Ich war mit meinen Kräften am Ende und er konnte überhaupt nicht nachvollziehen warum. Wie auch? Er hatte ja keinen einzigen Tag von morgens bis abends allein mit Jakob verbracht.

Da ich noch dazu das Gefühl hatte, auch finanziell den Kürzeren zu ziehen – denn obwohl ich nur Elterngeld bekam und er sein volles Gehalt, teilten wir uns die Kosten für Miete und Lebensmittel noch –, war mir klar, dass sich etwas ändern musste. Beim zweiten Kind nahm ich nur die ersten acht Monate Elternzeit, danach ging ich wieder arbeiten und mein Partner kümmerte sich Vollzeit um die Kleine.

Weil mein Mann etwas mehr verdient als ich, standen wir zwar finanziell ein wenig schlechter da als in der ersten Elternzeit, dafür war mein Energiekonto wesentlich voller. Auch was die anderen Lebensbereiche angeht, kommt mir unser Familienleben seitdem ausbalancierter vor.

Die Zeit nach der Geburt will gut organisiert sein, damit jedes Familienmitglied die gleichen Möglichkeiten hat und keiner seine Bedürfnisse hintanstellen muss, nur weil er/sie sich entschieden hat, ein Leben mit Kindern zu führen. Offen sein, miteinander reden, Aufgaben gerecht verteilen, Kompromisse finden, neue Wege gehen – das sind gute Ansätze, wenn Eltern langfristig als Team zusammenarbeiten wollen. 🌷

Die Urkraft der Frau – Weiblichkeit leben

Wenn wir uns als Frauen mit dem Thema Selbstliebe auseinandersetzen, ist es essenziell, dass wir uns mit dem Thema Weiblichkeit beschäftigen. Denn viele Mängel, die wir uns selbst zuschreiben, erklären sich auch durch das Frauenbild einer Gesellschaft, die seit Hunderten von Jahren das Weibliche unterdrückt und das Männliche überhöht hat. Als Frauen, die in einer patriarchal geprägten Gesellschaft aufgewachsen sind, haben viele von uns nicht gelernt, was es heißt, weiblich agieren zu dürfen. Wir folgen ursprünglich männlichen Maximen, ohne unser Handeln infrage zu stellen; wir meinen, möglichst effizient, aktiv und leistungsstark sein zu müssen, um mithalten zu können. Wenn wir trotzdem nicht wie gewollt funktionieren oder uns falsch fühlen, beurteilen wir unsere eigene Leistung oft als mangelhaft.

Da es sich um ein unglaublich umfangreiches Thema handelt – allein die Geschichte der Frau würde wahrscheinlich Stoff für eine ganze Reihe an Büchern liefern – möchten wir hier nur einige Impulse geben und dazu anregen, dich selbst noch mehr mit deiner Weiblichkeit auseinanderzusetzen, wenn du dich von diesem Kapitel angesprochen fühlst.

Geschichtliches: Urweiblichkeit

Zunächst einmal noch etwas Grundsätzliches: In den folgenden Ausführungen geht es uns in keiner Weise darum, Männer zu verteufeln oder einen Schuldigen für die Ungleichstellung von Frauen zu suchen. Schon die Bedeutung des Begriffs «Patriarchat» selbst ist viel zu komplex, als dass man damit einen einzigen Sachverhalt ausdrücken könnte.

Wir möchten uns daher nicht auf die Zeit konzentrieren, in welcher der Frau eine untergeordnete Stellung in der Gesellschaft

zukam, sondern fragen: Was war davor? Wie wurde Urweiblich-
keit gelebt, bevor Männer die Macht und Kontrolle über die Frau
ausübten?

Wollen wir diese Frage beantworten, müssen wir viele Tausend
Jahre zurückgehen. In eine Zeit, in der die Menschen noch nicht
vorwiegend sesshaft waren, sondern weitgehend nomadisch
und in Kleingruppen lebten: die Altsteinzeit. Vielleicht ist sie
dir aus dem Geschichtsunterricht noch als die Periode der Jäger
und Sammler bekannt und beschwört Bilder von kräftigen,
haarigen, in Fell und Leder gekleideten Männern herauf. Tatsächlich müsste es aber korrekt «Jäger/-innen und Sammler/
-innen» heißen, denn neueste archäologische Forschungen
konnten belegen, dass Frauen und Männer damals gemeinsam
für den Lebensunterhalt sorgten und ihnen somit eine relativ
gleichwertige Stellung zukam.

Frauen lebten in ihrer Sippe. Sie waren damit nicht an eine
monogame Beziehung gebunden, da nicht der biologische Vater
des Kindes (der in vielen Fällen ja weder bekannt noch dauerhaft anwesend war) die Versorgerrolle einnahm, sondern die
Familie der Frau für den Nachwuchs aufkam. Die soziale Vater-
rolle übernahmen die männlichen Mitglieder der Sippe.

Man geht davon aus, dass Frauen bezüglich der Wahl ihrer
Sexualpartner frei waren: Lust und Leidenschaft wurden in
der sogenannten Besuchsehe (Frauen und Männer lebten in der
Familie der Mutter und besuchten sich für den sexuellen Akt)
frei mit unterschiedlichen Männern ausgelebt. Eine genetische
Vermischung war erwünscht und die weibliche, sexuelle Kraft
sowie die damit verbundene Fähigkeit, neues Leben zu spenden,
standen im Vordergrund, waren sie ja für den Fortbestand der
Sippe notwendig.

Das scheinen auch unzählige unterschiedliche Venusfiguren
zu belegen, die man im letzten Jahrhundert über ganz Europa
verteilt bei Ausgrabungen fand. Die älteste und bekannteste
unter ihnen, die aus Mammut-Elfenbein geschnitzte «Venus

vom Hohle Fels» (ca. 35.000–40.000 Jahre alt), zeigt dabei viele Merkmale, die auch andere Figurinen aufweisen: überdimensionierte Brüste, ausgeprägte weibliche Rundungen an Bauch und Gesäß sowie ein offen dargestellter Genitalbereich.

Leider gibt es aus wissenschaftlicher Sicht keine eindeutige Einordnung dieser Frauenstatuetten bezüglich ihrer Bedeutung und Verwendung. Man geht aber davon aus, dass sie u. a. als Fruchtbarkeitssymbole oder lebensspendende Muttergöttinnen verehrt wurden. Figurinen wie die «Venus von Laussel» (ca. 25.000 Jahre alt), ein in Kalkstein gemeißeltes Relief, das 1911 unweit der französischen Gemeinde Marquay gefunden wurde, stellt eine Frau dar, welche ein Horn mit 13 Einkerbungen in der Hand hält. Hier liegt die Vermutung nahe, dass die 13 Einkerbungen für die 13 weiblichen Zyklen oder Mondphasen innerhalb eines Jahres stehen, was bereits auf ein zyklisches Weltbild hinweisen könnte.

Heide-Marie Heimhard, die sich in ihrem Buch «Sacred Woman» ausführlich der weiblichen Urkraft gewidmet hat, schreibt Folgendes über die altsteinzeitlichen Frauenfigurinen:

«Sie ist die Verkörperung weiblicher Schöpfungsmacht ohne persönliche Identität, jenseits von Zeit und Raum. Ihr Körper ist voller fruchtbarer und lustvoller Üppigkeit, mit vollen Brüsten und einem ausladenden Becken als Zeichen für die urweibliche Fähigkeit, ganz im Körper und somit auch aus sich selbst heraus voll und ganz glücklich zu sein.
Es gibt zahlreiche archäologische Funde aus Alteuropa, wie Tonkrüge oder Vasen, Schalen oder Töpfe – bauchig und auch oft mit Brüsten, Brustwarzen oder Frauengesichtern verziert –, die das Körpergefäß als das ‚Lebensgefäß' an sich symbolisieren, aus dem neues Leben entsteht.»[4]

Neben den Venusstatuetten und den erwähnten Gefäßen gehören außerdem auch zahlreiche Darstellungen von Vulven,

Gebärmüttern und sogar Eierstöcken zu den ältesten vom Menschen geschaffenen Kunstwerken und Abbildungen. Das belegt erneut, dass unsere Ahnen nicht nur über die Anatomie weiblicher Körper Bescheid wussten, sondern die Frau auch als Lebensspenderin und Schöpferin verehrten.

Dabei ist vielleicht zu betonen, dass es sich nicht nur um einen Göttinnenkult handelte, sondern auch der Frau an sich in der steinzeitlichen Gesellschaft und Kultur eine besondere Stellung zukam – insbesondere in der Jungsteinzeit. Man kann davon ausgehen, dass viele unserer Ahninnen damals in Matriarchaten lebten, also in einem System, welches in besonderem Maße durch die Frau geprägt ist und mütterliche Werte in den Mittelpunkt stellt, das aber nicht die spiegelbildliche Umkehrung des Patriarchats darstellt.

Während das Patriarchat, was übersetzt «Herrschaft der Väter» bedeutet, Frauen, jüngere Familienmitglieder und Minderheiten nachrangig behandelt, stellt das Matriarchat («am Anfang waren die Mütter») eine egalitäre Gesellschaftsform dar, die ohne institutionalisierte Hierarchien auskommt.

Wissenschaftler gehen davon aus, dass sich die Lebensweise im Holozän durch die Veränderung des Klimas grundlegend veränderte. Moderatere und verlässlichere Temperaturen machten die neolithische Revolution möglich. Die Sippen konnten nun vielerorts – von Kleinasien über das alte Europa und in der ganzen restlichen Welt – sesshaft werden, Ackerbau und Viehzucht betreiben sowie Vorräte für schlechtere Zeiten anlegen. Charakteristisch für die soziale Form der alteuropäischen Matriarchate war, dass sie sowohl matrilinear («in der Erbfolge der mütterlichen Linie folgend») als auch matrilokal («am Wohnort der Mutter befindlich») waren. Der Mutter und Frau kam damit die wichtigste Stellung zu. Auch das spirituelle Zentrum war zu dieser Zeit weiblich. Alexandra Schwarz-Schilling und Christin Müller beschreiben es in ihrem Buch «Zu zweit» so:

«Ihr spirituelles Zentrum war die Große Göttin, die das schöpferische Prinzip, das Geben von Leben und Freude darstellte, was sich in Wandbildern und Steinfiguren widerspiegelt. Neben der Großen Göttin gab es noch Vogel- oder Schlangengöttinnen. Alles drehte sich um die Erhaltung des Lebens und die Wiederherstellung nach dem Tode, was mit einem Ahnenkult verbunden war. Symbole dieses Kults waren die Mondsichel, Dreifaltigkeitssymbole und Stierhörner. Die Mondsichel ist besonders interessant, weil sie sich bis ins Mittelalter hier und da als Attribut der Gottesmutter Maria erhalten hat.»[5]

Es ist nur natürlich, dass eine Gesellschaft, die eine Frau als Göttin in den Fokus stellte, auch den weiblichen Qualitäten einen besonderen Wert beimaß: Leben schöpfen, nähren und erhalten standen im Mittelpunkt, aber auch das Loslassen und Sterben fügten sich in den natürlichen Zyklus des Lebens mit ein. Der Respekt vor allem Lebendigen, egal ob Mensch, Tier oder Natur, gehörte unweigerlich dazu. Vermutlich bezogen die Matriarchinnen genauso wie die ganze Sippe (Frauen wie Männer) diese Prinzipien in alle wichtigen Entscheidungen ein.

Wann und warum genau sich die Stellung der Frau veränderte und das Patriarchat ab 2.500 v. Chr. als vorherrschende Gesellschaftsform Einzug erhielt, darüber gibt es viele Theorien. Es gibt nicht einen einzelnen Grund oder ein bestimmtes Ereignis, das dazu führte. Fakt ist aber, dass die Frau in den darauffolgenden Jahrhunderten stetig an Ansehen verlor, ihr vom männlichen Geschlecht eine Rolle zugewiesen wurde, die sie entmachtete und sie bewusst von ihrer weiblichen Kraft trennte.

Die Zuteilung der Haushaltsführung als Aufgabe der Frau, die Einführung eines Heiratssystems, der Übergang von der Matrilokalität zur Patrilokalität und eine damit verbundene Schwächung bzw. Bevormundung der Frau trugen genauso dazu bei wie gewaltsame Eroberungsfeldzüge, das Einführen männlicher Gottheiten und monotheistischer Religionen (und das Ausmerzen weiblicher Gottheiten), die Abwertung der weiblichen Sexualität wie auch die systematische Ausrottung von Frauen z. B. während der neuzeitlichen Hexenprozesse – um nur einige wenige Beispiele zu nennen. Wie gesagt, es handelt sich um sehr komplexe Prozesse, die wir hier nicht weiter ausführen wollen und können. Dennoch ist es wichtig, sich einmal klarzumachen, dass es nicht von ungefähr kommt, dass Frauen sich auch heute noch ihren männlichen Counterparts unterlegen fühlen.

Selbst heutzutage finden wir, auch wenn wir Westlerinnen oft meinen, dass Frauen nun mehr oder weniger gleichberechtigt leben, weltweit ausgeprägte patriarchale Strukturen. Immer noch werden in vielen Ländern der Erde Frauen von Männern bevormundet, missbraucht, verheiratet, verkauft, beschnitten und ermordet.

Wir wähnen uns privilegiert, weil wir entscheiden können, wen wir heiraten, wählen oder welchen Beruf wir ausüben möchten. Und doch sind Frauen selbst in Deutschland nicht komplett gleichberechtigt: Die Gender-Pay-Gap, also die Differenz des durchschnittlichen Bruttostundenverdienstes der Frauen im Verhältnis zum Bruttostundenverdienst der Männer, lag im Jahr 2021 bei 18 Prozent.[6] Damit ist Deutschland eines der Länder in Europa, in denen Frauen für die gleiche Arbeit und Leistung im Vergleich zu Männern am schlechtesten bezahlt werden. Auch die Einkünfte in vielen Berufen, die typischerweise von Frauen ausgeübt werden, sind im Durchschnitt geringer.

Ein Schwangerschaftsabbruch ist nach wie vor staatlich kontrolliert, eine Eheschließung bringt steuerliche Vorteile und eine Trennung bedeutet für viele Frauen einen finanziellen Abstieg. Unternehmerin und Finanzbloggerin Natascha Wegelin, auch bekannt als Madame Moneypenny, spricht in ihrem

E-Book «Bali statt Bochum»[7] davon, dass 75 Prozent aller Frauen auch hierzulande in der Altersarmut landen (Lücken durch Schwangerschaft, Kindererziehung, Teilzeitarbeit, geringere Löhne sowie eine höhere Lebenserwartung tragen maßgeblich dazu bei).

Wenn wir daran etwas ändern wollen, dann ist es umso wichtiger, dass wir in unsere weibliche Kraft kommen und eine weibliche Identität entwickeln, statt uns unserem Schicksal zu ergeben.

Der weibliche Zyklus

Während das Menstruationsblut unserer Urahninnen vor vielen Tausend Jahren als das aus dem Innersten einer Frau kommende noch als heilig verehrt und in vielen Kulturen als Opfergabe dargeboten wurde, begann mit dem Patriarchat eine Zeit, in der der weibliche Zyklus immer stärker stigmatisiert wurde. Hunderte Jahre war der weibliche Zyklus, insbesondere die weibliche Menstruation, ein absolutes Tabuthema.

Auch heute noch scheuen sich viele davor, über ihre monatliche Blutung ohne Scham zu sprechen.

Marianna (45), Mutter von Paula (9) und Luca (14)

Meine Menstruationsblutung habe ich die längste Zeit meines Lebens nervig gefunden. Es gab Phasen, da habe ich die Pille wochenlang durchgenommen, um mich von der Last meiner Periode zu befreien. Schmerzen, miese Laune, schlechte Haut – ich fand es immer unfair, dass ich als Frau diesen großen Nachteil im Leben habe.

Tatsächlich habe ich erst begonnen, mich genauer mit meinem Zyklus auseinanderzusetzen, als ich schwanger werden wollte und es lange nicht klappte. Man glaubt es kaum, aber ich wusste damals nicht mal, wann überhaupt meine fruchtbaren Tage waren, geschweige denn, dass ich jemals meinen Hormonspiegel ermittelt oder meinen Zervixschleim wahrgenommen hatte! Mit immer größer werdendem Kinderwunsch widmete ich mich dann den einzelnen Zyklusphasen und begann, alles in einem Zyklustagebuch aufzuschreiben. Ich lernte mich und meinen

Körper besser kennen, beobachtete Muster und bekam letztendlich auch ein besseres Gespür dafür, was ich in welcher Zyklusphase brauchte, um mich gut zu fühlen. Und ich wurde schwanger.

Jetzt, wo es langsam auf die Wechseljahre zugeht, finde ich es fast ein bisschen schade, dass ich irgendwann keine Blutung mehr haben werde. Man könnte sagen, ich hab sie liebgewonnen, weil sie mir genau sagt, wann es wieder Zeit ist, mir ein bisschen Ruhe zu gönnen und den Blick nach innen zu richten.

Wie im Fall von Marianna gelingt es vielen Frauen, die sich mit dem weiblichen Zyklus befasst haben, eine bejahendere Haltung gegenüber den einzelnen Zyklusphasen einzunehmen, insbesondere auch den vorher als schwierig empfundenen. Es fällt leichter, auch die Phasen der Ruhe, des Insichgekehrtseins und ggf. auch des Schmerzes anzunehmen. Wenn du deinen Körper gut kennst, kannst du deinen Alltag unter Berücksichtigung deiner Bedürfnisse besser planen.

Die vier Phasen des weiblichen Zyklus

Der natürliche weibliche Zyklus – wenn er nicht von hormonellen Verhütungsmitteln oder anderen Dingen beeinflusst ist – verläuft normalerweise in vier Phasen: Menstruation, Follikelphase, Ovulationsphase mit Eisprung und Lutealphase. Vielleicht hast du auch schon einmal von den vier Jahreszeiten des Zyklus gehört? Wir finden dieses Bild sehr schön, um sich die inneren Prozesse und damit verbundenen Bedürfnisse der einzelnen Phasen noch bewusster zu machen.

1. Menstruation (innerer Winter)

Die Menstruation wird mit der Jahreszeit Winter verglichen. Bei vielen Frauen, insbesondere bei denen, die im Einklang mit der Natur leben, setzt sie zeitgleich mit dem Neumond ein. Sowohl der Winter als auch der Neumond (auch Leermond) stellen eine Phase der Erneuerung dar. Altes wird losgelassen, der Körper gereinigt und auf Neustart zurückgesetzt. Wir sind mehr im Innen als im Außen, haben einen besonders guten Zugang zu unserer Intuition. Wünsche und Pläne für den neuen Zyklus können jetzt entstehen, reflektiert und manifestiert werden.

Das Menstruationsblut zeigt uns, vorausgesetzt wir haben einen normalen Zyklus, ob wir schwanger sind oder nicht. Wenn keine Befruchtung stattgefunden hat, wird im monatlichen Rhythmus die Gebärmutterschleimhaut abgestoßen. Farbe und Beschaffenheit unseres Menstruationsbluts können uns Auskunft über unseren Gesundheitszustand und Hormonhaushalt (z. B. den Östrogenspiegel) geben. Daher lohnt es sich ggf., das Menstruationsblut nicht einfach zu ignorieren, sondern es aufmerksam zu betrachten.

Menstruation bedeutet auch, Abschied zu nehmen. Loszulassen vom alten Zyklus und von all dem, was uns nicht mehr guttut. Dieser Abschiedsprozess geht bei einigen Frauen mit PMS, Stimmungsschwankungen, Traurigkeit oder leichten Schmerzen bis starken Krämpfen einher, insbesondere dann, wenn wir uns keine Pause gönnen, sondern gegen unseren Zyklus arbeiten und weiter funktionieren wollen. Die Menstruation fordert uns sowohl körperlich als auch mental zum Rückzug auf.

Es ist hilfreich, all dem Raum zu geben und in dieser Phase gut für dich selbst zu sorgen (oder dich umsorgen zu lassen) und Selbstliebe zu praktizieren. Nutze diese Phase, um dich zu regenerieren und dir Ruhe zu gönnen.

Was dir jetzt guttun kann:

- Ruhepausen einlegen und Zeit für dich reservieren (ggf. weniger arbeiten, Sportprogramm runterfahren, wichtige Termine und Verabredungen verlegen)
- Meditation, Spaziergänge, Yin-Yoga
- Dich gut um dich selbst kümmern (z. B. Körper einölen, nahrhaftes Essen mit vielen Vitalstoffen, Meditieren,

Aromabad machen, Kuscheln, Wärme, Entspannungstees, Journaling, Achtsamkeitsübungen, Mondritual etc.)
- Viel Schlaf

Swetlana (26), Mutter von Irina (8)
Mir hat es sehr geholfen, mich mit meinem Zyklus auseinanderzusetzen. Jetzt weiß ich immer, wo ich selbst gerade stehe, und kann das auch klarer nach außen kommunizieren. Früher hat mein Freund manchmal abschätzig gefragt: «Warum bist du so zickig, bekommst du etwa deine Tage?» Das hat mich irgendwie verletzt und ich wusste nie, wie ich darauf reagieren sollte. Es hat mich nur wütend gemacht. Seitdem ich aber Verantwortung für mich selbst übernommen habe und ganz klar antworten kann: «Ja, morgen ist es so weit», empfinde ich keine Scham mehr dafür, dass ich gerade leichter reizbar bin. Auch mein Freund ist achtsamer im Umgang mit mir geworden und fragt sogar immer öfter, ob ich gerade Zeit für mich oder seine Nähe brauche.

2. Follikelphase (innerer Frühling)

Die erste Zyklusphase oder auch Follikelphase kann mit dem Frühling im Jahreskreis verglichen werden. Oft geht sie mit der zunehmenden Mondphase einher. Nach der Phase des Rückzugs und des Mit-sich-Seins entsteht langsam wieder neues Leben. Die Energie im Körper steigt, Ideen tun sich auf, wir kümmern uns um die Samen, die wir gesät haben, damit unsere Wünsche und Projekte wachsen können.

Vielleicht wird jetzt dein Drang, nach draußen zu gehen und dich zu bewegen, größer und die Lust aufs Leben steigt. Es geht auf den Eisprung zu. Die sexuelle Energie erhöht sich, was sich möglicherweise darin äußert, dass du stärker den Kontakt zu anderen suchst oder jetzt mehr kreative Schöpferkraft verspürst. Deine Geisteskinder wollen reifen, damit sie in die Welt geboren werden können. Wenn du einen Kinderwunsch hast, bereitest du dich evtl. mental und körperlich schon auf einen neuen Versuch, schwanger zu werden, vor. Falls du im letzten Zyklus schwanger geworden bist, geht es nun darum, die kleine Frucht in dir willkommen zu heißen, zu hüten und zu umsorgen.

Der Östrogenspiegel steigt, das Glückshormon Dopamin wird angeregt und sorgt für mehr Motivation und Antrieb. Kein Wunder, dass viele Frauen sich in dieser Zeit wohl in ihrem Körper fühlen und ein gesteigertes Selbstwertgefühl haben.

Was dir jetzt guttun kann:

- Bewegung und Workouts
- Kreative Ideen spinnen und Projekte anstoßen
- Etwas Neues ausprobieren
- Spaß am Kontakt mit anderen haben

3. Ovulationsphase (innerer Sommer)

Mit der Ovulationsphase, also der Phase, in welcher der Eisprung stattfindet, befinden sich viele von uns innerlich im Sommer. Der Östrogenspiegel erreicht seinen Höhepunkt, genauso auch Serotonin und Dopamin. Zahlreiche Frauen fühlen sich während dieser Phase besonders attraktiv, energetisch und stark und damit auch besonders aufgeschlossen anderen Menschen gegenüber.

Jetzt ist die Zeit, um mit Projekten nach außen zu treten, Ideen zu präsentieren oder sich selbstbewusst in deiner vollen Kraft zu zeigen.

Was dir jetzt guttun kann:

- Aktiv sein, Sport treiben, tanzen
- Ausgehen, feiern, Events besuchen, das Leben genießen
- Erfolge, eigenes Schaffen und Selbstliebe zelebrieren
- Wichtige Entscheidungen treffen und Großes umsetzen
- Strahlen und sich zeigen

4. Lutealphase (innerer Herbst)

Als Lutealphase oder prämenstruelle Phase wird die Zeit nach dem Eisprung und vor der Menstruation bezeichnet. Wir sind nicht mehr fruchtbar, die Energie sinkt wieder. Das Hormon Progesteron wird ausgeschüttet und sorgt dafür, dass wir uns entspannen. Manche empfinden diese Phase, in der die Hormone ein wenig durcheinanderwirbeln, als emotionales Auf und Ab. Den einen fällt der Abschied vom inneren Sommer schwer, die anderen freuen sich schon auf gemütliche Stunden zu Hause.

Diese Phase kannst du wunderbar dafür nutzen, zu reflektieren, was du aus diesem Zyklus mitnimmst. Hat deine Arbeit Früchte getragen? Gibt es etwas, wofür du besonders dankbar bist? Vielleicht hilft dir die eingefahrene Ernte, gut über den nächsten Winter zu kommen. Jetzt ist es wichtig, dich zu nähren, im echten wie auch übertragenen Sinne. Sei milde mit dir, wenn du bemerkst, dass du in dieser Phase oft sensibler auf Dinge oder Menschen reagierst, reizbarer bist oder sich gar negative Gedanken und Selbstzweifel zeigen. Dies kann durch den niedrigen Östrogenspiegel bedingt sein, der für diese Phase typisch ist. Insbesondere die letzten Tage vor der Menstruation sind für viele Frauen herausfordernd. Dann ist es wichtig, deinem Gefühl Raum zu geben, einfach liebevoll wahrzunehmen und anzunehmen, was ist, statt immer gleich gut funktionieren zu wollen.

Was dir jetzt guttun kann:

- Meditation, Yoga
- Reflektieren, fühlen, in dich gehen, dir Raum geben
- Projekte auswerten und ggf. überarbeiten
- Körperpflege, Wellness, Seele nähren
- Dankbarkeit üben (z. B. mit einem Dankbarkeitstagebuch)
- Ressourcen stärken und Soulfood essen
- Dich mental auf eine Phase der Einkehr vorbereiten

Mit dem Ende der lutealen Phase schließt sich der Kreis: Wir treten wieder in die Phase der Menstruation ein. Das Ende ist also gleichzeitig ein neuer Anfang.

Die Frau als zyklisches Wesen – im Kleinen wie im Großen

Nun erklärt sich vielleicht besser, warum wir Frauen auch als zyklische Wesen (im Gegensatz zum linearen Männlichen) bezeichnet werden. Der eben dargestellte Kreislauf findet sich dabei nicht nur in unserem Monatszyklus (Mondzyklus) wieder, sondern auch im Jahreskreis und sogar im großen Kreislauf des Lebens.

Wenn du dich für Mythologie, Mystik oder Urkulturen interessierst, hast du möglicherweise auch schon einmal von der großen Ur-mutter, der dreifaltigen Göttin, gehört, die auch die Persönlichkeitsentwicklung im Leben der Frau verkörpert. Unsere Ahninnen glaubten beispielsweise an die große Göttin Frau Holle (oder Frigg), in anderen Kulturen ist sie als Isis, Artemis, Aphrodite und Serene, Lakshmi, Saraswati und Kali bekannt. Sie tritt als weiße Göttin, rote Göttin und als schwarze Göttin auf. Ebenfalls ein schönes Bild, um sich die einzelnen Phasen des Lebenszyklus einer Frau zu verinnerlichen.

Dem Frühling des Lebens entspräche dann die Phase der weißen Göttin, sprich die Kindheit und Jugend, in der wir vom Mädchen zur jungen Frau heranwachsen. Wir erkunden neugierig unsere Umwelt, machen erste Erfahrungen mit Liebe und Sexualität. Wir sind frei und ungebunden, rebellisch und wild. Wir genießen das leichte Leben und entdecken uns langsam selbst.

Der Sommer wäre gleichzusetzen mit der roten Göttin und der fruchtbaren Zeit der Frau: Als menstruierende, reife Frau stehen wir in voller Blüte und Kraft. Wir tauchen in unsere Weiblichkeit ein und gebären neues Leben, entweder in Form unserer Kinder oder aber auch in allen Ideen, die wir schöpfen und in die Welt einbringen. Aus der roten Göttin entsteht alles Sein, sie ist Hüterin des Lebens, gleichberechtigte Partnerin, bedingungslos Liebende und weiß, was es bedeutet, ein Leben in Balance zu führen. Viele Frauen haben in diesem Stadium bereits eine materielle Grundlage für sich geschaffen, übernehmen die Fürsorge für sich und andere Lebewesen, wissen um das Prinzip des Gebens und Nehmens und treffen konkrete Entscheidungen, wie sie leben möchten.

Im Herbst nehmen wir als schwarze Göttin langsam Abstand von dieser Phase und gleiten mit der Menopause in einen neuen Lebensabschnitt über. Auch wenn der Herbst zu den eher unbeliebten Jahreszeiten auf unserer Seite der Weltkugel gehört (ist er doch mit dem Abschied vom Sommer verbunden) und auch das Altern vielen Frauen schwerfällt, bringt er Qualitäten mit sich: Als reife Frau können wir auf viele wertvolle Erfahrungen in unserem Leben zurückblicken und sind mit uns selbst gut vertraut. Wir wissen, wer wir sind und was wir brauchen. Wir sind erfüllter. Aus Erfahrung entsteht Erkenntnis, aus erworbenem Wissen Weisheit. Der Fokus bewegt sich weg von uns selbst. Wenn wir unsere Schattenarbeit getan haben, werden Kapazitäten für andere frei. Einige Frauen fühlen sich nun berufen, sich in den Dienst der Allgemeinheit zu stellen, fungieren als erfolgreiche Geschäftsfrauen, weise Beraterinnen oder liebevolle (Groß-)Mütter.

Die sterbende Greisin erkennt sich als Teil des immerwährenden Kreislaufs des Lebens, sieht den Tod nur als notwendige Station, um Kraft zu schöpfen, um nach dem Winter im nächsten Zyklus wiedergeboren zu werden.

Inge (58), Mutter von Julia (33) und Eva (31)

Ich bin ja nun schon eine etwas ältere Mutter und sogar Großmutter von einem wunderbaren Enkel. In jeder Phase meines Lebens gab es Momente, in denen ich dachte: Jetzt ist es vorbei, jetzt bist du alt! Als ich volljährig wurde, als ich Mutter wurde und insbesondere, als ich in die Wechseljahre kam. Jetzt, mit 58, muss ich sagen, dass ich es gar nicht mehr schlimm finde, eine reife Frau zu sein.

Altern ist ein natürlicher Prozess, der es mir ermöglicht hat, das Leben aus so vielen verschiedenen Blickwinkeln zu betrachten und zu erleben. Wenn ich zurückblicke, kann ich sagen: Jedes Alter hat seine Vor- und natürlich auch Nachteile. An durchlebten Höhen und Tiefen kann man wachsen. Gerade wenn uns Hürden begegnen, sollten wir uns nicht verurteilen («Ich hätte mich anders entscheiden sollen!»), sondern uns fragen: «Was kann ich aus dieser Situation lernen?»

Man muss vielleicht akzeptieren, dass nicht alles so gekommen ist, wie man es sich einmal ausgemalt hat, ja. Das bedeutet aber nicht, dass es so, wie es ist, schlechter ist. Mein Leben in all seinen Facetten hat mich zu der Frau gemacht, die ich heute bin.

Mit dem Alter habe ich gelernt, Schönheit in den alltäglichen Dingen zu finden. Ich mache mir weniger Gedanken darüber, was die anderen von mir halten. Meine Makel gehören zu meinem Leben: Die Kaiserschnittnarbe zeigt, dass ich Kinder geboren habe, die Falten um meine Augen, dass ich viel gelacht habe.

Ich bin so dankbar dafür, dass ich als Frau durch dieses Leben gehen darf. Frausein ist etwas so Kostbares: Weibliche Intuition spüren, neues Leben schaffen, sinnlich sein, ach und so viel mehr!

Die Polarität der Geschlechter

Viele Frauen haben aus diversen Gründen Angst davor, in ihre volle Weiblichkeit zu kommen. Weiblich zu sein, ist nicht nur positiv besetzt: Manche glauben, dass sie, wenn sie sich «typisch weiblich» verhalten, als schwach wahrgenommen oder nicht mehr ernst genommen werden, gerade im beruflichen Kontext. Einige verbinden Weiblichkeit vorwiegend mit körperlicher Präsenz, wie z. B. der Betonung weiblicher Rundungen durch einen bestimmten Kleidungsstil, was ebenfalls unangenehme Assoziationen auslösen kann. Möchte ich von anderen (so) gesehen werden? Werde ich, wenn ich mich weiblich kleide oder zeige, zum Sexobjekt und provoziere ich damit ein übergriffiges Verhalten von Seiten der Männer? Werde ich von Frauen anders wahrgenommen und bewertet, wenn ich meine Weiblichkeit offen auslebe?

Andere verbinden Weiblichkeit vielleicht auch mit einer politischen oder gesellschaftlichen Einstellung. Bin ich eine Feministin, wenn ich mich für Female Empowerment einsetze, und wenn ja, werde ich dann als nervige Emanze abgestempelt? Stelle ich mich damit als Frau über Männer? Ist es überhaupt noch zeitgemäß, sich mit Geschlechtern zu beschäftigen, in einer Zeit, in der geschlechtsneutrale Erziehung schon im Kindergarten en vogue ist?

Es ist wichtig zu verstehen, dass es bei einer bewussten Auseinandersetzung und Stärkung deiner Weiblichkeit auf keinen Fall darum geht, Dinge zu tun, mit denen du dich nicht wohlfühlst. Außerdem ist damit keineswegs gemeint, dass du dich über das andere Geschlecht erheben sollst. Wer sich bereits einmal mit dem männlichen und weiblichen Prinzip und der Polarität der Geschlechter auseinandergesetzt hat, der weiß ganz genau, dass das eine nicht ohne das andere existieren kann und beides jeweils sogar im anderen enthalten ist. Wir leben in einer bipolaren Welt. Das bedeutet, dass wir, wenn wir an Konzepte, Eigenschaften, Prinzipien oder Energien denken, meist von zwei gegensätzlichen Seiten auf einer Skala sprechen. Schwarz und Weiß, gut und schlecht, Tag und Nacht und eben auch männlich und weiblich. Diese menschengemachten Konzepte helfen uns, Dinge zu kategorisieren oder besser einordnen zu können.

Die Kategorien weiblich und männlich fassen folglich ebenfalls nur bestimmte Eigenschaften zusammen, denen wir etwas zuschreiben. Wenn wir davon sprechen, Weiblichkeit zu leben, heißt das also nicht, dass wir rollenkonform leben sollen – oder wenn Männer dem männlichen Prinzip dienen, dass sie dies tun, wenn sie die gängigen Klischees bedienen. Im Gegenteil. Wir sind nicht in unserer Weiblichkeit oder Männlichkeit limitiert. Jeder Mensch trägt unabhängig von seinem biologischen Geschlecht beide Anteile in sich. Sie sollten in Harmonie miteinander sein, damit wir unser volles Potenzial leben können.

Denken wir hier an das taoistische Konzept des Yin und Yang, in dem zwei polar einander entgegengesetzte Kräfte (symbolisch Schwarz und Weiß) sich aufeinander beziehen und zu einem großen Ganzen (Kreis) ergänzen. Obwohl diese Kräfte gegensätzlich sind, sind sie nicht nur unzertrennlich, sondern beheimaten auch das jeweils andere Prinzip in ihrem Kern (weißer Punkt / schwarzer Punkt). Keine Kraft ist dabei der anderen überlegen, sie befinden sich auf Augenhöhe, in Balance. Im Symbol des Yin und Yang wird in unseren Augen sehr schön der Gedanke transportiert, dass es ein Gegenteil gibt, das nicht gegen den anderen Teil arbeitet, sondern ihn erst ganz macht.

Jedoch: Durch die Gesellschaftsform des Patriarchats entstand ein Ungleichgewicht, das sich auch in einer Welt äußert, die nicht mehr in Balance ist. Selbst unsere Gesellschaft und unser Wirtschaftssystem orientieren sich nach wie vor am männlichen Prinzip: Leistung, Effektivität, technischer Fortschritt und stetiges Wachstum führen zu finanziellem Erfolg. Soziale Berufe, z. B. im Bereich Pflege, Bildung und Erziehung, in denen es eher auf weibliche Anteile ankommt, erfahren weniger Wertschätzung, insbesondere in monetärer Form.

Wenn wir in einer nachhaltigeren Welt leben möchten, die sich im Gleichgewicht befindet, dann ist es wichtig, dass wir als Frauen nicht versuchen, uns den Männern anzunähern, indem wir als emanzipierte Frauen einfach männliche Eigenschaften leben, denn auch Männer sind in einem patriarchalen System nicht in ihrer vollen Kraft. Vielmehr geht es darum, uns als Frauen aus einer schwachen, unmündigen Stellung zu befreien, uns weibliche Stärken bewusst zu machen und unsere Ermächtigung anzustreben. So können wir unsere eigentliche Position wieder einnehmen, was es auch dem Mann erlauben wird, seine Energie zu transformieren und der Frau auf Augenhöhe zu begegnen, damit Energien harmonisch fließen und zu einem großen Ganzen verschmelzen können.

Für viele mag dies befremdlich klingen. Was bedeutet das? Was ist überhaupt das weibliche Prinzip und was das männliche? Wie genau findet dieser Austausch der Energien statt? Auf diese Fragen wollen wir im Folgenden ein wenig genauer eingehen.

Das weibliche und männliche Prinzip

Das weibliche und männliche Prinzip sind zwar gleichwertig, aber nicht gleich. Mit Weiblichkeit werden oft Attribute in Beziehung gebracht, die in unserer Gesellschaft negativ assoziiert sind. Sie haben wenig Platz in einer Welt, in der es ums Höher, Schneller, Weiter geht. Viele Frauen haben daher gelernt, ihre weibliche Seite abzuschalten oder zu verdrängen. Manche sind sich gar nicht mehr bewusst darüber, welche Qualitäten das Weibliche überhaupt mitbringt.

Zunächst einmal möchten wir an dieser Stelle einige Eigenschaften und Pole nennen, die dem Weiblichen und Männlichen zugeschrieben werden (nicht gleichzusetzen mit Frau und Mann):

WEIBLICH (YIN)	MÄNNLICH (YANG)
zyklisch	linear
intuitiv / fühlend / weise	rational / emotionslos / klar
erdverbunden	mit dem Himmel verbunden
passiv / empfangend	aktiv / machend / schützend
langsam / Zeit gebend	schnell
diffus / fließend/ chaotisch / ohne Form	fokussiert / zielgerichtet / führend / formgebend
vertrauend	kontrollierend / entscheidend
hingebend / anmutig	mutig
gebärend / schöpferisch / kreativ	umsetzend / wettbewerbs- orientiert / zerstörerisch
Mond	Sonne
Nacht	Tag
Wärme	Kälte

Wie geht es dir, wenn du diese Merkmale liest? Resonieren sie mit dir? Lehnst du einige davon ab oder empfindest sie als schlecht? (Falls du dir eine der Eigenschaften nicht zugestehst, könnte es z. B. spannend sein, dich insbesondere mit diesem Thema auseinanderzusetzen.) Sowohl auf weiblicher als auch auf männlicher Seite gibt es Tugenden, die wir eher negativ bewerten. Wenn wir sie jedoch mit dem Herzen einsetzen, dienen sie dem Leben und der Liebe. Das männliche Attribut «führend» könnte z. B. von einigen mit «herrschend» gleichgesetzt und negativ assoziiert werden. Unter Einbezug des Herzens wird aber aus dem Herrscher ein Mensch, der gute und nachhaltige Entscheidungen zum Wohl seines Volkes und der Welt trifft. Er dient also gleichzeitig dem Weiblichen.

Es sei noch einmal betont, dass jeder von uns weibliche und männliche Tugenden in sich trägt und es nicht darum geht, das eine oder andere zu leben, sondern das eine *und* das andere. Wir können gleichzeitig intuitiv sein und trotzdem unseren Verstand in eine Entscheidung einbeziehen, dem Prozess vertrauen, aber wo nötig auch kontrollieren. Wir können aktiv sein und uns Pausen gönnen. So kommt auch unser Leben in Balance und wir fühlen uns ausgeglichener.

Spürst du, dass viele der genannten Merkmale nicht im Einklang mit unserer Arbeitswelt oder sogar mit Mutterschaft stehen? Für einige dieser Qualitäten brauchen wir Raum, Zeit und Sicherheit – Dinge, die uns im Alltag und in der Berufswelt oft fehlen. Eigentlich bräuchten wir eine Kultur, die uns wesentlich mehr Raum gibt, weibliche Aspekte zu leben: bezahlten Menstruationsurlaub für die besonders herausfordernden Tage, einen längeren Mutterschutz (und Vaterschaftsurlaub), um während der Schwangerschaft und im Wochenbett besonders viel Ruhe zu bekommen. Mehr Urlaubstage, damit wir nach Phasen großer Anstrengung überhaupt die Möglichkeit haben, wieder bei uns anzukommen und unsere Ressourcen zu stärken.

Ein Mann, der aus seinem Herzen und damit aus seiner Kraft heraus lebt, vermag es, der weiblichen Energie zu dienen, sie zu schützen und der Frau den Raum zu halten, den sie benötigt, um sich voll zu entfalten: Ihre Intuition walten lassen, kreativ sein, sich hingeben, statt alles unter Kontrolle haben zu müssen.

Ist die Vorstellung nicht wunderbar und heilsam, dass wir Frauen von Männern getragen werden dürfen und dass männliche Energien die weiblichen ergänzen, anstatt sie zu unterdrücken? Weibliches und männliches Prinzip greifen so ineinander.

Der Energieaustausch muss dabei nicht einmal mit dem Partner stattfinden, sondern ist auch in uns selbst angelegt. Wenn wir weibliche/männliche Qualitäten integrieren, sozusagen eine innere Ehe vollziehen, werden wir ganz. Sobald sich unser Yin und Yang in Balance befinden, spiegelt sich das auch in unseren äußeren Beziehungen, unseren Finanzen, unserer Gesundheit und Karriere wider.

Yin integrieren

Was kannst du als Frau tun, um deinen Yin-Pol zu stärken?

Es geht darum, deine weiblichen Qualitäten zu nähren, insbesondere alles, was dir Ruhe und Entspannung verschafft. Kümmere dich gut um dich, indem du auf deinen Körper achtest und ihn mit viel Schlaf, ausgewogenem Essen, ausreichend Wasser und sanfter Bewegung versorgst. Lebe deine Sinnlichkeit, z. B. indem du tanzt und deine Hüften kreisen lässt. Sei kreativ, gestalte, koche, bastele, fotografiere, komponiere etc. Entspanne dich in regelmäßigen Pausen vom stressigen Alltag, mit Achtsamkeitsübungen, Meditationen, Dankbarkeitsritualen und allem, was deiner Seele guttut. Gib dir Raum zu heilen, indem du dir Zeit fürs Fühlen, Reflektieren und Integrieren nimmst. Erde dich durch Barfußlaufen, Gartenarbeit und Spaziergänge in ursprünglicher Natur. Reduziere deine Bildschirmzeit, suche stattdessen reale Erlebnisse, Begegnungen und Berührungen. Lebe im Jetzt, statt immer in Gedanken einen Schritt voraus zu sein. Glaube deiner Intuition, deinem natürlichen inneren Wegweiser, der dir genau sagt, was gut für dich ist.

Ein verletztes Yin äußert sich oft in einer Opferhaltung und in Schuld- und Schamgefühlen bzw. Verdrängung von Gefühlen.

Glaubt man der traditionellen chinesischen Energie (TCM), dann können auch folgende Körpersymptome auf ein schwaches Yin hindeuten:

- Schwache Periodenblutungen
- Trockene Haut/Haare oder Scheidentrockenheit
- Schlafprobleme
- Postpartale Depression
- Alle Symptome, die auch mit der Menopause in Verbindung gebracht werden (z. B. Hitzewallungen)
- Burn-out

Yang integrieren

Auch wenn es für Frauen tendenziell wichtiger sein kann, ihr Yin zu integrieren (das Yang wird von den meisten ohnehin gelebt, da unsere Welt vom männlichen Prinzip geprägt ist), gilt es auch, dein Yang zu stärken. Das kannst du z. B. tun, indem du bewusst lebst, Verantwortung für deine Handlungen übernimmst, Grenzen setzt und deine Ziele klar formulierst und fokussiert verfolgst (aber nicht verbissen und ohne Rücksicht auf Verluste).

Bei Yang-Mangel wirkt es auf körperlicher Ebene unterstützend, Kaltes und Feuchtes zu meiden. Sonne und Wärme (auch wärmende Kleidung und Speisen) können hilfreich dabei sein, dein Yang zu stärken.

Ein verletztes Yang zeigt sich z. B. in einem stark kontrollierenden, manipulativen Verhalten, übertriebenem Perfektionismus oder sehr hohem Leistungsanspruch sowie dem Streben nach Macht.

Entsprechend der traditionellen chinesischen Medizin können auch folgende Körpersymptome auf ein schwaches Yang hindeuten:

- Dir ist oft kalt
- Schlechte Durchblutung
- Wenig Energie, Antriebslosigkeit oder Lustlosigkeit
- Verdauungsprobleme (auch Durchfall oder Gastritis) / Übergewicht
- Ödeme
- Schwache Libido
- Unfruchtbarkeit

Wenn dein Yin verletzt ist, ist es möglich, dass du ein Gegenüber mit verletztem Yang anziehst. Die Konsequenz kann sein, dass du eine Beziehung eingehst, in der du dich unerfüllt (z. B. unerfüllte Liebe oder Sexualität) fühlst oder die du sogar als toxisch empfindest. Männer, deren Energien in Harmonie sind, sind im Übrigen dazu in der Lage, Liebe und Nähe zu geben und zu nehmen, ohne sich dabei in ihrer Männlichkeit infrage gestellt zu fühlen.

Beziehung, Energieaustausch und Sexualität

In welcher Beziehung stehen Yin und Yang zueinander? Wie fließen die Energien?

Hierzu möchten wir gerne Expertinnen auf dem Gebiet, Alexandra Schwarz-Schilling und Christin Müller, zitieren:

«Frauen beziehen einen Großteil ihrer Energien von unten aus der Erde. Die Energie strömt die Beine hinauf (oder wird direkt durch die Vagina aufgenommen), sie spiralt und potenziert sich das erste Mal in den Eierstöcken, wird dann nach oben in die Brüste gebracht, dort spiralt und potenziert sie sich ein weiteres Mal und wird dann an die Welt zurückgegeben beziehungsweise in die Welt gebracht. Dies kann in materieller Form durch die Abgabe von Milch über die Brust geschehen, aber auch über ein Leibesgefühl. Es kann über die Augen geschehen, über Haut, über Worte oder einfach energetisch.

Männer beziehen den Großteil ihrer Energie von oben aus dem Himmel (deswegen sind alle männlich dominierten Religionen nach oben ausgerichtet). Sie läuft von oben nach unten gerade durch, spiralt und potenziert sich zum ersten Mal in den Hoden und wird dann häufig über den Penis wieder an die Welt abgegeben, materialisiert in Form von Sperma. Männer sind nicht in gleicher Weise geerdet wie Frauen. Sie müssen sich bewusst mit der Erde verbinden. Alte Völker haben dafür Rituale, in denen es darum geht, diese Verbundenheit mit der Erde herzustellen. Die Schwitzhüttentradition der nordamerikanischen Ureinwohner ist ein solches Ritual. Frauen sind natürlicherweise über ihren Zyklus mit allen Rhythmen der Erde, des Mondes und des Universums verbunden. Männer müssen diese Verbundenheit erst herstellen, sie ist ihnen nicht natürlicherweise gegeben. Eine andere Möglichkeit, diese Verbundenheit herzustellen, ist die sexuelle Vereinigung. Für den Mann ist es möglich, darüber Verbundenheit zu erfahren.»[8]

Hier wird der Kreislauf der Energien ein weiteres Mal deutlich. Während der Mann die Zuwendung, die Liebe und den Schoß der Frau benötigt, um sich energetisch zu reinigen (die Gebärmutter der Frau fungiert hierbei wie eine Waschmaschine, welche die Energien transformiert), benötigt die Frau die Energie des Mannes für die Schöpfung neuen Lebens.

Problematisch dabei ist, dass die Energien in unserer heutigen Welt nicht mehr ungehindert fließen, da viele Frauen in ihrem Schoß (also in ihrer weiblichen Sexualität) und zahlreiche Männer in ihrem Herzen (Gefühlswelt; es fällt schwer, Emotionen zuzulassen) verletzt sind. Wollen wir zurück zu einer rückverbindenden, erfüllten Sexualität und zu einem großen Ganzen, in welchem die weiblichen und männlichen Energien natürlich fließen, gilt es zu heilen.

Sexualität

Mit der Elternschaft beginnt für viele Mütter und Väter auch eine Zeit, in der man sich als Paar neu erleben und finden darf. Es ist nicht immer einfach, Zeit für die Paarbeziehung einzuräumen und sich auf dieser Ebene noch genauso zu begegnen wie vorher.

Toll ist, wenn man sich z. B. regelmäßige Date Nights gönnen kann, in denen es mal nicht um die Kinder und die Organisation des Alltags geht. Ein schönes Essen im Restaurant, ein gutes Gespräch, ein gemeinsames Hobby ausleben oder zusammen Sport machen. Es gibt viele Möglichkeiten, sich zu verbinden, wenn die Kinder in der Kita, beim Babysitter oder im Bett sind. Oft sind es auch kleine Dinge, die uns dabei behilflich sein können, ein Gefühl von Nähe zum Partner herzustellen: beim Spazieren Händchen halten, ein Kuss zur Begrüßung oder Verabschiedung, eine liebevolle Nachricht am Spiegel oder per SMS, eine kleine Massage vor dem Einschlafen, ein Abend in der Woche, an dem einer etwas außer der Reihe für den anderen organisiert (geht auch zu Hause ohne Babysitter).

Tatsächlich kann es auch in Sachen körperlicher Annäherung und Liebe sehr hilfreich sein, wenn unsere Beziehung zum Partner im Alltag nicht abreißt. Denn gerade für die Sexualität eines Paares ist es förderlich, wenn wir nicht binnen Minuten von null auf 100 kommen müssen, sondern bereits eine stetige Verbindung spüren. Dennoch erzählen viele Frauen in unserem Bekanntenkreis, dass dies nicht immer einfach ist.

Sowohl Mütter als auch Väter berichten davon, dass sich seit den Kindern vieles verändert hat: Mütter mit Babys und Kleinkindern klagen z. B. darüber, dass sie gar keine Lust mehr empfinden, weil ihr Körper ohnehin ständig vom Kind besetzt ist. Manche haben mit Geburtsverletzungen zu kämpfen und müssen sich erst langsam wieder an das Thema herantasten. Einige Mütter und Väter sind zu müde und haben, wenn es die Zeit dann tatsächlich einmal zulässt, keine Energie mehr oder zu viele andere Dinge im Kopf. Vielen Paaren, die wenig Unterstützung von Familie oder anderen Betreuungspersonen haben, mangelt es an Gelegenheiten, d. h. an Zeit, sich einmal richtig aufeinander einzulassen. Frauen mit älteren Kindern hingegen sprechen oft davon, dass sie keine echte Verbindung mehr zu ihrem Partner spüren. Man hat sich in dieser Hinsicht ein wenig auseinandergelebt oder das Sexualleben läuft routiniert ab, wird aber nicht mehr als besonders erfüllend wahrgenommen. Einige befinden sich bereits in einer Paartherapie oder haben sich dafür entschieden, ihre Beziehung offener zu gestalten, um ihre Lust mit einer anderen Person auszuleben.

Katharina (38), Mutter von Kaya (2), Cleo (4) und Max (7)

Wenn ich an Sex denke, löst das in mir ehrlich gesagt nur Stress aus. Es fühlt sich für mich wie eine zusätzliche Pflicht an, die ich neben all dem, was ich den ganzen Tag sonst so leiste, auch noch mit unter den Hut bekommen muss, damit unsere Beziehung nicht den Bach runtergeht. Ich verspüre gerade wirklich keine Lust, während ich weiß, dass mein Mann ein stärkeres Bedürfnis hat. Das baut einen unglaublichen Druck in mir auf.

Auch hier zeigt sich in gewisser Weise wieder die männliche Prägung unserer Gesellschaft. Den Druck, von dem in Katharinas Bericht die Rede ist, verspüren viele in puncto Sex.

Denn auch im Bett geht es oft um Leistung: Möglichst schnell, gut oder oft zum Orgasmus zu kommen bzw. dem Partner einen Höhepunkt nach dem anderen zu bescheren – diesen Anspruch

teilen viele und auch in einschlägigen Frauen- und Männer-
magazinen findet man viele Tipps, die eine eindeutige Sprache
sprechen.

«Die Form der Sexualität zwischen Frauen und Männern
spiegelt diese männliche Überbetonung wider. Immer noch ist
sie hauptsächlich auf männliche Bedürfnisse ausgerichtet und
von männlichem Verhalten sowie von männlichen Phantasien
geprägt, dabei soll sie möglichst erregend, spannend und voller
Höhepunkte sein. Qualitäten des weiblichen Prinzips wie
Liebe, Stille, Langsamkeit und absichtslose Präsenz wird wenig
Wichtigkeit eingeräumt. Zum Teil sind sie in diesem Zusammenhang völlig unbekannt. Dabei sind Ruhe und Entspannung die
Voraussetzung, um die Gewässer der Frau zu erwärmen, so dass
sie sich öffnen und damit auch dem Mann neue Erfahrungen in
seinem sexuellen Erleben ermöglichen kann. Stattdessen steuert
die männlich dominierte Sexualität zielgerichtet auf den Orgasmus zu und viele von uns glauben, die weibliche Sexualität
wolle dasselbe, nur dauere es womöglich länger.»[9]

Es geht auch hierbei nicht darum, Männer oder das männliche Prinzip zu verurteilen, sondern ein Bewusstsein dafür zu
schaffen, dass Sex nicht auf ein Ziel, sprich den Orgasmus, ausgerichtet sein muss, was bei vielen Druck und Stress auslöst.
Auf Letzteres reagiert das weibliche Prinzip mit Rückzug statt
Öffnung. Denn wie wir bereits wissen, benötigt der weibliche
Körper Wertschätzung und Sicherheit, um sich voll hinzugeben
(einigen ist dies auch im Zusammenhang mit anderen weiblichen
Prozessen wie z. B. der Geburt bekannt, deren natürlichen Ver-
lauf wir begünstigen können, indem wir einen sicheren Rahmen
schaffen, um uns zu öffnen). Wenn es an diesen Dingen mangelt,
kann keine wirkliche Verbindung stattfinden und auch körperlich äußert sich dies bisweilen in Scheidentrockenheit oder dem
Gefühl, dass der Körper dichtmacht.

Wird dieses Gefühl dauerhaft übergangen (z. B., indem man immer über seine Grenzen hinweggeht – das passiert z. B. aus der Sehnsucht nach Nähe heraus oder weil wir dem Partner etwas Gutes tun wollen), kann es auch dazu führen, dass Frau sich emotional taub fühlt, weniger Lust, Schaffenskraft und Lebensfreude empfindet.

Selbstverständlich ist dies aber kein Problem, das nur Frauen betrifft. Auch Männer fühlen sich nicht selten unter Druck gesetzt, abliefern zu müssen. Dadurch, dass die meisten nie gelernt haben, was es heißt, bewusste Hingabe zu leben, also sich beim Liebesspiel viel Zeit zu gönnen und den Moment in voller Präsenz zu genießen, ohne auf das Ziel Orgasmus hinzuarbeiten, kommt es vor, dass auch Männer nur eine körperliche Entladung erleben, die zwar zu einer kurzfristigen sexuellen Befriedigung führt, nicht aber zu einer liebevollen Verbundenheit, einer energetischen Aufladung oder gar Erfüllung.

Am Erleben einer erfüllenden Sexualität sind – wie bei anderen weiblichen Prozessen – auch die Hormone beteiligt: Das Bindungshormon Oxytocin, das viele Mütter von der Geburt als das Hormon kennen, das die Gebärmutterkontraktionen auslöst und maßgeblich an der Rückbildung der Gebärmutter beteiligt ist sowie die Muttermilch fließen lässt – wird dann ausgeschüttet, wenn wir diese Art der bewussten, achtsamen Geschlechtsvereinigung eingehen.

Was kann auf dem Weg dorthin hilfreich sein? Zuerst einmal geht es darum, dir selbst ehrlich und authentisch zu begegnen und deine Bedürfnisse offen an deinen Partner zu kommunizieren. Du kannst dir zunächst folgende Fragen stellen (und ggf. auch deinen Partner dazu anregen):

- Wie stehst du zu deinem eigenen Körper, deiner Weiblichkeit und deiner Sexualität?

- Fühlst du dich mit deinem Partner verbunden?
- Lebst du ein erfülltes Sexualleben?
- Was brauchst du, um dich sicher zu fühlen (auch um sicher kommunizieren zu können)?
- Wann fühlst du dich wertgeschätzt?
- Hast du Ängste?
- Wo liegen deine Grenzen?
- Was wünschst du dir in Bezug auf deine Sexualität?

Hab keine Angst vor den Antworten. Auch nicht, wenn sich herausstellen sollte, dass einer von euch gerade unzufrieden ist, Schamgefühle oder Blockaden entdeckt oder mehr Zeit braucht. Damit wird keiner von euch beiden abgewertet, sondern es stellt nur die aktuelle Situation dar und ist die Grundlage dafür, dass ihr euch in Zukunft neu begegnen könnt. Es sollte auch kein Erwartungsdruck entstehen, dass sofort etwas geändert werden muss. Denn wie bereits erwähnt, ist es gerade Zeit oder sogar Langsamkeit, die das weibliche Prinzip nährt.

Diese langsame Annäherung kann zunächst einmal über das offene Gespräch (insbesondere auch über schambehaftete Themen) stattfinden. Was wünscht ihr euch? Wo gibt es Bedarf, etwas zu verändern? Hier darfst du dich noch einmal daran erinnern, dass es dir vielleicht nur möglich ist, dich fallenzulassen und hinzugeben, wenn du dir selbst und deinem Partner gegenüber nicht verschlossen bist. Versuche, dich ehrlich mitzuteilen.

Auch die oben bereits genannten Tipps zur Beziehungspflege können helfen, das Gefühl von Verbindung zu stärken. Im Alltag immer mal wieder durch kleine Berührungen in Kontakt zu treten oder schöne Dinge gemeinsam als Paar zu erleben, erzeugt Nähe.

Auf sexueller Ebene ist z. B. Slow Sex eine Möglichkeit, sich im Bett einmal ganz neu zu begegnen und alte Muster zu durchbrechen.

Slow Sex

Falls du noch nie von Slow Sex gehört hast, ist es für dich vielleicht zunächst interessant zu erfahren, was man überhaupt darunter versteht. Auch wenn die Methode nicht neu ist, hat die Körpertherapeutin Diana Richardson den Begriff «Slow Sex»[10] geprägt und meint damit eine Art der bewussten geschlechtlichen Vereinigung, die nicht auf den Höhepunkt ausgerichtet ist, sondern Nähe und Intimität zwischen den Geschlechtspartnern herstellen will. Es handelt sich aber nicht einfach um langsamen Sex, sondern tatsächlich eher um ein absichtsloses Ineinanderstecken der Genitalien mit bewusstem Verzicht auf einen Orgasmus. Im Vordergrund steht hier, dass man sich Zeit füreinander nimmt, sich mit allen Sinnen auf den Partner einlässt, sich stetig über Gefühle und Wahrnehmungen austauscht und die Lustpunkte des anderen erkundet.

Victoria (39), Mutter von Clara (4)

Mein Mann war zuerst nicht ganz so begeistert von der Idee: «Sex ohne Orgasmus? Einfach nur Penis und Vagina ineinanderstecken, geht das überhaupt? Fühlt sich das nicht an wie Trockenübungen? Was soll das bringen?», so seine Befürchtungen. Aber meine Argumente, dass Slow Sex wohl besser als gar kein Sex sei und wir bei diesem Experiment ja nichts zu verlieren hätten, überzeugten ihn dann schließlich.

Zunächst einmal mussten wir uns ein größeres Zeitfenster freischaufeln. Als unsere Tochter ein Wochenende bei der Oma übernachten konnte, wagten wir den Versuch.

Bevor es richtig losging, redeten wir erst einmal eine ganze Weile nur und teilten unsere Wünsche und Ängste mit. Dann begannen wir, uns gegenseitig Aufmerksamkeit zu schenken, indem wir uns lange in die Augen sahen. Wir fingen an, uns ganz bewusst gegenseitig auszuziehen und zu berühren. Ich fühlte mich dabei von vornherein entspannter als sonst, weil wir ausgemacht hatten, die Geschlechtsteile dabei komplett auszusparen und ich keinen Leistungsdruck empfand. Es ging erstmal nur darum, den Körper des anderen und die eigenen Sinneseindrücke wahrzunehmen. Wir streichelten uns gegenseitig Gesicht, Arme, Beine, Rücken etc. Dabei teilten wir auch immer wieder Gedanken und Gefühle, die in uns hochkamen. Zuerst fühlte sich alles ein wenig ungewohnt, aber dennoch sehr schön an.

Der eigentliche Akt unterschied sich dann wirklich gravierend von dem, wie wir sonst Sex haben. Da mein Mann nicht sofort eine Erektion hatte, mussten wir den Penis zuerst an die Vulva legen, so lange, bis ein Ineinanderstecken überhaupt möglich war. Wir wählten die Missionarsstellung, um möglichst bequem eine längere Zeit ineinander sein zu können.

Anfänglich fand ich es gar nicht angenehm, ich spürte leichte Schmerzen und der Penis meines Mannes fühlte sich an wie ein Eindringling in meinem Körper. Wir sprachen darüber und ich merkte, wie sich eine tiefe Anspannung in mir löste. Allein das machte schon etwas mit mir. Als das Körpergewicht meines Mannes mir mit der Zeit zu schwer wurde, äußerte ich es und er schlug vor, dass ich nach oben gehen solle, wofür ich im Alltag oft zu müde bin. Nun tat es mir aber gut. Ich nahm, ganz anders als sonst, dabei eine Stellung ähnlich der «Haltung des Kindes» aus dem Yoga ein. Wir sprachen weiter über unsere Eindrücke und stellten fest, dass wir uns beide sehr entspannt und verbunden fühlten. Fast ein bisschen wie Wellness.

Die Gespräche führten dazu, dass wir plötzlich eine sehr starke Lust verspürten, uns mit Haut und Haaren wahrzunehmen. Ich grub die Nase tief in seinen Nacken und nahm seit langer Zeit einmal wieder diesen Duft von Vertrautheit, Liebe und Sexyness wahr.

Plötzlich bekam ich eine unbändige Lust, meinen Mann zu küssen. Ich muss sagen, dass sich dieser Kuss so intim und so intensiv anfühlte, wie ich es noch von unseren ersten Dates kannte. Ein Erforschen, ein Vordringen, Sich-Verbinden. Mein Mann und ich stimmten darin überein, dass wir schon lange nicht mehr so eine Begierde nach mehr verspürt hatten. «Wie beim ersten Kennenlernen» oder «ein neues Kennenlernen», beschrieb es mein Mann. Wir grinsten. Es war schön und tat gut, dass wir nach 7 Jahren Beziehung so etwas füreinander fühlen konnten. Unsere Körper verlangten mehr, mehr, mehr, wir wollten aber auch unserer Abmachung treu bleiben, blieben also ruhig beieinander. Dafür

*fühlte sich jeder Huster und jede kleinste Bewegung schön und auf-
regend an. Ich spürte ein Kribbeln, Freude, Liebe, Abenteuer.*

*Nach etwa 30 Minuten des Ineinanderseins schlief plötzlich mein
Bein ein. Ich wollte mich anders hinlegen, dabei rutschte der Penis
raus und wir beschlossen, es für dieses Mal dabei zu belassen. Nicht
schlimm, es war wunderschön. Wir fühlten uns beide satt und wollten
trotzdem mehr voneinander. Wir streichelten uns, kuschelten, redeten
noch eine Zeit lang über unsere Erfahrung. Fragten, antworteten,
grinsten, genossen, schliefen ein.*

*Beflügelt von dieser ersten Erfahrung beschlossen wir, das Experi-
ment «Slow Sex», das man bestenfalls gleich 30 Tage am Stück jeden
Tag für mindestens einige Minuten praktizieren soll, fortzusetzen …*

Im Bericht von Victoria lässt sich bereits erahnen, welch unglaubliches Potenzial in dieser Methode steckt. Während sie
hier fast ausschließlich Positives erzählt, kann es aber genauso
sein, dass sich zu Beginn oder im Laufe der Zeit auch schwierige
Gefühle zeigen. Bei manchen brechen Verletzungen auf, Schamgefühle zeigen sich. Auch das ist Sinn und Zweck von Slow Sex:
alles wahrzunehmen. Uns selbst besser zu erforschen. Unseren
Partner an schwierigen Gefühlen teilhaben zu lassen. Zu heilen.
In anderen Momenten gipfelt die Erfahrung vielleicht nach
langem Ineinanderverschlungensein in sexueller Ekstase. Auch
wenn der Orgasmus nicht das Ziel sein sollte, ist es denkbar,
dass er trotzdem geschieht. Manche berichten davon, dass er
intensiver sei, was möglicherweise am langen Hinauszögern
oder auch der intensiven Verbundenheit mit dem Partner liegen
kann. Oft fühlt sich ein so empfundener Orgasmus dann eher
nach Energieaufladung an, nach einer ganzheitlichen Erfahrung,
die Körper, Geist und Seele miteinbezieht.

Was an dieser Stelle vielleicht auch noch betont werden
sollte: Beim Slow Sex geht es nicht darum, den sonstigen
Geschlechtsverkehr zu ersetzen. Er stellt lediglich eine von vielen

Möglichkeiten dar, wie man sich als Paar vom Leistungsdruck und Stress, den viele mit dem Akt verbinden, freimachen, wieder füreinander öffnen und echte Verbindung erleben kann.

Die sexuelle Kraft als Urkraft

Tatsächlich geht die sexuelle Urkraft aber weit über die körperliche Verbindung mit dem Partner hinaus. Sie liegt in dir selbst begründet. Besonders schön wird das in dem Wort «Yoni» als Bezeichnung für alle weiblichen Genitalien (Vulva, Vagina und Uterus) zusammengefasst, was aus dem Sanskrit kommt und so viel wie «Ursprung», «Quelle» oder «Heiliger Raum» bedeutet. Vielleicht helfen dir diese Bilder, wenn du dich mit deiner eigenen Sexualität beschäftigst, sie auch als solche wahrzunehmen, wertzuschätzen und zu behandeln. Hier sitzt deine sexuelle Energie, deine weibliche Urkraft, die alles Leben schafft. Wenn sie fließt, dann haben wir auch mehr Freude und Kraft für uns, unsere Kinder und das Leben. Wir führen eine glücklichere und erfülltere Beziehung zu uns selbst und unseren Mitmenschen.

Es kann daher durchaus lohnend sein, dich einmal mit deinem Schoßraum und deiner Gebärmutter, dem Zentrum der Weiblichkeit, zu befassen sowie mit den Blockaden und Konditionierungen bezüglich deiner Sexualität aufzuräumen.

Körperliche Selbstliebe – Achtsame Masturbation

Sich selbst liebevoll zu berühren und mit einem guten Gefühl zu beschenken, war lange Zeit ein Tabu. Auch wenn die weibliche Masturbation heute schon ein wenig mehr thematisiert wird als in der Vergangenheit, ist sie für viele Frauen nach wie vor ein sehr intimes Thema, für manche sogar mit Scham oder Gewissensbissen behaftet.

Tatsächlich gehört zur Selbstliebe aber auch der Aspekt der körperlichen Selbstliebe. Wenn du Selbstliebe ganzheitlich erfahren möchtest, solltest du auch deinen Körper liebevoll annehmen, und zwar in all seinen Facetten. Du darfst ihn ganzheitlich erfahren, ohne bestimmte Aspekte auszusparen. Dazu gehört auch die Sexualität.

Um deine eigene Sexualität zu erleben, brauchst du zunächst kein Gegenüber. Du kannst sie auch allein erkunden. Wie sieht dein Körper (z. B. deine Vulva) aus? Welche Stellen liebst du besonders? Was braucht dein Körper, um sich wohlzufühlen und erregt zu werden? Wo verspürst du Lust und wann ist dein sexuelles Verlangen am größten? Welche Berührungen rufen ein wohliges Kribbeln in dir hervor, welche magst du nicht? Welche unterschiedlichen Möglichkeiten und Methoden hast du, zum Höhepunkt zu kommen? Welche Fantasien beflügeln dich? Wie fühlst du dich nach einem Orgasmus?

Deine Sexualität, deine Lust, deine Fantasien gehören dir und es kann sehr schön sein, sich dem eigenen Körper auf ganz selbstbestimmte Weise, langsam, neugierig und ohne Druck von außen zu nähern. Dich auf körperlicher und sexueller Ebene kennenzulernen und deine Bedürfnisse zu ermitteln, kann sich natürlich auch auf die Sexualität mit einem Gegenüber positiv auswirken, in allererster Linie geht es aber wirklich darum, dir selbst achtsam und liebevoll zu begegnen. Deine Vorlieben und Wünsche, aber auch deine Grenzen zu kennen.

Wenn du bereits viel masturbierst, kann es auch spannend sein, dir Zeit zu nehmen, um neue Praktiken oder Sextoys auszuprobieren. Auch hier geht es, wie weiter oben bereits unter dem Absatz zum Thema Slow Sex besprochen, nicht notwendigerweise darum, möglichst schnell und zuverlässig einen Orgasmus zu bekommen. Vielleicht ist es auch einfach nur schön, dich selbst zu streicheln und deinem Körper die Liebe zukommen zu lassen, die er verdient. Vielleicht entdeckst du neue erogene Zonen. Vielleicht eine andere Art des Orgasmus. Eine Fantasie – mag sie in der Realität auch noch so absurd erscheinen –, die dich besonders anmacht. Alles kann, nichts muss. Schau einfach, womit du dich wohlfühlst, denn genau dafür ist dieser Raum da.

Selbstbefriedigung hat viele Vorteile. Du kannst sie genau

dann ausleben, wenn du selbst Lust und Zeit hast – unabhängig von einer anderen Person. Sie kann dir Glücksgefühle und Entspannung im Mama-Alltag verschaffen. Wenn du erregt bist, schüttet dein Körper Endorphine aus und nach dem Orgasmus auch Hormone wie Serotonin, Dopamin und Oxytocin. Das wirkt sich auf deinen Gefühlszustand aus und hat außerdem auch einen positiven Effekt auf deine Gesundheit: Stress wird abgebaut, der Beckenboden gestärkt, der Kreislauf aktiviert, Schmerzen, u. a. auch Menstruationsschmerz, können gelindert werden.

Alternative Beziehungsformen

Bisher sind wir hauptsächlich auf die körperliche Selbstliebe und die monogame Beziehung eingegangen. Das heißt aber nicht, dass es für dich kein anderes Konzept geben kann. Möglicherweise lebst du gar nicht in einer Beziehung oder bevorzugst eine offenere Form?

Auch hier gilt: Alles, was für dich stimmig ist, darf grundsätzlich auch gelebt werden. Selbstliebe bedeutet schließlich, mit sich selbst in Kontakt zu sein und eigenmächtig zu entscheiden, wie man Liebe und Sexualität leben möchte. Sich auch in dieser Frage ehrlich und mutig selbst zu begegnen und Erkenntnisse ggf. offen an den Partner zu kommunizieren. Mit steigender Selbstliebe kann es gut sein, dass du die Beziehung zu deinem Partner anders wahrnimmst oder sich deine Wünsche verändern.

Dana (34), Mutter von Matthis (8) und Christian (10)

In den letzten Jahren habe ich mich sehr weiterentwickelt und durfte u. a. durch die Öffnung meiner Beziehung für andere Partner erkennen, dass mein Ehemann einfach nicht mehr zu mir passte. Zwar hatte ich den Verdacht schon länger, versuchte aber, diese Erkenntnis zu unterdrücken. Mein Notfallweg war die offene Ehe. Ich hoffte, durch diese Erfahrung die Möglichkeit wiederzuerlangen, das aufregende Gefühl eines Single-Lebens nachspielen zu können, ohne mich deswegen gleich von meinem Partner trennen zu müssen. Im Laufe der Zeit musste ich allerdings erkennen,

*dass mein Experiment nichts anderes war, als eine Weigerung loszulassen
und mich Neuem gegenüber mit ganzem Herzen zu öffnen.*

*Ich möchte keinem die offene Ehe absprechen. Jeder soll das machen, was
für ihn passt. Ich für meinen Teil habe durch die offene Ehe gemerkt, dass
ich nicht nur wegen der Kinder mit jemandem zusammenbleiben möchte,
sondern Sehnsucht nach dieser einen großen, partnerschaftlichen Verbindung habe – selbst, wenn ich sie nicht für mein Wohlbefinden brauche.*

*Ich habe beschlossen, dass ich mich jetzt, da ich durch meine Er-
fahrungen sicher weiß, dass es da draußen Männer gibt, die mich
energetisch so ergänzen können, wie ich es mir immer gewünscht habe,
nicht mit etwas aufhalten möchte, das für mich nicht mehr stimmig ist.
Und da geht es überhaupt nicht darum, dass mein Mann etwas falsch
gemacht hat oder nicht gut genug wäre. Er ist genau so gut und richtig,
wie er ist. Aber ich weiß, dass es auch für ihn jemanden gibt, der besser
zu ihm passt, und dass ich diese Begegnung verhindere, wenn ich bei
ihm bleibe. Ich möchte, dass wir beide (und unsere Kinder) glücklich
sind, und ich weiß, zusammen können wir es nicht werden.*

Es muss nicht sein, dass du die gleichen Konsequenzen ziehst
wie Dana, wenn du spürst, dass etwas für dich in deiner Partnerschaft aktuell nicht stimmig ist. Vielleicht steht kein Kompromiss,
keine Öffnung der Beziehung und auch keine Trennung an,
sondern der Wunsch, eine intensivere Beziehung mit deinem
Partner zu leben. Es kann sein, dass du, in dem Moment, in dem
du beginnst, dich selbst zu lieben, automatisch die Liebe deines
Partners stärker spürst oder besser annehmen kannst und sich
dadurch eure Verbindung ohne großes Zutun festigt.

Auch hier sei alles erlaubt und egal, was du für dich bewusst
entscheidest, es darf sein. Denn nur du weißt, welcher Weg für
dich und deine Familie der beste ist. 🌼

Teil 2

Selbstliebe ist nicht immer leicht – gerade als Mutter

Selbstliebe ist nicht immer leicht – gerade als Mutter

In diesem Teil des Buches möchten wir dich daran erinnern, dir selbst mit Mitgefühl zu begegnen. Bevor du Mutter geworden bist, hast du vieles erlebt, vieles durchgemacht, was dich hat wachsen und reifen lassen. Aber es gab sicher auch Momente, in denen du verletzt oder verunsichert wurdest. Schicksalsschläge, Traumata und Erfahrungen, die dich negativ geprägt haben und die dir auf dem Weg zu mehr Selbstliebe vielleicht noch im Weg stehen. Diese Hürden können wir einfacher nehmen, wenn wir uns einmal mit ihnen auseinandergesetzt haben. Wenn wir ihnen ins Auge blicken, statt sie aus Angst zu ignorieren.

Im Folgenden möchten wir einige Ursachen nennen, die dazu geführt haben können, dass es dir nicht leichtfällt, dich selbst zu lieben. Oft reichen sie weit zurück bis in die Kindheit.

Warum ist mangelnde Selbstliebe ein so weitverbreitetes Phänomen?

Lähmende Einflüsse der Vergangenheit: Negative Erfahrungen in der Kindheit

Elternhaus oder nahes Umfeld

Die Dynamik in der Familie ist einer der Hauptfaktoren, der sich auf das Selbstwertgefühl auswirkt und damit auch beeinflusst, ob wir uns selbst gut annehmen können oder nicht. Mangelt es uns als Kind an liebevoller Zuwendung und wertschätzender Aufmerksamkeit durch die Eltern, werden wir wenig gefördert oder bekommen nur Anerkennung, wenn wir Leistung erbringen, dann hinterlässt das nicht selten Wunden. Ein Gefühl von Ablehnung oder Alleinsein macht sich breit, viele entwickeln ein falsches Selbstbild wie «Ich bin es nicht wert, geliebt zu werden», was sich im Laufe unseres Lebens zu allen möglichen selbstlimitierenden Glaubenssätzen ausweiten kann. «Ich kann das nicht», «Ich muss alles allein schaffen», «Ich muss perfekt sein, um Liebe zu erhalten», «Ich muss besonders sein, wenn ich dazugehören will» – die Stimmen in unserem Kopf sind vielfältig. Sie führen nicht nur zu mangelnder Selbstliebe, sondern auch zu übertriebenem Perfektionismus, einem starken Geltungsbedürfnis, emotionaler Überbedürftigkeit, toxischem Beziehungsverhalten, Zeitdruck, Anpassung, Vertrauensverlust, Krankheit und Depression.

Als Kinder können wir nicht erkennen, dass es nicht unsere Schuld ist, wenn unsere Eltern uns nicht ausreichend unterstützen oder lieben. Wir suchen den Fehler bei uns, auch wenn er vielleicht ganz woanders liegt, z. B. an der Art und Weise, wie unsere Eltern aufgewachsen sind und erzogen wurden (und damit verbundenen Verhaltensmustern). Möglicherweise konnten sich unsere Eltern auch nicht ausreichend um uns kümmern, da sie mit ihrer eigenen emotionalen Unzulänglichkeit haderten, sich mit finanziellen oder gesundheitlichen Problemen konfrontiert sahen. Nicht zuletzt spielt womöglich auch eine Rolle, dass viele Eltern sich selbst nicht liebten und dementsprechend auch nicht das Gefühl von (Selbst-)Liebe an uns weitergeben konnten.

Alexandra (49), Mutter von Raphael (16) und Philipp (17)

In meiner Kindheit habe ich früh gelernt, zu funktionieren. Ich wuchs ohne Vater auf und erlebte meine Mutter als völlig haltlos. Weil meine Mutter mir mit ihren für mich sehr deutlich spürbaren psychischen Problemen das Gefühl gab, nicht in der Lage zu sein, zuverlässig für uns beide zu sorgen, übernahm ich diese Aufgabe, obwohl ich dazu selbst noch viel zu jung war.

*Ich lernte, dass meine Mutter überfordert war, wenn ich Gefühle zeigte,
und zwar unabhängig davon, ob sie «negativ» oder «positiv» waren
– sie wurden in jedem Fall als zu extrem wahrgenommen, womit sie
nicht umgehen konnte, weil sie selbst versuchte, ihre Gefühle zu unterdrücken. Dieses Verhalten übernahm ich, weil es offenkundig dasjenige
war, mit dem ich am wenigsten aneckte.*

*Zeigte ich zu überschwängliche positive Regungen (als ich z. B. das
erste Mal verliebt war), wurde ich dafür gedemütigt, beschämt und
nicht ernst genommen, weshalb ich mich noch heute manchmal dabei
ertappe, dass ich diese oder andere lustvolle bzw. euphorische Gefühle
lieber verstecke, aus Angst, es könnte sich noch immer jemand über
mich lustig machen.*

*Zeigte ich hingegen negative Gefühle, versuchte meine Mutter zwar
zumindest manchmal, liebevoll darauf zu reagieren, kam aber schnell
an ihre Grenzen. Ich entschied mich deshalb, so gut es ging, den sorgen-
freien Sonnenschein zu spielen, den sie gerne um sich hatte. Was mir
leider nicht bewusst war: Dass ich dadurch all meine Emotionen in
mich hineinfraß und immer weniger Zugang zu meinen echten Gefühlen hatte.*

Was Alexandra hier beschreibt, kennen auch andere Frauen aus
ihrer Kindheit. Wenn wir als Kinder die Erfahrung machen, dass
unsere Gefühle als negativ oder störend empfunden werden,
kann es gut sein, dass wir irgendwann bestimmte Anteile oder
Emotionen von uns abschneiden.

Abgeschnittene Anteile

Wenn wir lernen, dass es nicht erwünscht ist, dass wir uns ängstlich, traurig oder wütend zeigen, versuchen wir automatisch
irgendwann, dieses Verhalten so gut es geht zu unterdrücken,
weil wir als Kinder unsere Eltern glücklich machen wollen.
Manche Kinder verstummen und ziehen sich zurück, wenn es
schwierig wird, oder wagen es nicht mehr, ehrlich auf Fragen
wie «Was ist denn los?» oder «Wie geht es dir?» zu antworten,

weil sie wissen, dass sie mit einem beschwichtigenden «Gut!» oder «Ach, nichts!» der Enttäuschung aus dem Weg gehen können, ohnehin nicht von den Eltern gehalten oder aufgefangen zu werden. So reißt die authentische Verbindung zu Mutter und Vater irgendwann ab. Die ungeliebten Anteile wie Wut, Aggression, Überforderung, Faulheit oder Unlust werden abgespalten und kommen woanders zum Ausdruck: Wenn sie sich zu lange aufstauen, entladen sie sich z. B. unkontrolliert in Stresssituationen, in denen ein intensiver Gefühlsausbruch gar nicht angemessen ist. Bei manchen manifestieren sie sich auch im Körper in Form von Verspannungen, Krankheiten oder Energielosigkeit.

Da es zudem nicht möglich ist, sich nur von seinen «negativen» Gefühlen zu trennen, schwindet irgendwann auch der Zugang zu den «positiven». Wir wissen nicht mehr wirklich, was wir fühlen. Die emotionalen Hochs werden weniger. Uns selbst voll anzunehmen, fällt schwer. Daher ist es unabdingbar, dass wir uns wieder neu kennenlernen, wenn wir einen gesunden Selbstwert aufbauen möchten, indem wir uns fragen: Wer bin ich wirklich in meiner Ganzheit? Von welchen Gefühlen habe ich mich distanziert? Zu welchen möchte ich wieder einen Zugang bekommen? Dabei müssen wir alle unsere Anteile in diese Bestandsaufnahme ehrlich miteinbeziehen. Wenn das bedeutet, dass ich mir z. B. in Bezug auf die Selbstliebe erlaube, auch mal ein Gefühl wie Wut auszuleben, kann sich das ermächtigend anfühlen.

Wenn du bestimmte Gefühle jahrelang unterdrückt hast, brauchst du wahrscheinlich Zeit, um sie wieder klar wahrzunehmen und sie im Jetzt bewusster und gesünder zu leben.

Es geht nicht darum, nun ständig unkontrollierte Wutausbrüche zu haben, sondern vielmehr darum, dass du in bestimmten Situationen an einem Gefühl der Wut erkennst, dass gerade etwas für dich nicht passt und aufgrund dessen entscheiden kannst, ob du dich in der jeweiligen Situation traust, dich zu positionieren und «Ja» zu dir und ggf. auch «Nein» zu dem zu sagen, was deine Grenzen überschreitet. So kannst du deinen Standpunkt klarmachen und dich z. B. vor emotionaler und körperlicher Überforderung oder Ausnutzung schützen – selbst wenn deine Reaktion manchmal vielleicht nur daraus besteht, dich aus einer unliebsamen Situation herauszuziehen.

Gefühle als Freunde zu sehen, die eine Botschaft für uns mitbringen, kann dich unterstützen, sie aufmerksamer anzuhören. Das gilt nicht nur für die Wut, sondern für alles, was sich in uns regt.

Druck, zu funktionieren

Auch wenn die Generation unserer Eltern längst nicht mehr einen so autoritären Erziehungsstil verfolgte, wie sie ihn selbst noch oft von ihren Müttern und Vätern erlebt hat, arbeiteten auch unsere Eltern noch viel mit Druck und Regeln.

Viele von uns kennen Sätze wie: «Wenn du … nicht machst, dann mache ich auch … nicht für dich!», «Nur wer brav ist, bekommt ein Eis!», «Wenn du eine Eins schreibst, unternehmen wir etwas Schönes zusammen.» Oder Drohungen wie: «Wenn du so böse bist, gehe ich weg und du kannst sehen, wie du klarkommst.» Keine Frage, dass dieses Verhalten Wunden in Kinderseelen zurücklässt und einigen von uns das Bild vermittelt hat, dass wir nur geliebt werden, wenn wir uns den Wünschen der anderen Person entsprechend verhalten, unsere eigenen Bedürfnisse zurückstellen oder etwas leisten.

Aline (39), Mutter von Leon (4), Linus (4) und Livia (6)

Meine Eltern konnten mir nicht zeigen, wenn sie stolz auf mich waren, was mich einerseits verletzte und demotivierte, andererseits aber früh dazu anspornte, in dem, was ich tat, zu den Besten zu zählen. So konnte ich mir im Geiste selbst auf die Schulter klopfen und sammelte Beweis um Beweis dafür, dass ich niemanden brauchte außer mir selbst.

Mein ganzes Leben verbrachte ich damit, mir einzureden, dass ich perfekt ohne fremde Hilfe klarkam. Zwar gab es Momente, in denen ich strauchelte, aber allein wieder aufstehen, Kopf hoch und durch, das konnte ich besser als jeder andere in meinem Umfeld.

Erst durch die Erfahrung der Mutterschaft und vor allem schwierige Phasen mit meinen Zwillingen, in welchen ich auf die Unterstützung von anderen angewiesen war, lernte ich allmählich, dass es in Ordnung ist, Hilfe anzunehmen. Es ist okay, bedürftig zu sein und mein Grundbedürfnis nach Nähe, Halt und Geborgenheit zu stillen. Ich zeige meinem Freund mit jedem Tag stärker meine verletzliche Seite und glaube, ich werde mit jedem Mal ein kleines Stückchen heiler.

Wie in Alines Fall führt mangelnde Anerkennung der Eltern oft dazu, dass Kinder die Fähigkeit, sich selbst zu lieben, irgendwann verlieren und Perfektionismus sowie die Suche nach Fremdwertschätzung begünstigt werden. Werden wir kritisiert oder erreichen unsere Ziele nicht, wird unsere pessimistisch geprägte Erwartungshaltung, nicht gut genug zu sein, bestätigt. Als Folge versuchen wir, unsere Ansprüche an uns selbst noch höher zu schrauben und noch perfekter zu werden. Eine Negativspirale.

Annabelle (40), Mutter von Rosalie (10)

Als Kind und Jugendliche hatte ich ein sehr problembelastetes Verhältnis zu meinen Eltern. Sie schenkten mir gefühlt nur dann Liebe, wenn ich etwas Außergewöhnliches im Leben erreichte. So biss ich mich durch, folgte all den Schritten, die meine Mutter für mich angedacht hatte, verdiente recht früh gutes Geld. Meiner Mutter, die nicht einmal richtig wusste, womit ich eigentlich Karriere machte, genügte die Tatsache, dass ich um die Welt reiste, Vorträge auf Englisch hielt und teure Klamotten trug. Ich hingegen hatte das Gefühl, nur für meine Errungenschaften geliebt zu werden, nicht um meiner selbst willen. Aber ich machte gute Miene zum bösem Spiel, gab mich meistens positiv und erreichte weiter ein Ziel nach dem anderen. Als ich eines Tages erfuhr, dass ich schwanger war und ein Mädchen in mir heranwuchs, wusste ich, dass ich eine bessere Beziehung zu meiner Tochter haben wollte.

In meinen ersten Jahren als Mama rutschte ich jedoch in ein endloses Loch voller Selbstzweifel, kompletter Erschöpfung und depressiven Stimmungsschwankungen. So gerne wäre ich unbeschwert mit meiner Familie durch diese Zeit gegangen, aber die Last, als Mutter alles perfekt machen zu wollen, zwang mich in die Knie.

Also vereinbarte ich einen Termin mit einem renommierten Coach, der drei Tage später mit den Worten «Annabelle, ich kann dir leider nicht helfen, bitte such dir einen Therapeuten!» mein Haus wieder verließ. Erneut fühlte ich mich abgelehnt und fiel in das schon wohlbekannte Loch aus Unsicherheit: Sollte ich wirklich so ein «Wrack» sein? Was stimmte mit mir nicht? Wieso konnte selbst ein so cleverer Coach mir nicht helfen?

Der Leidensdruck war groß, aber der (Über-)Lebenswille noch größer, weshalb ich einige Wochen später wieder aktiv wurde – und einen wunderbaren Psychotherapeuten fand, der mich seitdem begleitet. Ich begann zu verstehen, welche Verhaltensweisen ich warum lebe, und dass der Stress von früher nicht mehr akut ist (auch, wenn meine Amygdala das noch ab und an glaubt). Ich lerne noch immer, mich selbst (mehr) zu lieben, langsam zu machen, auf mein Herz zu hören und Grenzen zu setzen. Auch streue ich inzwischen nicht einfach überall mehr Glitzer drüber, weil das vermeintlich einfacher ist. Es war immer eine gewohnte Überlebensstrategie, Dinge schönzureden und die unangenehmen Gefühle zu unterdrücken und zu funktionieren. Jetzt mache ich mir Stück für Stück den Raum frei, um ganzheitlich zu leben.

Trotz solcher Erlebnisse ist unsere Sichtweise auf die Familiendynamik unserer Kindheit oftmals einseitig. Wir neigen dazu zu glauben, dass es unsere Eltern waren, die alles falsch gemacht haben, und manchmal sitzt der Groll darüber tief. Es fällt schwer, Verständnis aufzubringen und unsere Eltern neutral als Menschen in ihrer Ganzheit zu sehen, unsere Mütter als Frauen, die ihre eigene Geschichte mitbringen und ebenfalls

Schwieriges erlebt haben. Menschen wie du und ich, die nicht frei von Fehlern sind und auch wenn wir es oft nicht meinen, in erster Linie Gutes für uns wollten. Überhaupt kann es viel bewirken, wenn wir unser Umfeld nicht mehr als das sehen, was gegen uns arbeitet / gearbeitet hat, sondern Vorwürfe und Beschuldigungen fallen lassen und stattdessen davon ausgehen, dass andere – auch wenn sie uns kritisieren, einschränken oder von etwas abhalten möchten – uns nicht schaden wollen. Auch die meisten von uns Müttern kennen Situationen, in denen wir vielleicht aus Angst um unser Kind nicht alles erlauben oder ein bestimmtes Verhalten tadeln.

Bevor du deine Eltern verurteilst, kannst du dich auch fragen: Warum haben sie so gehandelt, wie sie es taten? Gab es positive Aspekte an ihrem Verhalten? Wovor wollten sie sich/mich schützen?

Wir wollen hier nichts schönreden. Es gibt viele Frauen, die auf eine traumatische Kindheit zurückblicken und sehr unter dem Verhalten ihrer Eltern oder anderer Familienmitglieder gelitten haben. Für manche standen Narzissmus, Kontrolle, Gleichgültigkeit, Vernachlässigung, Einschüchterung oder sogar Missbrauch an der Tagesordnung. Trotzdem bringt es nichts, wenn wir in der Opferrolle verharren und nicht von unseren Vorwürfen ablassen können. Denn die Last tragen in diesem Fall wir.

Kirsten:

In meiner Coaching-Ausbildung hat einer meiner Lehrer einmal ein schönes Bild dafür entworfen, wie es sich anfühlt, wenn wir anderen die Schuld anlasten: Wenn wir uns als Opfer sehen und den Täter dazu bringen möchten, die Verantwortung für sein Fehlverhalten zu übernehmen, dann ist es fast so, als würden wir ihm/ihr permanent einen schweren, großen Stein hinterhertragen. Nicht er/sie, sondern wir tragen das Gewicht. Während er/sie sich frei bewegen kann und den Stein vielleicht gar nicht wahrnimmt, wird die Last für uns immer

*schwerer, was uns viel Energie kostet. Frei werden wir erst, wenn wir
den Stein und damit die Last loslassen, sprich: wenn wir vergeben.*

Diese Last loszulassen, ist in erster Linie eine Entscheidung,
dem anderen vergeben zu wollen. Einfach mal für sich die
Worte «Ich vergebe dir!» laut auszusprechen. Manchmal hilft
es auch, das Ganze mit einer symbolischen Handlung zu
verknüpfen. Eine Idee wäre in Anlehnung an das obige Bild
beispielsweise, einen Stein ins Wasser zu werfen und dabei
ein paar Worte zu sprechen wie «Ich lasse los und verzeihe
dir!». Vielleicht findest du aber auch dein eigenes stimmiges
Ritual, das dafür stehen kann, dass du anderen nicht länger
die Schuld hinterherträgst.

Die Mutterwunde

Insbesondere die Mutterwunde, also die Wunde, die bleibt,
wenn wir nicht genügend mütterliche Liebe und Anerkennung
bekommen haben, sitzt bei vielen Frauen sehr tief. Auch in den
oben zitierten Stimmen wird das schwierige Verhältnis zur
Mutter immer wieder thematisiert, was nicht überrascht, wenn
wir bedenken, dass die Mutter für Mädchen nicht nur Rollen-
vorbild, sondern auch meist die engste Bezugsperson in der
Kindheit ist. Wenn sie Fehler macht, prägt uns das stark. Wenn
sie uns nicht die Zuneigung zukommen lässt, die wir benötigen,
hält uns das womöglich sogar bis ins Erwachsenenalter in einem
Abhängigkeitsverhältnis gefangen, in dem wir um ihre Wertschätzung buhlen.

Umso wichtiger ist es, dass wir uns als Frauen und Mütter
bewusst darüber werden, dass die Mutterwunde existiert und
uns den Weg in die Selbstliebe erschweren kann. Wenn du dich
noch nie mit dem Thema beschäftigt hast, kann es hilfreich sein,
einmal in dich zu gehen.

Impulsfragen:

- Wenn du dir deine Mutter einmal vor deinem inneren Auge vorstellst, wie fühlt sich die Verbindung zu ihr an?
- Spürst du nur Liebe, Wärme und Zuneigung? Dann hast du vermutlich keine Mutterwunde und kannst dich glücklich schätzen.
- Spürst du Trauer, Kälte, Vorwürfe, Enttäuschung, Blockaden oder Anspannung? Dann ist es gut möglich, dass deine Mutterwunde Heilung benötigt.

Wichtig ist, dass es nicht die eine Mutterwunde gibt. Es gibt viele denkbare Szenarien, die schmerzhaft gewesen sein können und dich ggf. nachhaltig geprägt haben: Manche Mütter waren zwar physisch, aber nicht emotional erreichbar, andere lehnten den Körperkontakt zum Kind ab, manche hielten sich eher an Pläne und Trainings, statt intuitiv unsere Bedürfnisse zu erfüllen. Vielleicht war es deiner Mutter – aus welchen Gründen auch immer – nicht möglich, die volle Verantwortung für dich zu übernehmen, und du musstest schnell selbst stark sein und hattest das Gefühl, dass eure Rollen vertauscht waren? Falls du oft allein warst oder sogar verlassen wurdest, mag es sein, dass du dich auch heute noch oft allein gelassen fühlst oder das Gefühl hast, alles ohne die Hilfe anderer schaffen zu müssen. War deine Mutter eine harte Kritikerin, hat dich und deine Ideen oft zurückgewiesen? Dann kann dies dafür verantwortlich sein, dass du dich auch heute oft unsicher fühlst und es nicht einfach ist, dich mit deinem ganzen Potenzial zu zeigen. Wenn du mit einer Mutter aufgewachsen bist, die dir hauptsächlich ihre Zuneigung geschenkt hat, wenn du ihr geholfen, etwas gut gemacht oder erreicht hast, dann kann es gut sein, dass du auch heute noch glaubst, nur Anerkennung verdient zu haben, wenn du etwas geleistet hast. Solltest du eine dominante Mutter gehabt haben, deren Meinung immer über deiner stand, dann

ist es möglich, dass es dir auch heute noch schwerfällt, deine
Meinung frei und authentisch zu äußern, gerade wenn du eine
andere Meinung hast als dein Gegenüber. Falls du eine über-
fürsorgliche Mutter hattest, die dir alles abgenommen, alles für
dich geregelt und bisweilen auch Grenzen überschritten hat, weil
sie zu stark in dein Leben eingegriffen hat, dann wäre es denkbar, dass du dir nicht leichttust, gewisse Schritte allein zu gehen,
oder dass du dir nach wie vor die Legitimation deiner Mutter für
bestimmte Handlungen und Entscheidungen einholst.

Hier geht es nicht darum, unsere Mütter zu verurteilen. Wir alle
stehen in Schuldzusammenhängen und man kann nicht davon
ausgehen, dass Mütter, wenn sie uns mit ihrem Verhalten ge-
schadet haben, eine negative Absicht hatten. Im Gegenteil. Wie
bereits oben erwähnt, geschieht vieles unbewusst oder sogar mit
besten Absichten.

Neben all den Glaubenssätzen und einem negativen Selbstbild, das wir aus unserem Mangel heraus entwickelt haben,
äußert sich die Mutterwunde im Übrigen auch in Süchten wie
z. B. starkem Alkohol- oder Drogenkonsum, Essstörungen,
Fitnesswahn, Arbeitssucht, einer emotionalen Überbedürftigkeit oder Sucht nach Liebe, Sex und körperlicher Zuwendung
oder sonstigen Abhängigkeiten. Doch das Loch der mangelnden
Liebe und Geborgenheit ist so groß, dass keines dieser Dinge es
nachhaltig zu stopfen vermag.

Die Mutterwunde heilen

Was kannst du also tun, wenn du erkannt hast, dass du noch
Heilungsbedarf hast? Hier ein paar Anregungen:

- Entwickle Mitgefühl für deine Mutter und versuche, sie als
  Mädchen und Frau zu sehen, die ihre eigene Biografie mitbringt, wahrscheinlich selbst verwundet wurde und wie
  jeder Mensch Stärken und Schwächen hat.

- Wenn du ihr die Schuld für etwas gibst, übe dich in Vergebung (z. B. auch mit der Übung «Jemandem vergeben» S. 110).
- Danke ihr. Schreibe dir auf, für was du deiner Mutter dankbar sein kannst, auch wenn es nur kleine Dinge sind. Vielleicht gibt es schöne Erlebnisse, die sie dir ermöglicht hat? Vielleicht war sie trotz eines schwierigen Verhältnisses die, die immer da war? Hat sie dich finanziell unterstützt, eins deiner Talente gefördert?
- Sende ihr Liebe.

Vielen Menschen hilft es auch, ihre Gedanken in Briefform aufzuschreiben und sich erst einmal klar über die eigenen Gefühle zu werden. Sich in einem Brief an die Mutter (ggf. auch an den Vater oder ein anderes Familienmitglied) den Schmerz von der Seele zu schreiben, ohne gleich in die direkte Konfrontation zu gehen und vielleicht neuen Verletzungen ausgesetzt zu sein. Es ist ein unglaublich mutiger Schritt, den Brief irgendwann auch abzusenden oder das Gespräch mit der betreffenden Person zu suchen. Viele Frauen wachsen sehr daran und schaffen es, sich ein Stück weit vom Schmerz zu befreien, indem sie ihn zurückgeben. Aber jede muss für sich entscheiden, ob und wann sie diesen Schritt gehen möchte. Viele gehen diesen Weg auch nicht allein, sondern holen sich eine Therapeutin zur Seite, die darin unterstützen kann, Gefühle zu beleuchten, die Kommunikation mit der Mutter zu verbessern und neue Grenzen zu setzen.

Heide-Marie Heimhard schlägt in ihrem Buch «Sacred Woman» ein noch intensiveres Heilungsritual vor, das dir möglicherweise helfen kann, deine Wunde zu heilen, ohne deine Mutter zu konfrontieren: die Nachbemutterung. Du kannst sie z. B. mit einer engen Freundin durchführen:

«Eine weitere Variante ist die gegenseitige Nachbemutterung durch die kontinuierliche Zuwendung und Berührung von ein und derselben Person. Alles, was du dazu brauchst, ist eine Frau, die bereit ist, mit dir gemeinsam einen wechselseitigen Nachbemutterungsprozess mit der klaren Ausrichtung auf Heilung zu durchlaufen. Dabei wird ebenfalls die Kontinuität des mütterlichen Prinzips hergestellt. Diese feste Einrichtung zweier Frauen besteht darin, sich über mehrere Monate oder auch über einen noch längeren Zeitraum wöchentlich zum Beispiel alle bedürftigen Regionen im Nacken oder im unteren Rücken mit wohlriechenden Ölen einzureiben. Diese Bereiche bekommen damit vielleicht das erste Mal so lange Aufmerksamkeit, wie sie es brauchen. Sie geben also die Quantität an, und nicht etwa die Verordnungen auf einem Rezept. Das kann durchaus über eine Stunde dauern und sollte nicht durch einen zu eng begrenzten Zeitrahmen begrenzt werden. Das gibt dann auch uralten Blockaden und damit einhergehenden seelischen Themen das Signal, dass sie nun Raum bekommen und sich hervorwagen dürfen. Im Rahmen der Nachbemutterung dürfen sie sich wirklich zeigen, in dem Vertrauen, dass sie nun endlich die Zuwendung erhalten, die sie schon ein Leben lang nötig gehabt hätten.

Dies ist das Entscheidende am Nachbemutterungsprozess: die Kontinuität im weiblichen Feld über Monate hinweg und die Ausgiebigkeit des Rituals bis zum Sättigungsgrad. Die bemutterte Person äußert ihre Bedürfnisse nach Berührung oder Gehalten-Werden, und die andere ist einfach für sie da. Sie dient ihr als mütterliche Quelle. Dies ist eine wunderbare Erfahrung, gerade auch dann, wenn du das Gefühl hast, dass du als Mutter gar nichts zu geben hast.»[11]

Die Mutterwunde zu heilen, ist keine leichte Aufgabe und auch eine, die, Zeit, Raum und Geduld braucht. Wenn wir aber daran denken, dass es gerade auch im Hinblick auf unsere eigenen

Kinder sehr lohnenswert sein kann, die Beziehung zu unserer eigenen Mutter zu heilen und den Kreislauf der stetigen Weitergabe von Traumata an die nächste Generation zu durchbrechen, ist es die Mühe absolut wert.

Auch wenn der Idealfall natürlich ist, dass sich durch die Auseinandersetzung mit deiner Mutterwunde auch die Beziehung zu deiner Mama verbessert, so ist es keine Bedingung, dass du mit ihr in Kontakt sein musst oder gar Dinge gemeinsam mit ihr aufarbeitest. Selbst wenn sie nicht mehr Teil deines Lebens ist (z. B. weil du entschieden hast, dass sie dir nicht guttut oder sie verstorben ist), kannst du deine Mutterwunde heilen. 🌼

Negative soziale Erfahrungen außerhalb von Familie und nahem Umfeld

Mobbing in der Peer-group

Ein gesunder Selbstwert setzt eine intensive Auseinandersetzung mit der persönlichen Biografie voraus. Neben negativen Prägungen und Traumata im Familienumfeld haben viele von uns Verletzungen erlebt, die durch andere Kinder ausgelöst wurden, welche wiederholt oder einmalig etwas gesagt oder getan haben, was uns so mitgenommen hat, dass wir noch heute daran zu knabbern haben. Manchmal ist es ein unachtsam dahingesagter Kommentar, der uns unser Leben lang beschäftigt, andere wiederum haben schmerzhafte Erfahrungen mit gezieltem Mobbing (z. B. in Form von verbalen Beleidigungen, bewusster Ausgrenzung, körperlicher Gewalt oder dem Wegnehmen von Eigentum) unter Gleichaltrigen gemacht.

Natalie (46), Mutter von Yves (12) und Noel (16)

An meine Schulzeit denke ich eigentlich nicht so gerne zurück. Das

*liegt vor allem daran, dass ich eine Zeit lang von meinen Mitschülern
und -schülerinnen gemobbt wurde. Für manche mag das jetzt lustig
klingen, denn sie gaben mir den Beinamen «Schwabbelarsch» und
ließen keine Gelegenheit aus, mich so zu nennen. Wenn ich an die Tafel
musste, fühlte ich alle Blicke auf mir und hörte sie kichern, was dazu führte, dass ich so unsicher war, dass ich oftmals kaum noch einen
klaren Gedanken fassen konnte und meine Noten sich verschlechterten.
Manchmal fertigten sie kleine Bildchen von einem überdimensionalen
Po an, die dann mit großem Gelächter von Kind zu Kind gereicht
wurden. Ob im Sportunterricht oder auf dem Pausenhof, mein un-
liebsamer Spitzname war mir gewiss und kein Lehrer tat etwas, um
dem Ganzen Einhalt zu gebieten. Ich entwickelte Ängste, in die Schule
zu gehen, und hatte oft Alpträume. Aber zu der Zeit traute ich mich
nicht einmal, jemandem außerhalb der Schule davon zu erzählen, so
große Angst hatte ich vor der Blamage und auch davor, andere ebenfalls
auf meine vermeintliche Schwachstelle hinzuweisen. Jahrelang ging
ich nicht mehr ins Schwimmbad, trug nur noch weite Hosen, machte
viel Sport, um meine Figur zu verbessern. Selbst als ich meinen ersten
Freund hatte, fiel es mir immer schwer, meinen Körper offen zu zeigen.*

*Erst als mir in späteren Beziehungen immer und immer wieder be-
stätigt wurde, dass Männer meinen Hintern so liebten, wie er war,
konnte auch ich mich langsam mit ihm anfreunden.*

Solche weit zurückreichenden Erfahrungen können, mögen sie
aus heutiger Sicht noch so trivial erscheinen, Auswirkungen
darauf haben, wie wir uns wahrnehmen und annehmen
können. In der Forschung ist immer wieder die Rede davon,
dass Menschen, die derartige Erfahrungen gemacht haben, im
Erwachsenenalter unter einem geringeren psychischen Wohlbefinden leiden können.

Allerdings gibt es auch solche, die von ihrer Erfahrung
profitiert haben, weil sie sich eine höhere Resilienz angeeignet
haben oder eine mentale Stärke entwickelten. Falls auch du ähnliche Erfahrungen gemacht hast, kannst du einmal reflektieren,

ob du etwas Positives aus der Situation für dich mitgenommen hast. Hast du vielleicht sogar eine Stärke entwickelt?

Wenn du mit Selbstzweifeln zu kämpfen hast, die auf Erfahrungen in der Jugend zurückgehen, darfst du dich auch gerne daran erinnern, dass es nichts damit zu tun hatte, dass du ein Mensch warst, der es nicht wert war, geliebt und akzeptiert zu werden. Gerade für das Mobbing in der Peer-group gibt es so viele Gründe, die auf die Situation der anderen Person zurückzuführen sind (Konkurrenz, Neid, Langeweile, Unzufriedenheit, Abreagieren schwieriger Gefühle, Erprobung von Macht, mangelnde Konfliktfähigkeit etc.). Und auch wenn du meinst, dass es an dir lag, dass du nicht so angenommen wurdest wie andere, darfst du hinterfragen, ob du Schuld daran trägst. Viele Ausgrenzungen sind im Jugendalter in unserer Andersartigkeit begründet (z. B. Herkunft, Hautfarbe, Körperform, Kleidung, Leistung, Interessen, Intellekt etc.) und haben sich später zu unseren einzigartigen Stärken entwickelt. Manches ist natürlich auch auf ein Fehlverhalten unsererseits zurückzuführen. Dann dürfen wir uns selbst vergeben und darüber lächeln, dass wir alle Zeiten hatten, in denen wir unausstehlich waren. Was es auch sein mag, es ist Zeit, es hinter dir zu lassen!

Übung: Jemandem vergeben

Die nachfolgende Übung kann dir helfen, Menschen zu vergeben.

1 Halte dir eine Situation vor Augen, in der dich jemand schlecht behandelt hat. Erinnere dich, wie du dich in dieser Situation gefühlt hast (z. B. ohnmächtig, klein, dumm, hässlich, unsicher, hilflos, ungeliebt etc.).

2 Frage dich: Wie hat sich die andere Person vermutlich gefühlt? Versuche dabei, die Person in ihrer Ganzheit zu

sehen. Um dich besser in sie hineinzuversetzen, kannst du dir ein paar Fragen stellen: Was weiß ich über die Person? Wie ist sie aufgewachsen? In welcher Situation befand sich die Person, als sie mich so behandelt hat? Was ging in der Person vor, als sie mich verletzt hat?

3 Schreibe nun 10–15 Minuten kontinuierlich über die Person, ihre Biografie, ihre Ängste und Motive usw. Setze dabei den Stift nicht ab und hinterfrage nicht den Wahrheitsgehalt deines Textes.

4 Lies dir deinen Text noch einmal durch. Hast du mehr Mitgefühl für die andere Person?

5 Was müsste passieren, damit du ihr vergeben kannst?

Limitierende Glaubenssätze

Glaubenssätze loslassen

Unsere Psyche ist voll von Annahmen, sogenannten Glaubenssätzen, über uns und die Welt, die wir im Laufe des Lebens verinnerlicht haben. Es sind tief in uns schlummernde Überzeugungen, Lebensregeln und Konditionierungen aus der Vergangenheit, die teils bewusst, teils unbewusst ablaufen und unseren Alltag prägen. Da wir sowohl positive als auch negative Erfahrungen gemacht haben, haben Glaubenssätze auf der einen Seite die Macht, uns zu unterstützen und zu motivieren, auf der anderen Seite können sie uns aber auch einschränken und unserer Entwicklung im Wege stehen, z. B. auch in Sachen Selbstliebe.

Gerade mit der Mutterschaft kommen viele dieser Glaubenssätze hoch, die aus dem eigenen Elternhaus, unserer Kultur oder der Gesellschaft stammen. Wie automatisch scheinen wir uns an Dinge zu erinnern, die wir selbst so gelernt haben oder als allgemeingültig angesehen und nie hinterfragt haben. Einige Beispiele:

- «Ein Kind braucht seine Mutter.»
- «Wenn ich von vorneherein vom Schlimmsten ausgehe, kann ich nicht enttäuscht werden.»
- «Mein Kind soll es mal besser haben als ich.»
- «Das erste Babyjahr ist anstrengend.»
- «Ich darf keine Schwäche (vor den Kindern) zeigen.»
- «Die Kinder stehen immer an erster Stelle.»
- «Du kannst alles schaffen, wenn du hart genug dafür arbeitest.»

Sätze wie diese sind nicht per se richtig oder falsch, nicht schwarz oder weiß. Fast alle haben Vor- und Nachteile. Vermutlich würde keiner bestreiten, dass ein Kind seine Mutter braucht. Allerdings gilt es zu hinterfragen, ob mir meine Glaubenssätze zuträglich sind oder mich einschränken und unglücklich machen. Einer Mutter mag es helfen, sich immer wieder in Erinnerung zu rufen, dass es okay ist, die nächsten drei Jahre in Elternzeit zu gehen und viel Zeit mit ihrem Kind zu genießen. Einer anderen bereitet der Glaubenssatz «Ein Kind braucht seine Mutter» hingegen Gewissensbisse, wenn sie sich dafür entscheidet, es bereits mit einem Jahr in die Krippe zu geben, weil sie arbeiten möchte oder muss. Alles ist fein, solange meine Glaubenssätze mir guttun. Wenn sie mich aber belasten oder behindern, ist es Zeit, sie genauer unter die Lupe zu nehmen und zu verändern.

Wenn ich mir darüber bewusst geworden bin, dass mich ein bestimmter Glaubenssatz lähmt, kann ich ihn zunächst hinterfragen. Stimmt es, dass ein Kind seine Mutter braucht? Ja. Aber stimmt es auch, dass ein Kind zu jeder Tages- und Nachtzeit und ausschließlich nur seine Mutter braucht? Nein. Kann es sein, dass der Vater viele Aufgaben genauso gut für das Kind übernehmen kann wie die Mutter? Ist es möglich, dass das Kind bei einer liebevollen Bezugsperson in der Kita mit Kontakt zu Gleichaltrigen auch gut aufgehoben ist?

Wir möchten diese Fragen hier nicht alle für dich beantworten, denn am Ende entscheidet jede Mutter selbst, womit sie sich wohlfühlt. Fakt ist aber, dass der Satz «Ein Kind braucht seine Mutter» ganz unterschiedlich ausgelegt werden kann, mit den individuellen Lebensumständen einer Familie zu tun hat und nicht isoliert von unseren Bedürfnissen betrachtet werden kann. In dem Moment, in dem er dir emotionalen Druck macht, weil du das Gefühl hast, keine gute Mutter zu sein, wenn du nicht 24/7 für dein Kind da bist, kannst du daher versuchen, deinen Glaubenssatz in einen positiveren Gedanken umzuwandeln.

«Ich bin eine gute Mutter, weil ich darauf achte, dass mein Kind gut versorgt ist, wenn ich arbeiten muss», wäre z. B. eine denkbare Umformulierung, die du bei Bedarf gerne stets wiederholen kannst, um sie noch stärker zu verinnerlichen. Um sie auch auf Herzensebene zu integrieren, kannst du dir außerdem positive Situationen visualisieren, welche dich auf gute Weise emotional berühren, z. B. dein Kind, wie es lacht, wenn es mit seinem Vater schöne Dinge erlebt oder im Kreise seiner Freunde Karussell fährt.

Solche positiven Bilder und Verknüpfungen machen es uns leichter, uns und unser Handeln annehmen zu können.

Mit der eben genannten Vorgehensweise kannst du dich auch allen anderen Glaubenssätzen nähern, die dir auf der Reise zu mehr Selbstliebe im Wege sind.

Manchmal erkennen wir sie leicht an einem bestimmten Wort: «müssen». «Ich muss …» leitet oft Gedanken ein, die uns zu etwas zwingen oder uns kleinhalten möchten.

Erlauben wir uns, sämtliches Müssen aus unseren Gedanken zu streichen und es durch Dürfen zu ersetzen! Natürlich möchten wir gerne eine gute Mutter sein, aber es ist nicht immer möglich, so zu handeln, dass wir jederzeit mit uns zufrieden sind. Das, was das Leben ausmacht, ist ja gerade die Möglichkeit, immer wieder neue Verhaltensweisen auszuprobieren, dann darüber zu reflektieren und am Ende zu entscheiden, ob man sie beibehalten oder verändern möchte. Wichtig ist, dass wir uns erlauben, sogenannte Fehler zu machen. Nicht perfekt zu sein. Immer und immer wieder!

Eine schöne Übung, die wir dauerhaft in unser Leben integrieren können, ist, Glaubenssätze bzw. Antreiber in sogenannte Erlauber umzuwandeln.

Übung: Limitierende Glaubenssätze transformieren

1. Wenn dir einer deiner Glaubenssätze bewusst wird, z. B. «Ich muss alles allein machen», schreibe ihn auf und sieh ihn dir genau an. Frage dich, wann dieser Satz auftritt und was er mit dir macht.

2. Gibt es andere Stimmen in dir, die zu diesem Satz passen? Also in diesem Fall Sätze, die beschreiben, was du glaubst, was du alles allein schaffen musst (z. B. «Ich muss immer dafür sorgen, dass die Wohnung aufgeräumt ist»). Schreibe diese Sätze ebenfalls alle auf.

3. Finde nun Erlauber zu deinen Sätzen, die du mit den Worten «Ich darf …» beginnen lässt (z. B. «Ich darf meinem Kind Aufgaben übertragen» oder «Ich darf eine Putzkraft einstellen» oder «Es darf auch mal ein paar Tage Chaos herrschen» oder allgemeiner «Ich darf es so gut machen, wie ich es in dieser Situation und mit meinen Möglichkeiten tun kann»).

4 Spüre in dich hinein. Welche Gefühle kommen bei dem neuen Satz hoch? Ist er schon stimmig oder musst du ihn nochmal ändern, damit du ihn akzeptieren kannst?

5 Passe den Satz so an, dass er sich für dich gut anfühlt. Wiederhole ihn regelmäßig oder falls das Thema sehr präsent ist, kannst du deinen neuen Satz auch auf einen Zettel schreiben und dort aufhängen, wo du ihn oft siehst.

Wie auch schon in den Kapiteln vorher gilt: Veränderung will Weile haben und ein Glaubenssatz, der uns unser ganzes Leben lang begleitet hat, wird sich in den meisten Fällen nicht von heute auf morgen in Luft auflösen. Dennoch ist die ehrliche Selbstreflexion unserer Ziele ein toller Schritt und die Auseinandersetzung und Umformulierung von lähmenden Glaubenssätzen ein Sprungbrett hin zu mehr Selbstliebe.

Uns selbst die Erlaubnis zu geben, unser Leben nach den Bedürfnissen unseres Kindes *und* unseren eigenen Wünschen gestalten zu dürfen, katapultiert uns nicht selten in ungeahnte Höhen und vor allem in die innere Freiheit. Wir haben es schon oft betont, aber wenn sich unser Fokus verändert, dann verändert sich auch unsere Wahrnehmung der Welt. 🌸

Neue Situationen als Herausforderung

Angst vor Neuem

Warum fällt es uns eigentlich oft so schwer, uns in eine Richtung zu verändern, die es uns ermöglichen würde, liebevoller mit uns selbst umzugehen? Oder Gefühle und Verhaltensweisen zuzulassen, die wir lange ganz weit weg von uns geschoben haben? In erster Linie liegt es daran, dass wir Menschen einfach

Gewohnheitstiere sind. Sprichwörter wie «Never change a running system» kommen nicht von ungefähr. Der Großteil unserer erlernten Verhaltensweisen ist von unserem Ego in langer Feinarbeit analysiert und für gut befunden worden. Unser Ego ist stets darauf bedacht, Risiken zu vermeiden und am Altbewährten festzuhalten, weil es gelernt hat, dass dadurch unsere Überlebenschance am größten ist. Und darum geht es letztendlich immer noch: um den Wunsch zu überleben. Das ist das Hauptziel des Menschen – aus evolutiver Sicht. Dieses Programm ist noch immer in uns aktiv, egal, ob wir es vom Verstand her für sinnvoll erachten oder nicht.

Auch das Modell der Komfortzone ist den meisten aus dem Alltag gut bekannt: Bestimmte Handlungen und Routinen gehen uns leicht von der Hand, haben sich bewährt und funktionieren für alle Familienmitglieder. Wir machen alles so, wie wir es immer machen, brauchen keine großartige Energie aufzuwenden, keine anstrengenden Entscheidungen zu treffen und schon gar kein Risiko einzugehen, dass jemand mit dem Ergebnis nicht einverstanden sein könnte. Viele von uns lieben dieses Gefühl genauso wie das limbische System, ein Teil unseres Gehirns, der alles bevorzugt, was energieeffizient und risikoarm ist und im besten Falle unser Belohnungssystem anspricht. Neu setzt unser Gehirn hingegen mit gefährlich gleich. Unser Körper reagiert mit Angst und wir bleiben lieber im sicheren Hafen.

Sich permanent da aufzuhalten, wo wir uns auskennen und wohlfühlen, hat unbestritten viele Vorteile – gerade in einer immer komplexer werdenden Welt. Der Nachteil ist allerdings, dass wir in der Komfortzone auch wenig Raum haben, uns weiterzuentwickeln. Wenn wir uns also verändern wollen, z. B. mehr Selbstliebe leben oder unsere Lebensträume umsetzen wollen, dann ist es mehr oder weniger normal, dass wir, wenn wir den Schritt ins Unbekannte (oder in die sogenannte «Lernzone») wagen, auch Angst dabei empfinden. Genau so bietet sich aber die Chance zu erfahren, dass etwas Neues zu tun keine Gefahr für uns darstellt. Mit jeder solcher Erfahrung vertrauen wir – und unser Gehirn – etwas mehr.

Martina (29), Mutter von Alma (2)

So richtig aus meiner Komfortzone heraus musste ich letztes Jahr, als wir mit Baby, Zelt und Rucksack während der Elternzeit auf Europareise gegangen sind. Mein Mann ist ein Globetrotter, hat mit seinen Eltern und allein viele Länder bereist und viel erlebt. Ich beneide ihn für seinen Entdeckergeist und habe mir oft gewünscht, ich hätte auch so ein Abenteuer-Gen. Aber meine Familie fuhr jedes Jahr in das gleiche Ferienresort und ich habe eher Cluburlaube gemacht, wo ich das Rundum-sorglos-Paket gleich mitbuchen konnte.

Backpacken und alle paar Tage woanders sein, ist für mich eine echte Herausforderung. Ich mach mir dann so richtig nen Kopf! Was, wenn wir den Zug verpassen? Was, wenn der Campingplatz voll ist? Was, wenn es regnet? Was, wenn einer krank wird? Was, wenn das Geld ausgeht und so. Mit Baby wäre ich lieber gemütlich daheimgeblieben, aber mein Mann überzeugte mich, dass so eine Reise eine coole Erfahrung für uns als Familie sein würde.

Die ersten Tage hatte ich richtig Panik. Alles war neu und beim Aufstehen hatte ich immer ein mächtiges Grummeln im Bauch: Wird heute alles so hinhauen, wie wir es uns vorstellen? Schaff ich das? Mit Baby?

Am Anfang lief alles gut, die Kleine hatte gar kein Problem mit der Umstellung und schlief sogar im Zelt ganz ruhig. Aber auf halber Strecke, in der Nähe von Rom, wurden uns Geld und Papiere geklaut. Wir hatten gerade mal noch 50 Euro in der Hosentasche! Boah, da hatte ich so richtig Schiss und war vollkommen verzweifelt. Aber dann fügte sich plötzlich alles echt glücklich. Der Campingplatzbesitzer lud uns ein, so lange, bis alles geklärt war, in seinem wunderschönen Landhaus zu wohnen. Die Familie war supernett, versorgte uns mit leckerer Pasta und passte sogar einen Abend auf Alma auf, damit mein Mann und ich

117

zum ersten Mal seit der Geburt eine Bar besuchen konnten. Das hätten wir alles nicht erlebt, wenn die Dinge normal verlaufen wären.

Wir konnten unsere Reise fortsetzen und ich für meinen Teil sogar mit mehr Vertrauen. Wenn man dem Schrecken einmal ins Auge geblickt hat und gemerkt hat, dass sich die meisten Dinge regeln lassen oder sogar – wie in unserem Fall – etwas Gutes mit sich bringen, fällt es gar nicht mehr so schwer, sich seinen Ängsten zu stellen.

Dieses (Selbst-)Vertrauen wächst ebenso mit einer zunehmenden Selbstliebe. Wenn wir uns selbst annehmen, nehmen wir Ereignisse weniger oft als Risiken oder Rückschläge wahr, sondern ergeben uns dem Fluss des Lebens. Sich beim Schwimmen in unbekannten Gewässern auch unangenehmen Gefühlen zu stellen, gehört dazu. Wir kommen nicht immer gleich schnell voran, lassen uns von der Strömung mitreißen und werden an fremde Ufer gespült. Die Selbstliebe hilft dir dabei, bei dieser Reise das Vertrauen zu haben, dass du neue Situationen bewältigen kannst. Schritt für Schritt oder um beim Bild zu bleiben: Schwimmzug um Schwimmzug. Es hilft, erstmal den Fuß ins kalte Wasser zu halten und von Mal zu Mal ein Stück über sich selbst hinauszuwachsen.

Jede neue Erfahrung trägt dazu bei, dir das Gefühl zu geben, dass du dich trauen darfst, um noch vollständiger, noch mehr du selbst zu sein, dadurch, dass du den Mut aufgebracht hast, dich dem großen Unbekannten zu stellen und das Abenteuer zu meistern. Ob «erfolgreich» oder nicht, spielt keine Rolle. Du hast es gewagt, dich aus deiner Komfortzone heraus zu begeben – und schon allein das ist ein riesiger Erfolg. Meistens ist eine solche Erfahrung sogar an die Feststellung gekoppelt, dass es halb so schlimm war, und wir wollen im Zweifelsfall gleich noch mal.

Manchmal dauert es lange Jahre, bis wir bereit sind, altbewährte Routinen zu verändern. Und natürlich gibt es keinen Grund, überhaupt irgendetwas zu verändern, solange wir uns wohlfühlen mit dem Prozedere, das wir für uns gefunden haben. Dennoch ist es nicht selten so, dass es einen Teil in uns gibt, der uns in die Veränderung locken möchte: «Das, was du hier jeden Tag machst, das willst du doch eigentlich gar nicht machen. Warum tust du es dann überhaupt noch?» Vielleicht kennst du die Antwort selbst nicht. So viele Tätigkeiten laufen auf Autopilot, eben weil sie immer funktionierten und wir sie nie hinterfragt haben. Du musst auch gar nicht wissen, warum du etwas tust, wie du es tust. Das Einzige, was du dich fragen kannst, ist, ob du dich damit wohl-fühlst. Denn wenn das nicht der Fall ist, wird es immer wieder Gelegenheiten geben, von deiner Routine abzuweichen. Bis sich womöglich die alte Routine ausgeschlichen hat und durch eine neue ersetzt wurde, die sich für dich stimmiger anfühlt.

Mach langsam, zwing dich nicht, etwas schneller verändern zu wollen, als es möglich ist (Panikgefühle sind z. B. ein Indikator, dass der Schritt, den du dir zumuten möchtest, vielleicht noch eine Nummer zu groß ist). Neue Verhaltensweisen zu etablieren, braucht Zeit, Geduld und Mut. Und wir dürfen uns langsam und achtsam an eine neue Situation herantasten – sie vielleicht auch immer wieder umschiffen, uns dabei beobachten, wie wir uns doch einige Male für die altbewährten Muster entscheiden, ehe wir uns irgendwann trauen, doch einmal anders zu handeln. Und wenn uns die neue Handlungsweise gefällt, dann dürfen wir sie wiederholen, immer und immer wieder, bis sie uns so sehr zur Routine wird, dass wir uns wundern, wie wir freiwillig so lange ohne diesen Bonus in unserem Leben auskommen konnten.

Joanna (36), Mutter von Zola (6) und Dion (9)

Klingt vielleicht komisch, aber für mich war und ist die Mutterschaft ein einziges Sich-aus-der-Komfortzone-Hinausbewegen. Die Entscheidung, sich um ein anderes Leben kümmern zu wollen und dafür selbst eine Weile zurückzutreten, die hat mir Angst gemacht. Man hat einfach keine Ahnung, was da genau auf einen zukommt, weiß nur, dass es lebensverändernd sein wird. In dem Moment, wo man schwanger wird, verliert man auch ein Stück weit die Kontrolle und muss Vertrauen haben, dass alles gut läuft oder vielmehr, dass man die Dinge, die nicht optimal laufen, wuppen kann.

Bei mir gab es von Anfang an Situationen, die weit außerhalb meiner Komfortzone waren: sich öffentlich übergeben (ja, das ist mir mal als Schwangere im Kino passiert!), die Geburt, wo man sich vor Fremden komplett öffnen muss, und all die kleinen Augenblicke, die einem im früheren Leben so richtig unangenehm gewesen wären: Trotzanfälle im ungünstigsten Moment, den ganzen Tag mit einem fetten Fleck auf der Bluse rumlaufen, bösartige Dinge, die die Kinder laut über andere Leute sagen, sodass man sich in Grund und Boden schämt usw. Aber weil man keine andere Wahl hat, lernt man auch, damit umzugehen, dass die Dinge mit Kindern oft anders kommen als gedacht.

Wenn du nicht erst auf Situationen warten möchtest, welche dich an den Rand deiner Komfortzone bringen, kannst du auch aktiv werden, um deinen Horizont zu erweitern und dein Selbstvertrauen zu stärken.

Eine gute Methode, die nicht ganz so viel Überwindung kostet, ist, ab und zu kleine Herausforderungen in deinen Alltag einzubauen. Vielleicht unternimmst du etwas mit deinem Kind, das du dir bisher nicht allein zugetraut hast (und wenn es nur bedeutet, einen neuen Spielplatz aufzusuchen, der einen Kilometer weiter weg ist, und der Heimweg dadurch potenziell stressiger werden könnte). Oder du sprichst die Mutter eines Mitschülers deines Kindes an und fragst, ob ihr mal gemeinsam einen Kaffee trinken wollt, buchst eine Probestunde im Ballettkurs für Erwachsene, isst allein in dem schicken Restaurant um die Ecke zu Abend usw.

Kleinvieh macht auch Mist und wird dir dabei helfen, immer mehr Vertrauen in dich aufzubauen und deinen Alltag interessanter zu gestalten.

Übung: Mentale Bilder

Egal, ob es sich um kleine Schritte oder große Veränderungen
handelt, die du angehen möchtest, es kann dir helfen, wenn du
sie dir vorher im Geiste vorstellst.

1 Visualisiere dafür einmal die Situation, welche dich
herausfordert, deine Komfortzone zu verlassen.

2 Stell dir nun vor, dass alles genau so positiv abläuft, wie
du es dir wünschst, und du dich dabei richtig gut, locker
und entspannt fühlst. (Wir nennen es auch gerne den
«Flashdance-Moment»: Wenn du das Finale des gleich-
namigen Films von 1983 kennst, weißt du bestimmt, wovon
die Rede ist. Wenn nicht, schau ihn dir gerne mal an.)

3 Lass deinen eigenen Film gerne immer wieder vor deinem
inneren Auge ablaufen und nimm ihn als Stärkung mit in
den Alltag. What a feeling! 🌼

Vergleiche und Mutmaßungen

Vergleiche sind Gift für die Selbstliebe. Fast alle Menschen
vergleichen sich. Es ist menschlich und wird von Eltern, dem
Bildungssystem, der Wirtschaftswelt und all den anderen
patriarchalen Strukturen gefördert. Weil es uns von klein auf
beigebracht wird, haben wir dieses stetige Abgleichen mit
anderen verinnerlicht.

Auch in der Mutterschaft vergleichen wir uns mit anderen: Wie
schaffen es andere Mamas, gemütlich im Café zu sitzen, während
wir seit Stunden um ein paar ruhige Minuten in der Trage kämpfen?
Warum sind die anderen top gestylt und wir tragen jeden Tag die
gleiche Jogginghose? Warum bekommen die anderen mehr Schlaf,
sind immer zehn Minuten früher beim Schwimmkurs oder haben

noch ein Sozialleben? Haben sie unkomplizierte Kinder? Sind sie stärker, entspannter oder besser organisiert? Haben sie mehr Unterstützung oder einfach mehr Glück als wir?

Wenn wir uns mit denjenigen vergleichen, denen es vermeintlich besser geht, vergessen wir oft, dass Vergleiche auf falschen Annahmen und oberflächlichen, subjektiven Beobachtungen von Momentaufnahmen basieren. Und: Sie katapultieren uns in ein Mangeldenken, das unzufrieden macht und uns in vielen Fällen an unseren Fähigkeiten als Mutter zweifeln lässt.

Es ist daher wünschenswert, dass wir uns genau diesen Fakt einmal bewusst machen und immer dann, wenn wir merken, dass wir uns mit einer anderen Person vergleichen, darauf achten, dieses Vergleichsdenken zu stoppen und uns stattdessen uns selbst zuzuwenden.

Wege aus der Vergleichsfalle:

- Wir dürfen lernen, uns so anzunehmen, wie wir sind, in all unserer Unvollkommenheit.
- Statt in die Bewertung zu gehen, können wir uns daran erinnern, dankbar zu sein für das, was wir haben.
- Es hilft, den Fokus auf unsere Stärken und unsere Einzigartigkeit zu legen – schließlich wäre die Welt ein ziemlich langweiliger Ort, wenn alle gleich wären.
- Anderen etwas Gutes zu gönnen, fühlt sich besser an, als es ihnen zu neiden.
- Gefühle von Mangel können Wegweiser sein: Wenn du spürst, dass du traurig oder frustriert bist, weil andere etwas haben, was du nicht hast (z. B. eine Stunde Ruhe im Café), kannst du dein Bedürfnis wahrnehmen und aktiv etwas dafür tun, deinen Wunsch Wirklichkeit werden zu lassen (z. B. indem du eine Freundin fragst, ob sie eine Stunde auf dein Kind aufpassen kann, damit du in Ruhe etwas trinken und in einem Magazin blättern kannst).

- Wenn wir mutmaßen, dass andere uns umgekehrt auch abwerten, ist es hilfreich, uns daran zu erinnern, dass wir uns vermutlich in ein viel schlechteres Licht stellen, als es unser Umfeld tut. Die subjektive Selbsteinschätzung entspricht zumeist nicht der Wahrnehmung durch andere.

Auch Mutmaßungen können zu quälenden Begleitern werden, solange wir uns nicht selbst lieben und das Teufelchen auf unserer Schulter uns einreden möchte, dass andere es auch nicht tun. «Sie hat abgesagt, weil sie keine Lust hatte, etwas mit mir zu unternehmen» oder etwa «Ich bin nicht eingeladen, weil sie mich nicht mag». Wenn solche Selbstzweifel aufkommen, dürfen wir berücksichtigen, dass andere nicht böswillig uns gegenüber handeln, sondern Entscheidungen aus einem bestimmten Grund treffen, der oft rein gar nichts mit uns zu tun hat. Manchmal haben wir sogar einen viel höheren Stellenwert bei unserem Gegenüber als den, den wir uns selbst zutrauen.

Mila (31), Mutter von Nika (6)

Ich war wirklich traurig, als ich erfuhr, dass meine Freundin Lena ihr Kind Geburtstagseinladungen an alle möglichen Kinder verteilen ließ, nur Nika bekam keine. Obwohl es noch nicht einmal gegen mich selbst ging, sondern streng genommen gegen meine Tochter, fühlte ich mich ausgegrenzt und wertlos. Am liebsten hätte ich den Kontakt zu Lena und ihrer Tochter für eine Weile abgebrochen, aber irgendetwas bewegte mich doch dazu, einer Einladung meiner Freundin zum Spielen zu folgen.

Prompt kam das Gespräch auf die bevorstehende Feier. Es stellte sich heraus, dass Lena für diese Party aufgrund der Vorgaben des Veranstalters nur zehn Kinder einladen durfte. Sie hatte sich gegen Nika entschieden, weil sie a) eine der wenigen ist, die nicht zu den Klassenkameraden des Geburtstagskindes zählen, und weil sie b) weiß, wie schwer sich Nika mit fremden Kindern tut. Nicht nur das, Nika bevorzugt auf jeden Fall kleinere Gruppen. Zehn Kinder, davon acht fremde

– das wäre ihr zu viel und würde sie überfordern. Lena war sich dessen bewusst und hatte deshalb beschlossen, Nika und uns zu einem anderen Zeitpunkt einzuladen. Zu einem ruhigen Ausflug, von dem sie wusste, dass er Nika viel mehr locken würde als das Kinderchaos in einer dieser Spiel-und-Spaß-Fabriken.

Als Lena mir all das offenbarte, schämte ich mich ein wenig dafür, dass ich die vermeintliche Ablehnung meiner Tochter mit solch negativen Emotionen quittiert hatte. Mir wurde bewusst, dass solche Situationen mich als Mutter triggern, weil ich mich sehr gut an ähnliche Ereignisse in meiner Kindheit erinnere, in denen ich gedachte habe: «Keiner mag mich.» Dieses Gefühl war nun wieder hochgekommen und ohne zu hinterfragen, was Lenas Gründe waren, war ich einfach davon ausgegangen, dass es daran liegen musste, dass man Nika – wie mich damals – nicht dabeihaben wollte. Niemals hätte ich damit gerechnet, dass Lena sich so viele Gedanken darüber gemacht hatte, ob sich meine Tochter wohlfühlen würde.

Diese Situation hat mir wieder einmal gezeigt, dass es sich lohnt, wenn ich mich nicht aufgrund von Mutmaßungen und Enttäuschung zurückziehe, sondern nachfrage, warum andere so handeln, wie sie handeln.

Wenn du merkst, dass sich Zweifel in deinem Kopf breitmachen, die nur auf Annahmen basieren, suche am besten das direkte Gespräch. In den meisten Fällen wird die Realität ganz anders aussehen als das, was du dir aufgrund deiner eigenen (negativen) Erfahrungen und damit verbundenen Zweifeln und Ängsten zusammengereimt hast. Die Dinge in einem neuen, positiveren Kontext zu sehen, kann auch helfen, alte Wunden zu heilen, den Blick auf uns selbst zu verbessern. Auch wichtig: Wir ziehen unsere Kinder nicht in unser Drama – denn oft nehmen die Kleinen es gar nicht so schwer wie wir.

Zudem dürfen wir uns immer wieder daran erinnern, dass der Weg hin zu mehr Selbstliebe ein Prozess ist, der Zeit benötigt.

Unsere Glaubenssätze und Angewohnheiten zu verändern, das dauert. Es kann Angst machen, die Dinge anders zu machen oder zu denken als in der Vergangenheit. Aber ein mulmiges Gefühl im Bauch kann auch schlicht und einfach ein Indikator dafür sein, dass wir die Schwelle von der Komfortzone in die Lernzone überschreiten. Erst wenn wir erste positive Ergebnisse sehen, fühlen wir uns bestärkt darin, den Weg weiterzugehen. Zuerst vorsichtig und zögerlich, aber schließlich mit einem immer stärkeren Lächeln im Gesicht und Füßen, die automatisch immer schneller laufen.

Es tut gut, dir selbst jegliche Gefühle in diesem Prozess zuzugestehen und dir gegenüber das gleiche Mitgefühl aufzubringen wie einer guten Freundin, die du umarmst und sagst: «Es tut mir leid, dass du bestimmte Erfahrungen machen musstest und dass sie dich an dir zweifeln ließen.» Und trotzdem können wir lernen, die anderen, die vermeintlich eine Mitschuld an unserer Lage tragen, nicht zu verurteilen, sondern ihnen zu verzeihen, weil sie ebenfalls Menschen mit Fehlern sind, Kinder, die Erfahrungen gemacht haben. Mit zunehmender Selbstliebe wird uns immer deutlicher, dass wir alle unser Päckchen zu tragen haben, auch wenn es nicht immer offensichtlich ist. Je mehr du das erkennst, desto mehr kann es dir gelingen, deine Grundhaltung zu verändern. Hin zu einem «Ich bin okay, du bist okay». Wenn wir diese liebevolle Haltung einnehmen, strahlen wir genau das auch aus und sammeln mehr Erfahrungen, die uns diesen neuen Glaubenssatz bestätigen. 🌷

Teil 3

Der Weg ist das Ziel – Wie du jederzeit gut für dich selbst sorgen kannst

Der Weg ist das Ziel – Wie du jederzeit gut für dich selbst sorgen kannst

Wir Mütter lassen uns oft von den Terminen und Verpflichtungen rund ums Familienleben leiten und vergessen uns dadurch ein Stück weit selbst, weil der Fokus vor allem auf den Kindern liegt. Es gibt manchmal wenig Spielraum, um von dem abzuweichen, was zu tun ist in einer unserer vielfältigen Rollen: als Reinigungskraft, Sekretärin, Haushälterin, Köchin, Taxifahrerin, Animateurin, Hausaufgabenbetreuerin, Mediatorin, Seelsorgerin und Krankenschwester. Wie können wir uns bei all den To-dos noch auf uns konzentrieren? Keine leichte Aufgabe! Regen sich auch bei dir Zweifel, woher du die Zeit nehmen sollst, dich ausreichend um dich selbst zu kümmern und einen Raum für dich zu schaffen? Das können wir gut verstehen! Deshalb möchten wir an dieser Stelle noch einmal darauf hinweisen, dass dieser Teil des Buches zwar eine Inspiration sein will, wie du Selbstfürsorge leben kannst, du dir aber keinen Druck machen solltest, alles hier Beschriebene umzusetzen und schon gar nicht alles zur gleichen Zeit. Schau auch hier, was sich für dich stimmig anfühlt und im Rahmen deiner Möglichkeiten realisierbar ist.

Denn: Es kommt nicht auf die Menge an, sondern auf das Bewusstsein, dir etwas Gutes getan zu haben. Es hilft, dir bewusst zu machen, dass du in deinem Leben der wichtigste Mensch bist und es dir wert sein solltest, dir Zeit für dich zu nehmen. Manchmal sind es ein paar bewusste Minuten in Stille, ein anderes Mal vielleicht eine ganze Woche Urlaub nur für dich. Dabei solltest du kein schlechtes Gewissen gegenüber deiner Familie haben. Nur wenn wir unsere eigenen Ressourcen stärken, in der Lage sind, Stress zu bewältigen und unsere Bedürfnisse erfüllt werden, haben wir überhaupt erst die Kapazitäten, wahrzunehmen, was unsere Kinder von uns brauchen. Und erst dann können wir auch in vollem Maße darauf eingehen.

Es geht darum, sowohl deine Rolle als fürsorgliche Mutter anzunehmen als auch liebevolle Begleiterin deines eigenen inneren Kindes zu sein. Was brauchst du, um dich als Mutter freudig, entspannt und leicht zu fühlen?

Selbstfürsorge kann viele Gesichter haben. Sie hat nicht nur eine körperliche Ebene, sondern auch eine emotionale und soziale Dimension, auf welche wir in diesem Teil des Buches eingehen möchten. Du kannst auf vielfältige Art und Weise für dich sorgen: physisch und psychisch, privat und beruflich, spirituell oder ganz praktisch. Die Grenzen sind bisweilen fließend und das eine hat oft Auswirkungen auf das andere.

Was wir im Folgenden anbieten möchten, ist ein Potpourri aus Dingen, die uns auf dem Weg zu mehr Selbstliebe förderlich waren. Aber jede Mutter ist anders – und jede von uns fühlt sich zu anderen Aktivitäten hingezogen. Yoga, Qigong, Meditation oder Bogenschießen sind nicht besser als Backen, Inneneinrichtung, Klettern, Kampfsport oder Tennis. Die erstgenannten Hobbys sind lediglich solche, die im Zusammenhang mit einem achtsamen Leben öfter erwähnt werden. Du kannst die liebevolle Verbindung zu dir aber in allem finden, was du tust. In jeder Tätigkeit, aber auch in völliger Untätigkeit. 🌼

Ernährung

> **Nahrung ist Leben. Alles, was du isst und trinkst, wandert durch deinen Körper und wirkt sich auf dich aus. Suche dein Essen sorgfältig aus und nimm es mit Dankbarkeit zu dir.**
>
> Benita

Ernährung: Spiegel der Gesellschaft

Ernährung ist für viele von uns ein schwieriges Thema. Von klein auf werden wir auf Ideale geprägt, die oft nicht unsere eigenen sind. Schon die Ernährung der Eltern nimmt maßgeblich Einfluss auf die der Kinder – entweder, indem ernährungstechnische Verhaltensweisen und Glaubenssätze mit ins Erwachsenenalter übernommen werden oder indem sie bewusst ins Gegenteil verkehrt werden, um sich vom elterlichen Muster abzugrenzen. Hinzu kommen die gesellschaftlichen Vorstellungen und Schönheitsideale, die insbesondere uns Frauen auferlegt werden. Wir haben verinnerlicht: Was und wie viel wir essen, hat nicht nur unmittelbare Auswirkungen auf unsere Gesundheit, sondern auch auf unseren Körper und unser Erscheinungsbild. Daraus ergibt sich nicht selten ein kontrolliertes Essverhalten. Bereits in der Vorpubertät übernehmen viele Mädchen negative Glaubenssätze wie «Ich darf nicht zu viel essen / nehmen / sein», weil sie mitbekommen haben, wie ihre Mütter oder Freundinnen mit ihrem Körper hadern.

Eine große Anzahl von Frauen empfindet diese kontrollierende Haltung als normal. Gefördert wird sie von einem System, das davon profitiert, wenn wir uns als nicht perfekt empfinden: Solange wir im vermeintlichen Mangel leben, uns zu dick, dünn, unförmig, nicht weiblich genug, zu feminin, nicht fit oder gesund genug fühlen, sind wir willens, in uns zu investieren, um unsere «Mängel» zu beheben. Wir sind schneller bereit, Geld für besondere Lebensmittel, Diäten, spezielle Saftkuren, Nahrungsergänzungsmittel, Ernährungsberater, Fitnessstudios, Sportkurse oder sogar Wundermittel auszugeben. Die dahinterstehenden Unternehmen und die Wirtschaft profitieren davon, während wir uns durch das Gefühl, nicht gut genug zu sein, immer mehr von unserem Körper und einer realistischen Selbstwahrnehmung trennen. Wenn wir nicht aufpassen, enden wir in einer endlosen Frustrationskurve, weil das, was uns an unserem Körper nicht gefällt, unabhängig von der Ernährungsweise immer wieder aufpoppt und sich eben nicht einfach beheben lässt. Das einzige Mittel, das nachhaltig hilft, ist, sich selbst mit seinem Körper akzeptieren zu lernen, sich frei von Idealen zu machen und ganz bewusst «Ja» zu seinen Bedürfnissen zu sagen.

Augenöffner Schwangerschaft

Während sich zahlreiche Frauen in jungen Jahren damit be-schäftigt haben, wie sie ihre Figur optimieren können, fühlen sich werdende Mütter in der Schwangerschaft häufig zum ersten Mal auch mit mehr Pfunden und rundem Bauch wohl oder sogar attraktiv. Das liegt auch daran, dass es nun einen ge-sellschaftlich akzeptierten Grund für den fülligeren Körper gibt und viele werdende Mütter sich zum ersten Mal erlauben, voll ihrer Intuition und ihrem Hungergefühl zu folgen. Ernährungs-technisch befinden sich Schwangere häufig irgendwo zwischen lustvoller Hingabe und bewusst gesundem Konsum.

Maria (27), Mutter von Lino (1)

Die Schwangerschaft war für mich die Zeit, in der ich gelernt habe, meinen Körper zu akzeptieren. Am Anfang hatte ich wirklich Angst davor, viel zuzunehmen und nach der Geburt nicht mehr von den Pfunden runter-zukommen. Aber man weiß ja, warum man zunimmt, und freut sich sogar, wenn der Bauch beginnt, sich zu wölben. In der Schwangerschaft habe ich zum ersten Mal meinen Bauch stolz vor mir hergetragen und Fotos davon gepostet, während ich mich im «Normalzustand» für meinen Bauchansatz oft geschämt habe. Das war ein unglaublich befreiendes Ge-fühl. Plötzlich verurteilt man sich nicht mehr so dafür, wenn man mehr isst oder zwischendurch öfter snackt. Zumindest bei mir war das so, dass ich mir gesagt habe: Das brauche ich wohl gerade. Gleichzeitig habe ich mich aber auch mehr damit auseinandergesetzt, welche Ernährung eigent-lich gut für mich und die Entwicklung meines Kindes ist.

Warum die eigene Ernährung oft zu kurz kommt, wenn man Kinder hat

Während wir in der Schwangerschaft, im Wochenbett und in der Stillzeit meist besonders auf unsere Ernährung achten und unserem Körper das gönnen, was er braucht, scheint es in den Jahren danach immer schwieriger, in dieser Hinsicht gut für uns zu sorgen. Wir sind ständig damit beschäftigt, uns um das

Wohl unserer Kinder zu kümmern. Viele Mütter kochen das, was schnell geht und allen schmeckt. Zwischen Arbeit und Kita bleibt wenig Zeit für ein achtsames Mittagessen. Aber um auf unsere Intuition hören zu können, brauchen wir Zeit. Wenn ich mich auf dem Sprung fühle, kann ich kaum in meinen Körper hineinhorchen, um zu wissen, was er genau jetzt braucht. Deshalb ist es ratsam, sich Zeit zu nehmen, sowohl für die Zubereitung als auch für das Essen selbst.

Für eine kurze, stille Rücksprache mit dir selbst reicht eine Minute völlig aus.

Unser Rat, dir Zeit zu nehmen, soll dich vor allem daran erinnern, zu verhindern, in blinden Aktionismus zu verfallen. Statt vom Stress getrieben einfach schnell abzuhaken, darfst du kurz innehalten und schauen, was für dich in dem Moment das Beste ist. Mach dich frei von Bewertungen. Dir Zeit für das Essen zu nehmen, heißt nicht, jeden Tag Lasagne zubereiten zu müssen, denn: Eine Pasta al dente mit einer 1-Minuten-Soße tut es auch. Hauptsache es schmeckt dir und du fühlst dich danach gut.

Bei sich bleiben
Selbstfürsorge in Sachen Ernährung bedeutet, dass du dich immer wieder daran erinnern darfst, achtsam und respektvoll mit dir und deinem Körper umzugehen.

Christina (38), Mutter von Paul (6) und Ida (2)
Da liegen sie wieder, die Essensreste der Kinder – und bevor sie weggeworfen werden, futtere ich sie schnell, auch wenn ich eigentlich keinen Hunger habe. Angefangen hat es damals mit den Babybrei, die mein Sohn verschmäht hat, die ich aber einfach nicht wegwerfen wollte. Hier mal eine Reiswaffel oder ein halbes Croissant auf dem Spielplatz nebenbei und im Restaurant konnten es auch mal ein paar Stücke übriggebliebene Pizza sein, die ich mir zusätzlich zu meiner Pasta reingewürgt habe. Seitdem ich angefangen habe, mich mehr mit dem Thema Selbstfürsorge und achtsames Essen zu beschäftigen, fällt es mir

leichter, mir dieses Verhalten klarzumachen und mich ganz bewusst zu fragen: Habe ich gerade wirklich Hunger? Verlangt mein Körper tatsächlich nach Essen oder setzt mal wieder mein Muster «zu schade zum Wegschmeißen» ein? Ich habe jetzt verstanden, dass ich nicht die Verantwortung trage für alles überschüssige Essen, das mir unter die Augen kommt, sondern dass es mein Körper wert ist, gut versorgt zu werden. Ich probiere, da jetzt mehr auf meine Intuition zu hören.

Routine vs. Intuition

Haben wir Zeit, unserem Bauchgefühl Raum zu geben, können wir sehr gut spüren, was uns gerade guttut und was nicht. Unserer Intuition in Sachen Ernährung zu folgen, bedeutet, dass wir mehr auf unsere innere Stimme hören, wenn es um Fragen geht wie: Wann esse ich? Was braucht mein Körper gerade bzw. auf was habe ich Lust? Wie viel esse ich, habe ich überhaupt (noch) Hunger? Welches Essen braucht meine Seele jetzt?

Gerade die Seele wird oft vergessen, wenn es ums Essen geht. Ganzheitlich betrachtet, hat sie aber genauso wie der Körper ihren Platz – wenn wir Kummer haben, sehnen wir uns nach einer anderen Kost als an einem fröhlich-beschwingten Tag.

Achtsame Ernährung kann schwerlich einem festgelegten Plan folgen, denn genauso unterschiedlich wie die individuelle Zusammensetzung unserer Körper ist, so verschieden wirken sich auch andere Faktoren wie die Situation, in der wir essen, unsere Emotionen oder der weibliche Zyklus auf unsere Ernährung und Verdauung aus. Es ist z. B. möglich, dass du während deiner Menstruation mehr Lust auf eisenhaltige Lebensmittel hast. Auch Nahrungsmittel mit hohem Nährstoffgehalt, wenig Zucker und einem hohen Wasseranteil tun uns in dieser Phase besonders gut.[12] Wenn du dir aber gar nicht darüber bewusst bist, dass der Zyklus einen Effekt auf dein Essverhalten haben kann, ist es wahrscheinlicher, dass du im Alltagsstress mit Kind den Heißhunger auf ein bestimmtes Lebensmittel übergehst.

Britta (29), Mutter von Ava (3)

Ich habe mich oft gefragt, warum es mir so schwerfällt, beim Essen auf meine Intuition zu hören. Eines Tages fiel mir auf, dass die Inspiration dafür, wie ich mich und meine Familie ernähre, hauptsächlich aus den sozialen Medien stammte. Ich übernahm gerne mal den Essenswochenplan meiner Lieblingsbloggerin oder war besonders scharf darauf, das optisch so ansprechende neue Soulfood-Rezept einer Instagrammerin auszuprobieren, der ich folgte. Wenn ich dann aber wirklich dazu kam, das Gericht nachzukochen, hatte ich oft überhaupt keinen Appetit mehr darauf. Mir war gar nicht bewusst, dass ich nicht auf meinen Körper gehört hatte, sondern mich von der Ernährung anderer durch schöne Fotos und ansprechende Texte hatte beeindrucken lassen, ohne zu hinterfragen, ob dies auch für mich und mein Kind zu diesem Zeitpunkt das Richtige war. Kinder reagieren da ja noch viel intuitiver und lehnen das Essen einfach ab. Ich habe natürlich trotzdem meinen Teller aufgegessen, selbst wenn es mir nicht geschmeckt hat.

Wie auch in anderen Lebensbereichen ist es hilfreich, dass wir uns immer wieder beobachten und über unsere Gewohnheiten und unser Körperbefinden reflektieren, um uns darüber bewusst zu werden, wie alles zusammenhängt. Die liebevolle Beobachtung allein führt oft schon zu den Veränderungen, die du dir für dich wünschst, ganz ohne dass du dafür etwas Bestimmtes tun müsstest.

Mila (23), Mutter von Zurab (4)

Seit ich Mama bin, habe ich penibel darauf geachtet, dass wir als Familie nicht zu viel von dem konsumierten, von dem ich glaube, dass es unseren Körpern schadet, also z. B. Lebensmittel aus konventioneller Herstellung oder Produkte, die übermäßig viel raffinierten Zucker enthalten. Finanziell konnten wir uns das all die Jahre auch erlauben. Bis durch die Corona-pandemie alles zusammenbrach und wir plötzlich jeden Cent drei Mal umdrehen mussten. Auf einmal ging ich nicht mehr ausschließlich in den Bioladen, sondern schaute auch mal im konventionellen

*Supermarkt nach Schnäppchen. Am Anfang hat sich das richtig schlecht
angefühlt, weil ich so überzeugt war, dass bio besser ist. Und das bin ich
immer noch. Aber ich habe auch Nachsicht mit mir, indem ich sage: Ich
versorge meine Familie jederzeit mit den besten Lebensmitteln, die ich
bekommen kann. Und ich darf dabei auch mal von meinem Schema ab-
weichen und nicht bio kaufen. Wir werden es überleben!*

Schwere Kost – leichte Kost

Bewusste Ernährung kann dich darin unterstützen, nicht nur auf
seelischer, sondern auch auf körperlicher Ebene mehr Leichtigkeit zu empfinden. Es gibt Lebensmittel, die ein schweres Gefühl
hinterlassen, die dich träge und müde machen, sich wie ein Kloß
im Magen anfühlen. Und es gibt solche, die dich beschwingen,
dich mit Energie und Freude füllen. Wobei das noch nicht einmal mit den Lebensmitteln selbst zu tun haben muss, sondern
auch abhängig ist von deinem eigenen Befinden und deinen
Glaubenssätzen. Ein spannendes Experimentierfeld.

Joy:

*Vor ein paar Jahren habe ich einen Monat lang ausschließlich roh-
vegan nach Anthony William gegessen, um meine Leber von über-
flüssigem Fett zu befreien, das sich mit den Jahren in allerlei unangenehmen körperlichen Symptomen äußerte. Ohne Zucker und vegan
lebte ich sowieso schon, aber dann auch noch alles roh, ohne Avocados,
Nüsse, Samen und andere fetthaltige Lebensmittel – das war schon eine
Herausforderung. Besonders schwer fiel mir der Verzicht auf Salz, von
dem die meisten laut Anthony chronisch zu viel essen.*

*Es war erstaunlich, wie sich in der Zeit meine Wahrnehmung bezüg-
lich Essen verändert hat: Ich wurde ruhiger, gelassener, sah jünger,
frischer und erholter aus. Und das Essen verlor so sehr an Wichtigkeit!
Hatte ich vorher noch viel Zeit mit Vorausplanung verbracht, was
ich die nächsten Tage kochen wollte – oder überhaupt, wann ich das
nächste Mal essen würde und was – so spielte das irgendwann keine
Rolle mehr. Ich futterte nicht mehr aus Langeweile oder Fresslust*

irgendetwas zwischendurch, sondern aß nur noch, wenn ich Hunger hatte – ohne zu schlingen. Keine Gier mehr, einfach nur langsame, bedächtige, bewusste, achtsame, liebevolle Nahrungsaufnahme, für die sich mein Körper auch schnell mit allerlei Anzeichen von Dankbarkeit und Erholung revanchierte. Und ich hatte eine Energie wie nie zuvor!

Leider hielt vieles davon nach dem Ende des Detox nicht lange an. Dennoch ist eine Art Grundbewusstsein geblieben: Ich weiß genau, welche Lebensmittel mir guttun und welche nicht. Manchmal ignoriere ich dieses Wissen, manchmal nicht.

Gesundheitliche Probleme, chronische Müdigkeit oder ein generelles Unwohlsein mögen zwar nicht ausschließlich auf unachtsame Ernährung zurückzuführen sein, aber eine bewusste Ernährung kann dir helfen, dich mehr in deinem Körper zu Hause zu fühlen und gesundheitliche Symptome zu lindern. Du kannst besser für dich sorgen, wenn du emotionales Essen oder Essen aus Gewohnheit durch mehr intuitives Essen ersetzt. Vertraue einfach darauf, dass dir dein Bauchgefühl immer die gerade am besten für dich passenden Lebensmittel ins Gedächtnis ruft.

Maggie (32), Mama von Adrian (5)
Ich finde es spannend, unterscheiden zu lernen, wer mich zum Essen verleiten will. Manchmal lockt mich die Erinnerung an ein Essen aus der Kindheit, das ich mal sehr gerne mochte. Das fällt dann eher in die Kategorie emotionale Ernährung und hat durchaus seine Berechtigung, weil es mir das Gefühl von Geborgenheit gibt, das ich in einem bestimmten Moment offensichtlich brauche. Ein solches Trostessen erlaube ich mir dann auch. Wenn allerdings mein innerer Kompass spricht, der mich zielgerichtet zu dem Essen leitet, dessen Nährstoffe gerade wichtig dafür sind, damit es mir gut geht, dann dreht es sich eher um die gute Versorgung des Körpers im Jetzt. Beides darf sein und nichts davon ist besser oder schlechter – es sind einfach nur andere Beweggründe, die ich beobachten kann.

Bewusster essen

Viele von uns machen sich das Leben unnötig schwer, weil sie
ein Glaubenssystem übernommen haben, das ihnen suggeriert,
eine bestimmte Ernährungsweise sei gesünder oder aus einem
anderen Grund besser als eine andere. Dabei ist es für dein Wohlbefinden wichtig, einen Lebensstil zu finden, der zu dir passt und
aus deinem Inneren kommt – aus deiner inneren Kraft und Ruhe.
Dass du dir für deine Ernährung Zeit nimmst und hier ganz auf
deine Intuition hörst, ist ein wichtiger Teil davon.

Sofern du nicht von einer Allergie betroffen bist, die gewisse
Einschränkungen in deiner Ernährung erfordert, laden wir dich
ein, offener zu werden: Wenn du das nächste Mal etwas isst,
von dem du überzeugt bist, dass du es nicht tun solltest, weil
es vielleicht sogar ein schlechtes Gewissen in dir hervorruft,
versuche, deine aufkommenden Empfindungen und Gedanken
liebevoll zu beobachten und achtsam mit ihnen umzugehen.

Es ist wunderbar, das zu essen, worauf du Lust hast. Es ist
toll zu experimentieren, dir Inspiration zu suchen und daraus
in Abstimmung mit dir selbst deine eigenen Kreationen zu entwickeln. Und vor allem ist es okay, zu genießen.

Übung: Selbstbemutterung

Als Mütter sind wir es gewohnt, für die Ernährung unserer Kinder zu sorgen: Wir machen Frühstück, achten auf gesunde Pausensnacks und wissen, was unser Kind gerne zu Mittag isst.

Diese Übung ist für alle, die sich nicht nur um den Nachwuchs, sondern auch um sich selbst kümmern möchten.

1 Beobachtung:

- Zuerst darfst du dich ein wenig selbst analysieren: Warum isst du, was du isst – und wann greifst du überhaupt zum Essen? Was fällt dir an deinem Essverhalten auf? Brauchst du bestimmte Mahlzeiten am Tag oder neigst du dazu, sie auszulassen? Verlangt dein Körper wiederholt nach bestimmten Nahrungsmitteln – und wenn ja, wie bewertet dein Verstand dieses Verlangen? Gibst du dem Verlangen nach oder gehst du in den Widerstand? Notiere deine Erkenntnisse.
- Nimm nun deine aktuellen Essenstendenzen genauer unter die Lupe: Isst du tendenziell zu einer bestimmten Tageszeit oder an bestimmten Tagen der Woche immer bestimmte Lebensmittel – oder bestimmte Lebensmittel gerade nicht? Welche Schemata kannst du erkennen? Gibt es Unterschiede in deinem Esstempo? Isst du zu bestimmten Zeiten schneller oder langsamer und wie geht es dir damit? Was passiert, wenn du das gewohnheitsmäßige Tempo in Gedanken mal umdrehst, also z. B. bewusst langsam isst, auch wenn du es eigentlich eilig hast? Welche Gefühle löst diese gedankliche Veränderung bei dir aus? Notiere deine Gedanken.

2 Analyse:

- Schaue dir deine Notizen aus 1 an und frage dich: Warum hast du diese Routinen und Tendenzen entwickelt? Wie fühlst du dich damit? Es geht nicht darum, dich selbst zu bewerten, sondern darum, dich selbst ein wenig besser kennenzulernen. Schreibe auf, was dir einfällt.

3 Einüben neuer Muster:

- Nach dieser Selbstanalyse ist es an der Zeit, dich zu be-muttern – so wie du deine Kinder bemutterst. Wenn das nächste Mal der Hunger kommt, spüre in dich hinein und nimm dir die Zeit, um das vorzubereiten, was du wirklich essen möchtest. Unabhängig davon, ob der Rest der Familie darauf auch Lust hat. Wonach ist *dir* gerade in diesem Moment?
- Wenn du dich gerne visuell-kreativ auslebst, hast du vielleicht Lust, dein Essen so anzurichten, wie du es auch für deine Kinder tun würdest. Welches Kunstwerk möchte aus dem Moment heraus entstehen, um dann mit genauso viel Liebe und Bewusstsein gegessen zu werden, wie du es zubereitet hast?

4 Erkenntnisse:

- Nach deiner Selbstbemutterungs-Mahlzeit blicke zurück und ziehe ein Resümee: Was hat dich überrascht? Welche Erkenntnisse möchten von dir festgehalten werden?

Ernährung und Selbstliebe sind eng miteinander verbunden: Je mehr du mit dir und deiner inneren Stimme verbunden bist, desto einfacher wird es, darauf zu achten, was du deinem Körper an Nahrung zuführst und was dir guttut. Auch hier gilt es, nachsichtig und liebevoll mit dir umzugehen und dir bewusst darüber zu werden, dass es die perfekte Ernährung nicht geben kann, weil Ernährung immer eine individuelle Angelegenheit ist. Genauso, wie wir nicht jeden Tag gleich sind, darf auch unsere Ernährung sich verändern – immer unter Berücksichtigung unseres Hormonhaushalts, unseres Zyklus, unserer Gemütsverfassung oder der Tages- bzw. Jahreszeit.

Zudem gibt es Tage, da hat einfach ein anderes Bedürfnis Priorität. Dann dürfen wir bewusst die Ernährung zur Nebensache machen und uns z. B. lieber ein paar Minuten Schlaf, Bewegung oder wonach unser Körper bzw. unsere Seele gerade ruft erlauben. ❀

Den Körper liebevoll pflegen und wahrnehmen

Die Ernährung stellt nur eine Säule auf dem Weg zu einem liebevollen Umgang mit deinem Körper dar. Sich ganz bewusst für das zu entscheiden, was uns nährt, und zu feiern, was wir unserem Körper zuführen, lässt sich auch auf andere Bereiche übertragen.

In Sachen Körperpflege gibt es viele Prozesse, die wir ohne groß nachzudenken durchführen. Waschen, kämmen, schminken sind Routineprogramm – gerade wenn es morgens vor Kita oder Schule schnell gehen muss. Dabei will unser Körper nicht nur mit Essen genährt werden. Vielleicht erinnerst du dich gerne an die Schwangerschaft zurück, in welcher sich ja die meisten Mütter viel Zeit für das Einölen ihres Babybauchs nehmen? Doch nach der Geburt scheint Zeit eine immer knappere Ressource zu werden, sodass bald sämtliche Körperpflegerituale in den Hintergrund treten.

Hier verhält es sich ähnlich wie mit der Ernährung: Mach dir einmal bewusst, dass du in deinem Körper wohnst und dass er dir jeden Tag hilfreiche Dienste leistet. Er verdient es, wertgeschätzt zu werden. Auch dafür braucht es nicht unbedingt einen Spa-Besuch oder ein ausgedehntes Beautyprogramm. Es kann schon sehr beglückend sein, deinem Körper im Alltag ein wenig achtsamer und mit allen Sinnen zu begegnen.

Du kannst dich bei allem, was du tust, darin üben, im Hier und Jetzt zu sein und somit jeden Moment zu genießen. Am Beispiel Duschen:

Übung: Achtsames Duschen

- Gönn dir ein tolles Duschgel, dessen Duft du besonders liebst und dessen Inhaltsstoffe deinem Körper richtig guttun.
- Nimm dir fünf bis zehn Minuten bewusst Zeit zum Duschen. Erlaube dir eine kleine Wellness-Auszeit, die nur dir gehört.
- Statt schon unter der Brause daran zu denken, welche Aufgaben du heute zu erledigen hast, konzentrierst du dich nur auf den aktuellen Moment. Das gelingt besonders gut, wenn du alle deine Sinne einschaltest:
- Was für ein Luxus ist es, nur den Wasserhahn öffnen zu müssen und ganz nach Belieben eine Temperatur auswählen zu können, die dir angenehm ist?
- Wie fühlt sich das warme/kalte Wasser auf deiner Haut an?
- Wie riecht dein Duschgel und welche Gefühle oder Erinnerungen löst es in dir aus?
- Wie fühlt es sich an, wenn du deine Haare / deine Arme / deinen Bauch / deine Beine einseifst?
- Wie fühlt sich das Handtuch auf deiner Haut an, wenn du dich abtrocknest?

- Welche Körperpartien brauchen im Anschluss noch ein bisschen mehr liebevolle Zuneigung in Form eines wohlriechenden Öls oder pflegender Creme? Verwöhne dein inneres Kind mit allem, was auch deinen eigenen Kindern guttut.

Tatsächlich kannst du mit vielen alltäglichen Handlungen ähnlich verfahren. Es braucht dafür nur ein Zeit-Investment von wenigen Minuten. Eine solche Achtsamkeitspraxis kann aber trotzdem einen großen Effekt auf die Rückverbindung mit deinem Körper, auf dein Stresslevel und dein Körpergefühl haben.

Einige Frauen berichten davon, dass sie gerne einen Spiegel in ihr Morgen oder Abendpflegeritual miteinbeziehen. Zu lernen, dir selbst im Spiegel mit Wohlwollen zu begegnen oder deinen Körper mit all seinen vermeintlichen Makeln zu feiern, auch das kann dir bei der liebevollen Selbstannahme helfen.

Wenn du noch einen Schritt weiter gehen möchtest, kannst du überlegen, die Methode «Mirror Work», welche die spirituelle Lehrerin Louise Hay geprägt hat, in dein Körperritual miteinzubeziehen. Louise Hay ist der Meinung, dass du deinen inneren Kritiker so umprogrammieren kannst, dass er sich nicht mehr gegen, sondern *für* dich ausspricht. Alles, was du dafür tun musst, ist zu lernen, dir selbst im Spiegel Komplimente zu machen. Oder Affirmationen (siehe Seite 168) vor dem Spiegel auszusprechen. Allein schon ein Lächeln statt einem resignierten Blick kann helfen, deine Selbstwahrnehmung positiver zu gestalten, weil es dich gleich viel schöner macht.

Übung: Mirror Work (nach Louise Hay)[13]

1 Louise Hays Ansatz, den Tag mit einem Blick in den Spiegel und einem «Ich liebe dich!» zu beginnen, mag uns Europäerinnen, die wir oft nicht so locker mit Liebesbekundungen umgehen können, Überwindung kosten. Aber du brauchst ja nicht gleich mit der Königsdisziplin beginnen, sondern kannst erst einmal mit einem wohlwollenden, bewussten, neugierigen, offenen Blick in den Spiegel starten.

2 Wenn du dich damit wohl und sicher fühlst, gehst du den nächsten Schritt, indem du dir z. B. laut sagst: «Ich bin gut und richtig, genau so, wie ich bin.» Wenn es dir leichter fällt, dich selbst in der zweiten Person anzusprechen, ist das genauso in Ordnung: «Du siehst wunderbar ausgeruht aus heute.» Wenn das laute Aussprechen dich zu viel Überwindung kostet, kannst du dir ebenso nur in Gedanken liebevolle Komplimente machen.

3 Du kannst auch probieren, dich mit den Augen einer Freundin zu betrachten – oder umgekehrt: Welche Komplimente würdest du einer Freundin machen? Was würdest du gerne über dich von jemand anderem hören? Trau dich, dich selbst mit diesen Worten zu beschenken. Selbst wenn du das, was du dir da sagst, nicht so ganz glauben kannst, durch die stetige Wiederholung – z. B. in Form einer Morgenroutine – erlaubst du deinem System, sich so zu verändern, dass dir früher oder später genau das präsentiert wird, was du dir wünschst. Wenn sich deine Wahrnehmung verändert, erkennst du plötzlich, dass die Dinge, die dich vielleicht vorher gestört haben, nur dich stören – und niemanden sonst. Dir wird bewusst, dass dich entgegen der Angst deines Egos vermutlich kein Mensch da draußen weniger gerne mag, weil du zu dick oder zu dünn bist, zu viele oder wenige Sommersprossen hast, weil die Schwangerschaftsstreifen noch immer sichtbar sind oder die Haare langsam grau werden. Es spielt keine Rolle!

Es mag sein, dass nicht nur du selbst dich anders wahrnimmst, sondern sich durch diese veränderte Selbstwahrnehmung auch deine Ausstrahlung, Körpersprache und die Energie, die du an andere aussendest, verändern. Je mehr du deinen Körper und dich selbst respektierst, desto spürbarer wird dies auch für andere, was nicht selten zur Folge hat, dass auch andere Menschen dir mit mehr Wertschätzung begegnen.

Bitte lächeln!

Eine andere Methode, die positive Auswirkungen haben kann, ohne dass sie dich etwas kostet, ist das Lächeln. Vielleicht hast du bereits von der Studie «Just grin and bear it» der Psychologinnen Sarah Pressmann und Tara Kraft gehört, die besagt, dass Lächeln einen positiven Effekt im Zusammenhang mit körperlichem und seelischem Stress hat. Versuchspersonen wurden in verschiedene Gruppen (echtes Lächeln, unechtes Lächeln, neutraler Gesichtsausdruck) eingeteilt und mit stressbelasteten Aufgaben konfrontiert. Im Anschluss wurden ihre Herztöne gemessen, welche einen Aufschluss darüber gaben, wie hoch das Stresslevel der Probanden war. Man stellte fest, dass sich alle Probanden, die beim Absolvieren der Aufgaben ein Lächeln – egal ob echt oder unecht – auf den Lippen hatten, schneller von der kurzfristigen Stressbelastung erholten als die Versuchspersonen mit neutralem Gesichtsausdruck.[14]

Diese Erkenntnis kannst du dir z. B. in besonders anstrengenden Situationen zunutze machen, um dich schneller wieder zu erholen. Hierfür kannst du einfach versuchen zu lächeln oder, sollte dir das schwerfallen, für einige Minuten einen Bleistift quer in den Mund nehmen, sodass sich deine Mundwinkel nach oben heben. So überlistest du dein Gehirn und sorgst im Nu für bessere Stimmung.

Vorsicht ist aber laut den Wissenschaftlerinnen bei längerfristigen Stressphasen geboten: Ein Fake-Lächeln, das wir permanent vortäuschen, obwohl uns gar nicht danach zu mute ist (wie es z. B. oft von Flugbegleiterinnen erwartet wird), wirkt schädlich und kann einen Burn-out begünstigen.

Ähnlich gut kann im Übrigen auch das Lachen für Glücksgefühle und bessere Stimmung sorgen. Motivationstrainer David R. Hamilton spricht auf seiner Webseite davon, dass Lachen lebensverlängernd wirken kann. Wer bei einem echten, authentischen Lachen oder Lächeln den Musculus orbicularis oculi, den Lachmuskel unterhalb der Augen, regelmäßig bewegt, hat gute Chancen, seine Lebensfreude und -erwartung zu steigern.

Sein Tipp: Einmal tief einatmen und beim Ausatmen ein Lachen entstehen lassen. Das wirkt am Anfang erst einmal sehr aufgesetzt, aber mit der Zeit wird aus dem fingierten Lachen ein echtes – und du entwickelst die Tendenz, auch außerhalb dieser Lach-Übung, die du mehrmals täglich machen kannst, öfter und vor allem authentisch zu lachen.[15]

Lach-Übungen lassen sich auch gut mit Kindern praktizieren. Gemeinsames Lachen hat den Vorteil, dass es ansteckend ist. Wenn in einer Gruppe ein Mensch herzlich lacht, kann der Großteil der anderen Anwesenden gar nicht anders, als diese Stimmung zu übernehmen und mitzulachen. Insofern mag eine Lach-Übung dazu führen, dass sich die Familienmitglieder gegenseitig aufbauen. Du kannst z. B. mit dem Nachwuchs einen Lachwettbewerb veranstalten: Wer hat das schrillere Hexenlachen, wer kann in tieferer Stimme das «Ho ho ho» des Weihnachtsmannes imitieren – und wer die lustigsten Grimassen schneiden?

Die nächste Übung lässt sich gut durchführen, wenn du die Kinder von der Schule oder vom Kindergarten abholst.

Alternativ kannst du sie aber auch in jeder anderen Situation durchführen, in der du auf Menschen triffst. Sie kann dir Aufschluss darüber geben, wie sich deine innere Haltung auf deine Stimmung und die äußeren Reaktionen auswirkt.

Übung 4: Durch deine innere Haltung das Außen beeinflussen

Versuch 1: Lass den Kopf nach unten hängen, ebenso die Schultern, richte den Blick auf den Boden und schau möglichst ernst und traurig. Beobachte, wie die Betreuer oder auch die Kinder selbst reagieren – und wie du dich dabei fühlst. Vielleicht magst du dir im Anschluss deine Empfindungen aufschreiben.

Versuch 2: Das nächste Mal, wenn du ohnehin gestresst bist und zufällig gerade die Kinder abholen musst, reflektiere auch dabei einmal, wie du dich fühlst und wie die Menschen auf dich reagieren. Wie ist deine Körperhaltung?

Versuch 3: Halte dich möglichst neutral, Kopf gerade, Rücken aufrecht, sei offen und aufmerksam. Wie reagieren die Menschen jetzt auf dich? Und wie geht es dir dabei?

Versuch 4: Begegne den Kindern und Betreuern mit Fröhlichkeit. Entweder machst du vorher heimlich im Auto Lach-Übungen, bis du dich selbst nicht mehr halten kannst vor Albernheit – oder du hörst auf dem Weg dein Lieblingslied, das dich immer in eine gute Stimmung versetzt – oder du hast einfach sowieso einen guten Tag und musst gar nichts forcieren. Beobachte dich auch in diesem Fall: Was geht in dir vor und wie ist deine Körperhaltung? Kannst du sie vielleicht sogar ein bisschen übertreiben, ohne dass du dich blöd dabei fühlst? Indem du hüpfst, tanzt oder sonst irgendwie in eine kindliche, unbeschwerte Leichtigkeit gehst? Was passiert daraufhin?

Du kannst die Reihenfolge bei diesem Experiment selbstverständlich auch umstellen. Vielleicht passiert es auch automatisch, dass du dich an vier verschiedenen Tagen ohnehin in diesen vier verschiedenen Stimmungen und Körperhaltungen befindest und sie bewusst wahrnimmst. Du wirst jedenfalls feststellen: Dein Tag wird leichter, wenn du dem Alltag auch körperlich sichtbar positiv gegenübertrittst. Unsere Körperhaltung hat großen Einfluss auf unser Empfinden. ❀

Yoga

Yoga wurde bereits vor 5.000 Jahren in Indien praktiziert. Im Yoga geht es darum, Körper und Seele in Einklang zu bringen, durch körperliche Bewegung und Achtsamkeit in die Ruhe und damit in die Verbindung mit dir selbst zu finden. Es gibt über 90 verschiedene Yogaarten, sodass sich für jeden Persönlichkeitstyp ein passender Yogastil finden lässt.

Wir möchten dir im Folgenden zwei unserer Lieblingsyogaarten vorstellen. Sie eignen sich, wie wir finden, besonders gut für Mütter, weil sie dafür sorgen, dass du für eine Weile den Alltagsstress vergessen kannst. Außerdem zeigen sie dir, dass du nicht nur deine Kinder, sondern auch dich selbst halten kannst und darfst, indem du auf eine sehr passive, weiblich-empfangende Weise das annimmst, was der jeweilige Tag dir schenken möchte.

Wenn du noch nie Yoga gemacht hast, empfiehlt es sich, dies vielleicht zunächst unter Anleitung in einem Yogastudio auszuprobieren. Dafür musst du natürlich wieder etwas mehr Zeit einplanen, aber oft tut es auch gut, mal aus der gewohnten Umgebung rauszukommen. Gerade Yogastudios sind oft Orte der Ruhe und Besinnung. Vielleicht suchst du dir eines aus, in welchem dich neben den kompetenten und sympathischen Lehrer(inne)n auch das Interieur und das Drumherum (leckere Tees, angenehme Umkleidesituation, Wellnessbereich, Workshop-Angebot) besonders ansprechen.

Für alle Mütter, die wenig Zeit oder Geld mitbringen und kleine Yogaeinheiten flexibel in ihren Alltag einbauen wollen, gibt es aber auch tolle Onlineangebote – vom regelmäßigen Onlinekurs deines Lieblingsstudios bis hin zu kurzen, kostenfreien YouTube-Sessions.

Yin-Yoga

Wir beide sind besonders Fans von Yin-Yoga. Dabei handelt es sich um eine ruhige, passive, eher spirituelle Yoga-Art. Sie unterstützt dich dabei, die weibliche Kraft, das Yin, zu stärken. Jede Yogahaltung (Asana) wird dabei mehrere Minuten gehalten. Darin unterscheidet sie sich von dynamischeren Yoga-Arten, bei denen die Aktivität, das Yang, im Vordergrund steht.

Im Yin-Yoga geht es nicht darum, eine bestimmte Haltung perfekt auszuüben, sondern den eigenen Weg in die Entspannung, die Balance zu finden, und zwar so, wie es sich für dich gut anfühlt. Du übst dich vor allem in Hingabe, ergibst dich der Ruhe, vertraust deinen Körper der Schwerkraft an und lässt dich fallen. Mit wenig Anstrengung, fast wie von selbst, lockerst du deinen Körper, löst verklebte Faszien und trainierst kaum wahrnehmbar deine Muskeln und Sehnen. Dabei bist du achtsam und beobachtest, wie weit du gehen kannst, ohne Schmerzen zu empfinden. So verbindest du dich mit deinem Körper. Du gehst auf eine liebevolle Weise an deine Grenzen, ohne dich zu grämen, wenn es mal nicht so funktioniert, wie es in einer früheren Yogastunde schon mal geklappt hat.

Beobachten, ohne zu verurteilen, dich und den eigenen Körper liebevoll und bedächtig wahrnehmen. Das hat etwas Meditatives. Oft wird Yin mit einer kurzen Meditation eingeleitet. Yin führt in die eigene Tiefe, in die weibliche Kraft und Ruhe und hin zum inneren, tiefen Frieden. Es lässt dich spüren, dass du selbst genug bist, und stärkt auf diese harmonische, getragene Weise die Selbstliebe.

Yoga Nidra

Yoga Nidra, der Yogische Schlaf, führt die tiefe Entspannung, die du im Yin-Yoga erleben kannst, noch weiter. Beim Yoga Nidra sollen noch tiefere Bewusstseinsebenen angesprochen werden, die dich in eine schlafähnliche Ruhe versetzen. Du brauchst dich beim Yoga Nidra noch nicht einmal zu bewegen, denn die gesamte Praxis findet in Savasana (also auf dem Rücken liegend) statt. Insofern ist diese Yoga-Art perfekt für uns Mütter, besonders an Tagen, an denen wir ohnehin schon genug auf den Beinen waren. Yoga Nidra kann dir helfen, durch «Nichtstun» wieder in deine Mitte zu finden und neue Kraft und Energie zu schöpfen, ohne dass du dafür tatsächlich schlafen musst. Wenn du allerdings doch einschläfst, ist das auch nicht weiter tragisch, denn ähnlich wie auch beim autogenen Training kann dich das Yoga Nidra sogar während des Schlafes unterstützen.

Im Folgenden beschreiben wir dir eine klassische Yoga-Nidra-Einheit:

Am Anfang der Session wählst du dir eine sogenannte Sankalpa, eine Art Affirmation, ein Ziel, das du erreichen möchtest. Die Sankalpa wiederholst du im Geiste drei Mal hintereinander.

Nach einer Entspannungsphase, in der du dich auf den Atem konzentrierst und dadurch schon ein wenig in die Tiefe deines Bewusstseins vordringst, beginnt der Body-Scan: Nacheinander legst du den Fokus bewusst auf sämtliche Teile deines Körpers.

Die Theorie dahinter ist, dass durch dieses Fokussieren all die genannten Körperteile mit Energie versorgt werden, allein dadurch, dass du ihnen Aufmerksamkeit schenkst. Außerdem ist dein Geist dadurch so abgelenkt, dass es fast unmöglich ist, sich gleichzeitig in ständig wiederkehrenden Gedanken zu verlieren.

Anschließend geht es darum, sich in verschiedene Empfindungen hineinzuversetzen. U. a. kann damit gearbeitet werden, Gegensätze wahrzunehmen: Du stellst dir also z. B. vor, dass dir sehr, sehr kalt ist, doch dann liegst du gedanklich in der Sonne und dir wird sehr, sehr warm. Das dient dazu, dich innerlich in eine Balance zu bringen, sowohl mental als auch physisch.

Die Praxis endet mit einer Visualisierungsübung, mit deren Hilfe du dich im Geiste an verschiedene Orte versetzt. Mal an den Strand, mal in die Wüste, mal in den Wald. Schnelle Szenenwechsel sorgen weiterhin dafür, dass du dich nicht selbst durch zu viele Gedanken ablenken kannst, dass deine Vorstellungskraft geschult wird und eventuell geht es sogar darum, tiefsitzende Ängste zu lösen, nämlich indem du in der Ruhe, in der du dich befindest, voller Selbstvertrauen und Zuversicht Räume betrittst, die du sonst nicht betreten würdest.

Am Ende der Stunde erinnerst du dich an deine Sankalpa und wiederholst sie erneut drei Mal.

Yoga Nidra hat eine noch stärker meditative Komponente als das Yin-Yoga. Doch anders als in der Meditation ist es hier eher die stetige Beschäftigung des Geistes, die zu einem gedanklichen Stillstand, also einer kurzen, absoluten Ruhephase führt. Es wird mental mehr gearbeitet als in der Meditation, um dann durch eine Art Überbeschäftigung des Geistes eine Pause zu erreichen.

Sowohl Yin-Yoga als auch Yoga Nidra haben auf viele den Effekt, dass sie sich wie neugeboren fühlen – oder zumindest so, als hätten sie einen langen und erholsamen Schlaf hinter sich.

Da sich diese beiden Yogastile auf das Yin, sprich die Ruhe, konzentrieren, solltest du darauf achten, mit anderen Aktivitäten auch die Bewegung und damit dein Yang zu fördern, um eine gute Balance herzustellen.

Kleine Fortschritte, große Wirkung

Je länger du Yoga praktizierst, desto mehr wirst du in deinem Körper ankommen. Im Gegensatz zu vielen anderen Sportarten ist es beim Yoga schwieriger, deine eigenen Fortschritte zu erkennen. Und das darf auch so sein.

Vielleicht machst du dir, ehe du das erste Mal auf die Matte gehst, noch Gedanken darüber, wie dich die anderen wahrnehmen oder ob sie dich vielleicht verurteilen, wenn manche Asanas nicht so funktionieren, wie sie sollen. Vielleicht hast du sogar Angst, dass du dich blamieren könntest. Doch im richtigen Studio wirst du sehen, dass diese Ängste schon beim Hereinkommen dahinschmelzen, denn was du machst, interessiert wirklich keinen – außer dich selbst. Jeder taucht in sich selber ein.

Joy:
Ich habe immer wieder festgestellt, dass mich bestimmte Asanas riefen, weil ich spürte, dass sie mehr waren als nur Asanas. Es ging darum, dass diese Haltungen, die mich anspornten, mich ihnen zu ergeben, wie ein körperlicher Lockruf meiner Seele waren: Sie zeigten mir, wo die Entwicklung hingehen konnte, wenn ich mich für etwas öffnete. Da gab es Dinge in meinem Leben, die ich gerne wollte, aber ich hatte Probleme damit, sie zu manifestieren, weil ich nicht in der Lage war, die dafür notwendige, entspannte Haltung einzunehmen. Das Yoga war ein perfekter Spiegel dafür.

Je länger ich mich mit Yin beschäftigte, desto mehr lernte ich, dass ich mit Druck und Gewalt und Wollen nicht weiterkommen würde, sondern nur damit, dass ich von allem abließ und mich dem Prozess ergab. 🌸

Tanzen

Tanzen – der Inbegriff von Freiheit, Leichtigkeit, Lebensfreude, Kraft, Selbstermächtigung und Liebe. Licht dimmen, Playlist an – und die Welt gehört dir.

Schon bei kleinen Kindern kann man sehen, was passiert, wenn sie sich mit offenem Herzen der Musik hingeben: Sie sind völlig eins mit sich. Geist, Körper und Seele im Einklang – eine pure Form des Selbstausdrucks. Wie dem kleinen Kind ist es auch uns möglich, alles um uns herum zu vergessen und für einen Moment mit unserem reinen, unverfälschten Wesen zu verschmelzen. Tanzen ist Therapie, tanzen heilt und sprengt sämtliche Ketten, auch die, die man sich vielleicht unbewusst im Laufe des Lebens selbst angelegt hat.

Wenn du dich im Rhythmus zur Musik bewegst, werden Glückshormone ausgeschüttet, Endorphine und Dopamine, welche nicht nur super Laune machen und einen Einfluss auf dein Selbstwertgefühl haben. Durch die Bewegung bekommst du auch ein besseres Körpergefühl, mentaler Stress und körperliche Anspannung können sich lösen und ein kleines Tänzchen im Alltag kann sich sogar unmittelbar auf deine Lebenszufriedenheit auswirken und die Selbstakzeptanz fördern.

Du brauchst dir das Tanzen noch nicht einmal in einem Kurs angeeignet zu haben, denn die rhythmische Bewegung ist ein natürlicher Ausdruck der Göttin in dir, der gelebt werden möchte – völlig frei von Normen und Konventionen. Tanzen ist eine tolle Möglichkeit, dich mit deiner Weiblichkeit, mit deinem Schoßraum, zu verbinden. So wie unzählige Generationen von Frauen vor dir. Mit Tänzen wird von jeher das Leben gefeiert, der Regen, die Fruchtbarkeit, Lust und Selbstliebe zelebriert.

Lara (34), Mutter von Jakob (6)

*Als Kind habe ich unheimlich gerne getanzt, aber dann nicht mehr …
In Teenie-Zeiten fühlte ich mich immer beobachtet, habe mich geschämt,
noch bevor ich überhaupt die Tanzfläche betreten hatte. Alles in mir
krampfte sich zusammen, weil ich dachte: Da sind all diese anderen,
die mich sehen. Und dann machen sie sich lustig über mich, weil ich
beim Mich-Bewegen kein Rhythmusgefühl habe, hölzern und unsicher
herumzapple.*

*Als mir dann im Club auch noch eine Latina mit ihren schwingenden
Hüften riet, ich solle das Tanzen besser unterlassen, war mein Trauma
komplett: Ich verweigerte einmal sogar den Tanz mit meinem Sohn auf
der Faschingsparty, so tief saßen meine Selbstzweifel.*

*Meine beste Freundin wusste von meinem Dilemma und nahm mich
vor etwa einem Jahr mit zum freien Tanzen. 5 Rhythms, nannte sich das
– Larissa verkaufte mir das Ganze als irgendwas mit Musik und Rhythmus. Sie weiß, wie gerne ich trommle, und damit hatte sie mich schnell
geködert. Erst vor Ort verstand ich, dass es gar nicht ums Trommeln,
sondern ums Tanzen ging. Alles in mir schnürte sich zu vor Angst.*

*Im ersten Moment war ich sauer, doch als ich Larissa ansah, erkannte
ich, dass es eine Intrige aus Liebe gewesen war. Also beschloss ich, die
Augen zu schließen, die anderen komplett auszublenden und mich
meinem Trauma zu stellen.*

*Da passierte es: Ich vergaß meine Angst – und dann kamen Be-
wegungen, von denen ich wirklich nicht weiß, wer sie mir jemals beigebracht hat! Tränen der Freude rannen mir über die Wangen, denn
ich spürte, dass diese riesige Wunde aus meiner Jugend dabei war, sich
zu schließen. Alles fühlte sich leicht, frei und einfach an und floss wie
von selbst.*

Karina (28), Mutter von Leo (5)
*Tanzen ist mein Wundermittel gegen Stress und schlechte Laune. Das
Beste ist aber für mich, dass ich es auch mit meinem Sohn zusammen
machen kann. Wann immer ich merke, dass ich seelische Belastungen
abschütteln muss, Bewegung brauche oder mich nach ein wenig mehr
Lebensfreude sehne, schalte ich meine Empowerment-Playlist an und*

los geht's.

Oft reichen mir schon ein paar Minuten nach dem Aufstehen aus, um positiver in den Tag zu starten, auch alltägliche Aufgaben im Haushalt wie z. B. Kochen oder Putzen werte ich manchmal mit einem kleinen Tänzchen nebenbei auf. Wenn ich mit Leo gemeinsam tanze, blödeln wir manchmal richtig rum: Wir machen lustige Dance-Moves, packen uns an den Händen und drehen uns so lange, bis uns schwindelig wird und wir vor Lachen umfallen.

Ich finde, Tanzen ist eine super Sache, die jeder im Alltag einbauen kann und die mich wirklich mit mir selbst (und meinem Kind) verbindet.

Es gibt viele verschiedene Arten des freien Tanzens – und viele Orte, wo du dich im Tanz kreativ ausdrücken kannst. Das Faszinierende am freien Tanz ist die Interaktion mit den anderen Tanzenden: Jeder ist in seiner eigenen Welt unterwegs – und dennoch treffen sich die Welten immer mal wieder, um sich gegenseitig zu bereichern. 🌷

Yin und Yang – Schlafen, Nichtstun und Müßiggang

Schlaf, Mama, schlaf ...

Schlaf bzw. Schlafmangel ist vermutlich eines der schwierigsten Themen im Zusammenhang mit Mutterschaft. Es gibt zwar nur wenige Studien zu diesem Thema, aber man muss sich meist nur im eigenen Bekanntenkreis umhören, um festzustellen, dass viele Eltern, insbesondere die von kleineren Kindern, nicht auf die für Erwachsen empfohlenen sechs bis neun Stunden Schlaf pro Nacht kommen. Die einen werden von den eigenen Kindern wachgehalten, die anderen vom Bedürfnis, wenigstens ein paar Stunden am Abend ganz für sich allein zu haben. Oder aber es ist das Gedankenkarussell, das die Nachtruhe verhindert, weil es sich immerfort um die To-dos des nächsten Tages, Sorgen um die Kinder oder Probleme im Job dreht.

Ohne ausreichend Schlaf sind ganz schnell die Akkus leer und nichts geht mehr. Wir kommen mental nicht mehr zur Ruhe, können nicht mehr unsere volle Leistung abrufen, werden launisch, vergesslich oder sogar depressiv. Selbst auf unser Immunsystem wirkt es sich aus, wenn wir nicht genug Schlaf bekommen. Was also tun?

Eines vorweg: Es gibt keine pauschalen Lösungen. Jede Mutter ist unterschiedlich und jedes Familienmitglied hat ein anderes Schlafbedürfnis. Auch hier gilt es wieder, das Thema ganzheitlich zu betrachten und zu schauen, wo die individuellen, bedürfnis-orientierten Lösungen für dich und deine Familie liegen können.

Wenn Schlafmangel oder Schlafprobleme ein Thema für dich sind, kannst du dir zunächst einmal ein paar grundsätzliche Fragen stellen:

- Woran liegt es, dass ich zu wenig Schlaf bekomme?
- Wann bekomme ich zu wenig Schlaf?
- Was wäre der Idealzustand?
- Was kann ich tun, um einen kleinen Schritt weiter in Richtung Idealzustand zu gehen?

Je nachdem, welche Antworten du dir selbst auf diese Fragen gegeben hast, kannst du versuchen, selbst Lösungen für dich zu suchen oder dich ggf. an einen Experten (Schlafcoach, Ärztin, Therapeutin, Achtsamkeitstrainer etc.) wenden.

Im Folgenden möchten wir auf einige Möglichkeiten eingehen, welche dir helfen können, in puncto Schlaf gut für dich zu sorgen.

Ansprüche runterschrauben

Für Mütter von Babys und Kleinkindern sind unruhige Nächte der Normalzustand. Wenn unsere Kleinen noch nicht zuverlässig durchschlafen, kann das schon mal ganz schön am Nervenkostüm kratzen. Daher ist es wichtig, dass wir uns bewusst machen, dass es a) nur eine Phase ist, die vorübergeht, und wir b) Möglichkeiten haben, auf die Situation zu reagieren.

Es kann helfen, die Glaubenssätze bezüglich unseres eigenen Schlafes oder des Schlafverhaltens unserer Kinder unter die Lupe zu nehmen. Viele Mütter werden vor lauter Überforderung oder Schlafmangel wütend, wenn das Kind nicht so schläft, wie sie es gerne möchten, weil sie dann selbst nicht so zur Ruhe kommen, wie sie es eigentlich brauchen.

Manchmal sind es aber auch nur unsere Ansprüche, die uns aggressiv oder frustriert werden lassen: Muss mein Kind wirklich durchschlafen können, nur weil andere es in diesem Alter vielleicht tun? Muss es im eigenen Bett/Zimmer schlafen, damit ich ruhig schlafen kann? Muss es um die von mir gewählte Uhrzeit schlafen, auch wenn es noch nicht müde ist, damit ich meinen wohlverdienten Feierabend habe? Muss ich selbst abends lange wach bleiben, um wenigstens noch ein bisschen Me-Time zu bekommen?

Auf viele dieser oder ähnlicher Fragen lautet die Antwort: Nein. Wenn du akzeptierst, dass dein Kind so ist, wie es ist, fällt es manchmal leichter, sich zu entspannen und die Situation zu nehmen, wie sie ist bzw. alternative Lösungen zu finden. Wenn du selbst ruhiger bist, überträgt sich das meistens auf das Kind und auch du selbst kannst ohne Wut im Bauch begleiten, entspannen und einschlafen. Vielleicht kannst du sogar von deinem Anspruch loslassen, die Nacht durchzuschlafen oder eine bestimmte Anzahl an Stunden Nachtschlaf zu bekommen.

Vicky (32), Mutter von Annalena (8) und Simon (11)

*Die Kids mit im eigenen Bett zu haben, war für mich, als sie klein
waren, total in Ordnung. Doch irgendwann habe ich den Punkt ver-
passt, an dem es für mich nicht mehr stimmig war. Die nächtlichen
Geräusche im Familienbett, immer mal wieder eine Hand oder ein Fuß
im Gesicht – es stresste mich einfach. Ich litt unter Schlafmangel und
war tagsüber oft genervt, wenn die Kinder zum Kuscheln kamen. Seit
ich mir erlaube, nachts meinen eigenen Raum einzunehmen, indem ich
mich aus dem Familienbett ausquartiert habe, schlafe ich wesentlich
besser und ruhiger, bin tagsüber auch ausgeglichener und viel mehr
zum Kuscheln und auf Nähe ausgelegt als vorher, wo mir einfach alles
zu viel war.*

Viele Kleinkinder geben uns tagsüber, wenn sie Mittagsschlaf
halten, die Gelegenheit, auch ein Nickerchen zu machen. Wenn
das Baby schläft, du aber gerade keinen Schlaf brauchst, okay.
Aber wenn es schläft und du dir denkst: *Ach, ist das verlockend,
sich danebenzulegen, aber die Küche sieht aus … Ich kann nicht!* Lass
die Küche Küche sein und nimm die Einladung des Babys an,
gemeinsam mit ihm zur Ruhe zu kommen! Die Küche ist später
immer noch da – und lässt sich ausgeschlafen viel leichter in
Ordnung bringen. Und wenn sie mal ein paar Tage chaotisch
aussieht, bringt das auch keinen um.

Es ist wissenschaftlich erwiesen, dass Nickerchen die
Frustrationstoleranz und Ausdauer steigern. Ein kleiner
Powernap nach dem Mittagessen kann zwar nicht in vollem
Maße dein Schlafdefizit ausgleichen, hilft aber dabei, mit
besserer Laune und mehr Energie durch den Tag zu kommen.

Falls du z. B. weißt, dass dein Kind gewöhnlich eine Stunde
schläft, und es dir schwerfällt, diese ganze «gewonnene» Zeit
mit Schlafen zu verbringen, kannst du auch 30 Minuten schlafen
oder dösen und 30 Minuten etwas anderes tun.

Wenn das mit dem Schlaf tagsüber aus welchen Gründen auch immer nicht geht, probiere es mit ein paar Minuten Nichtstun mit geschlossenen Augen, optimalerweise verbunden mit tiefem und bewusstem Atmen (siehe Seite 163). Schon allein der kurze Fokus nach innen, selbst im Sitzen oder Stehen, hilft, um Energie zu tanken.

Schlafqualität verbessern

Du hast als Mutter höchstwahrscheinlich nicht immer Einfluss darauf, wann und wie lange du schläfst. Wenn du jedoch Einschlafprobleme am Abend hast, kannst du zumindest einiges dafür tun, es dir gemütlich zu machen und deine Schlafqualität zu verbessern. Hier einige Ideen dazu:

- Abends hin und wieder mit dem Kind schlafen gehen (oder zumindest zu einer Uhrzeit, die dir ausreichend Schlaf ermöglicht, bevor dein Kind das erste Mal aufwacht), auch wenn das bedeutet, weniger Zeit für anderes zu haben.
- Im Schlafzimmer einen Wohlfühlort mit gutem Schlafklima schaffen (schöne Bettwäsche, dunkle Vorhänge/Rollos, regelmäßig lüften, kein Elektrosmog, kein Schreibtisch, der an Arbeit erinnert).
- Einschlafrituale (Lavendelbad am Abend, Einschlafmeditation, Atemübungen, drei Dinge aufzählen, für welche du heute dankbar warst)
- Keine aufregenden Nachrichten / Instastories / generell Screentime direkt vorm Einschlafen
- Einige Zeit vor dem Zubettgehen eine To-do-Liste für den nächsten Tag erstellen, um die Gedanken daran, dass du etwas vergessen könntest, aus dem Kopf zu bekommen.

Aufgabenteilung

Grundsätzlich gilt auch bei diesem Thema, dass wir Mütter uns Hilfe suchen dürfen, wenn es viele Stunden an Schlaf nachzuholen gibt. Wenn du in einer Beziehung lebst, sollte es möglich sein, dass du dir die Nachtschichten mit deinem Partner teilst oder ggf. ein fairer Ausgleich geschaffen wird (z. B. im Wechsel: Einer kann nachts durchschlafen, der andere kann die verpassten Stunden am frühen Morgen nachholen o. Ä.).

Alternativ ist es denkbar, dass ihr einen Babysitter engagiert, um am Tag einige Stunden am Stück schlafen zu können. Vielleicht kommt es auch infrage, dass du dich mit anderen Eltern mit der Kinderbetreuung abwechselst, damit einer von euch die Gelegenheit hat, ein Stündchen in Ruhe zu schlafen.

Das süße Nichtstun oder sich Auszeiten gönnen

Kannst du das, nichts tun? Oder ruft die innere Antreiberin, weil noch so viele Dinge auf der To-do-Liste stehen?

Es ist gar nicht so leicht, bewusst und mit innerer Ruhe untätig zu sein. Sich dem Nichtstun zu ergeben und dadurch im Sein aufzugehen, das funktioniert bei den meisten von uns nicht von heute auf morgen, aber wir können es lernen – z. B. durch aufmerksames Beobachten:

Wenn du dich im Nichtstun übst und dabei bemerkst, dass du nervös wirst, das Gedankenkarussell sich um Dinge dreht, die gerade nicht wichtig sind, dir aber trotzdem nicht aus dem Kopf gehen, oder wenn du sogar im Stillen mit dir schimpfst und dich gleich wieder zum Tun verleiten lassen willst, gilt es erst einmal, diese Stimmen in dir einfach nur wahrzunehmen und da sein zu lassen.

Für einige ist bereits das eine riesige Herausforderung. Gerade als Mutter haben wir ja ständig das Gefühl, immer irgendetwas erledigen zu müssen und gar nicht hinterherzukommen. Wenn die innere Kritikerin laut wird, darfst du dich daran erinnern, wie wichtig es ist, ab und an den Pause-Knopf zu drücken. Und das nicht erst dann, wenn deine Energie bereits vollständig aufgebraucht ist.

Manchmal wird die Unruhe in solchen Momenten vielleicht so groß werden, dass du nicht umhinkannst, der inneren Antreiberin nachzugeben. Ein andermal schaffst du es, sie meckern zu lassen, während du im Nichtstun verweilst. Es geht nicht darum, möglichst lange abzuschalten, sondern ein Bewusstsein für die Problematik zu entwickeln und dir immer öfter zu erlauben, dem Nichtstun zu frönen und deine Selbstwahrnehmung zu schulen. Und mit der Zeit sollte es dir tatsächlich leichter fallen, eine Weile einfach nur zu *sein*.

Solltest du merken, dass es dir wirklich sehr schwerfällt, kleine Pausen zu machen, kannst du in solchen Momenten auch auf ein paar Tricks zurückgreifen:

- Stelle dir einen Timer auf fünf Minuten (die Zeit kannst du mit jedem Mal erhöhen) und versuche, diese kurze Zeitspanne «auszuhalten». Irgendwann wird es dir mit Sicherheit gelingen, von diesem festen zeitlichen Rahmen wegzukommen.
- Fokussiere dich ganz auf deinen Atem: Beobachte dich ein paar Minuten beim tiefen Ein- und Ausatmen.
- Konzentriere dich auf deinen Körper, fühle dich in jeden Bereich deines Körpers ein, vom Kopf bis zu den Zehenspitzen. Ist der Nacken verspannt? Sind die Füße warm oder kalt? Zeigen sich irgendwo Schmerzen oder ein Kribbeln?
- Suche dir ein gemütliches Plätzchen und beobachte, wie die Wolken am Himmel vorüberziehen.

Wenn du dich auf das Sein einlässt, liegt dein Fokus automatisch auf dem Hier und Jetzt, während du, wenn du dich mit dem Tun beschäftigst, auf ein bestimmtes Ziel hinarbeitest.

Sobald wir uns aus der zweckorientierten Struktur lösen und uns dem reinen Sein widmen, betrachten wir die Zeit nicht mehr als ökonomische Ressource, in der wir möglichst produktiv sein müssen. Dennoch können wir durchaus im Sein etwas (z. B. auch Aktivitäten wie Malen etc.) tun – der Unterschied ist, dass es beim Tun aus dem Sein heraus nicht mehr darum geht, etwas zu erreichen, sondern etwas absichtslos zu machen – oder eben auch nichts zu tun.

Pausen bei der Arbeit

Auch im Job solltest du nicht auf kurze Auszeiten verzichten, selbst wenn noch viel zu tun ist und dich vielleicht sowieso ein schlechtes Gewissen plagt, weil du z. B. früher gehst als manche. Du musst nicht erst auf den nächsten Urlaub warten, um dich ein wenig zu erholen.

Wann es Zeit für eine Pause ist, spürst du oft über dein Körpergefühl: Du ertappst dich dabei, dass du dich nicht mehr konzentrieren kannst, schweifst gedanklich ab, lässt dich von deinem Handy ablenken. Eventuell meldet sich ein Hungergefühl, der Rücken schmerzt, du hast Lust, dich zu bewegen, oder sehnst dich nach frischer Luft.

Wenn du solcherlei Anzeichen bei dir beobachtest, ist es Zeit, dich kurz auszuklinken. Den Arbeitsplatz verlassen, im Hof oder am Fenster tief durchatmen, dir eine leckere Bowl oder einen Smoothie im Café nebenan genehmigen, oder einfach nur ein paar Minuten im Bürostuhl sitzen und die Augen schließen – es tut so gut, dir im Arbeitsalltag immer wieder kleine Auszeiten für dich zu gönnen. Selbst wenn es nur zehn Minuten sind. Manchmal sind es gerade diese Momente, von denen du den ganzen Tag zehrst und die in ihrer Gesamtheit dazu führen, dass du dich zufriedener fühlst, weil du dir etwas Gutes getan hast.

Danach bist du oft viel ausgeglichener und kannst mit frischem Elan deine Aufgaben bewältigen.

Kinderfreie Momente

Sich Pausen zu gönnen, schließt auch gelegentliche Pausen von den eigenen Kindern ein. Manchmal helfen schon ein paar Minuten, aber auch ein Wochenend-Retreat ganz für dich allein ist absolut legitim – je nach Bedarf und Möglichkeit.

Yvonne (36), Mutter von Emily (5) und Johann (6)

Früher habe ich mich schon allein beim Gedanken daran, in meiner Freizeit etwas ohne meine Kinder zu machen, richtig schlecht ge-fühlt. Damit ich als Alleinerziehende überhaupt ausreichend für meine Kinder sorgen konnte, verbrachten sie schon sehr früh viel Zeit bei der Tagesmutter. Wenn wir am späten Nachmittag alle wieder zu Hause waren, plagte mich mein schlechtes Gewissen: Ein Teil von mir redete mir ein, dass ich die Kinder jetzt schon lange genug abgeschoben hatte und das deshalb kompensieren sollte, indem ich den restlichen Tag mit ihnen spielte. Gleichzeitig gab es so viel im Haushalt zu tun. Wie sollte ich beides schaffen? Ich fühlte mich permanent unter Druck. Wenn ich ehrlich war, wollte ich weder etwas mit den Kindern machen noch schon wieder in der Wohnung herumwerkeln. Ich wollte einfach nur meinem Bedürfnis nach Rückzug nachgeben, aber es ging nicht, weil ich mich verantwortlich dafür fühlte, es den Kindern möglichst schön zu machen, wenn wir zusammen waren. Aber gerade durch diesen ganzen Druck, den ich mir selber aufbaute, eskalierte es ständig.

Erst durch meine Therapeutin begriff ich in aller Tiefe, dass ich nicht nur für meine Kinder, sondern auch für mich selbst verantwortlich bin und mir deshalb auch Auszeiten zugestehen darf.

Sobald ich jetzt merke, dass «negative» Emotionen mich packen, erlaube ich mir, mich rauszunehmen. Dann schalte ich den Kids im Kinderzimmer auch mal ihr Lieblings-Hörspiel ein und genieße ein paar Momente des Mit-mir-Seins. Die Kinder haben durchaus Verständnis dafür, wenn ich ihnen sage: «Mir geht es gerade nicht gut. Ich kann im Moment nicht so für euch da sein, wie ich es mir wünsche. Deshalb muss ich mal kurz ein paar Minuten ins andere Zimmer.» Sie wissen, dass ich im Anschluss wieder mehr Kapazitäten habe, um mit ihnen zu spielen.

Die Balance finden zwischen Ruhe und Aktivsein

Es kann sein, dass dich das Nichtstun, das Schlafen oder die Ge-
mütlichkeit immer mehr lockt – und das ist wunderbar so. Denn
es schlägt sich auch positiv auf unsere Selbstliebe nieder, wenn
wir uns erlauben können, auch die ruhigen Phasen genießen zu
können und nicht nur die aktiven. Wir brauchen beides, Yin und
Yang, Ruhe und Aktion, Bewegung und Ausruhen, Anspannen
und Entspannen. Und wir dürfen darauf achten, uns beides zu
gönnen, um ausgeglichen zu sein. Auch wenn du die Balance
nicht immer komplett oder nicht dauerhaft findest, so kannst du
zumindest dadurch, dass du beide Seiten lebst, mehr Achtsamkeit und Mitgefühl für dich selbst entwickeln. 🌼

Meditation und bewusstes Atmen

Einfach mal bewusst tief durchatmen, das ist eine der
effektivsten und nachhaltigsten Entspannungsmethoden,
ebenso wie Meditation. Bei der Meditation kann der Atem im
Vordergrund stehen, muss aber nicht. Im Laufe dieses Buches
gehen wir auf einige Entspannungstechniken und Aktivitäten
ein, die meditative Elemente beinhalten. Yoga zum Beispiel.
Oder alles, was dich durch eine stetige Wiederholung in einen
Zustand der inneren Ruhe bringt, z. B. Joggen, spazieren gehen,
backen, basteln, malen.

In diesem Kapitel widmen wir uns der passiven Meditation,
also dem, was wir klassischerweise unter Meditation verstehen:
Ganz bei dir sein und bei dem, was du gerade machst. Dem
Erreichen eines Zustandes der inneren Stille, der durch das
bewusste Steuern deiner Aufmerksamkeit auf das Hier und Jetzt
(meist unter Einbezug der Atmung) erlangt wird.

Viele Mütter glauben, dass Meditationen nichts für sie sind:
«Dauert zu lange, dafür habe ich keine Zeit», «Ich kann mich

nicht so lange konzentrieren», «Ist mir zu esoterisch und ich glaube nicht, dass es etwas bewirkt», so ein paar Meinungen, wie sie uns in unserem Freundeskreis begegnet sind. Tatsächlich brauchst du aber weder viel Zeit noch muss dein Verstand auf Hochtouren arbeiten, um sich zu konzentrieren, und mit spirituellem Hokuspokus hat Meditation auch wenig zu tun. Ihre Superkräfte sind sogar neurowissenschaftlich belegt: Sie kann dir helfen, Stresssymptome schneller zu erkennen und dein Stresslevel senken, zu einem niedrigeren Schmerzempfinden führen, deinen Blutdruck senken, die Zellalterung verlangsamen, dein Immunsystem stärken, dich bei Heilungsprozessen unterstützen, dir helfen, Gefühle zu regulieren, Ziele zu visualisieren und negative Verhaltensmuster durch positive zu ersetzen – um nur einige positive Effekte zu nennen.

Bei allen Meditationsarten geht es darum, die Stille in dir zu finden, den Ort, an dem der Stress, die Ängste und Sorgen aufhören, weil die Gedanken zur Ruhe kommen. Dadurch erhalten Gelassenheit, Ruhe, Harmonie, innere Balance, Frieden und Achtsamkeit Einzug. Du fühlst dich liebevoll verbunden, nicht nur mit dir selbst, sondern mit allem, was ist.

Das kann auch für die Mutter-Kind-Beziehung von großem Vorteil sein. Vielleicht unterstützt dich z. B. eine regelmäßige Meditationspraxis darin, deine eigenen Bedürfnisse und die deines Kindes besser wahrzunehmen. Vielleicht hilft sie dir, in Stresssituationen reflektierter zu sein, ruhiger auf dein Kind eingehen zu können und generell in bewussterem Kontakt mit deiner Familie zu sein.

Geführte Meditationen

Wenn du dich noch nie mit Meditation beschäftigt hast, ist es am Anfang vielleicht hilfreich, mit geführten Meditationen zu starten. Dafür kannst du dir in deinem Wohnort einen Kurs suchen. Alternativ findest du auch im Internet zahlreiche geführte Meditationen für Anfängerinnen zu unterschiedlichen Themen – von der kurzen Morgenmeditation bis hin zur langen Tiefenentspannung für gestresste Mütter.

Lass dich von deinem Instinkt zu einem Lehrer leiten, der dir sympathisch ist. Sei achtsam, ob die Stimme und die Energie des Menschen, der dich führt, mit dir in Resonanz gehen und dir ein gutes Gefühl geben. Wenn du spürst, dass eine Stimme oder Vorgehensweise dich eher aggressiv macht, statt dich zu entspannen, solltest du lieber nach einer anderen Person weitersuchen.

Übung: Selbst meditieren

Wenn du Lust hast, selbst zu experimentieren, gibt es dafür viele verschiedene Möglichkeiten. Grundsätzlich darfst du auf dein Gefühl vertrauen und musst dich nicht an feste Regeln halten.

Wenn du gar keine Ahnung hast, wie du es angehen sollst, kann dir die folgende grobe Vorgehensweise dabei helfen, eine eigene Meditationspraxis zu entwickeln:

- Finde möglichst einen Zeitpunkt (z. B. morgens kurz nach dem Aufstehen) und Zeitraum (z. B. zehn Minuten), welche sich für dich stimmig anfühlen.
- Suche dir einen Ort, an dem du dich wohlfühlst und der dich inspiriert. Du kannst ihn auch so gestalten, dass er die meditative Atmosphäre unterstützt (z. B. mit einem bequemen Meditationskissen, beruhigender Musik, schönen Blumen, inspirierenden Sprüchen, Räucherstäbchen, einer Duftkerze etc.)
- In welcher Position du meditierst, spielt eigentlich keine Rolle. Liegen, sitzen, knien, stehen – was auch immer für dich stimmig ist. Die meisten Anfängerinnen fühlen sich in einer sitzenden Haltung (z. B. im Schneidersitz oder Lotussitz) wohl, egal ob auf einem Kissen oder einem Stuhl. Hauptsache, du machst es dir bequem und kannst

eine Weile in der gewählten Position verharren. Wichtig ist, dass du darauf achtest, dass dein Rücken und deine Wirbelsäule aufgerichtet sind.

- Nun kannst du die Augen schließen und den Blick leicht nach unten senken.
- Konzentriere dich auf deinen Atem. Spüre, wie du ein- und ausatmest. Vielleicht fühlst du dich am Anfang auch wohl dabei, beim Ein- und Ausatmen mitzuzählen (z. B. fünf Atemzüge durch die Nase ein und fünf Atemzüge durch den Mund aus).
- Wenn Gedanken aufkommen, lass sie wie Wolken an dir vorbeiziehen. Lenke deinen Fokus zurück auf die Atmung.
- Wenn sich ein Atemrhythmus eingestellt hat und du spürst, wie sich die Gedanken beruhigt haben, bist du bereits in einem meditativen Zustand. Führe ihn so lange fort, wie es dir angenehm und möglich ist.
- Wenn du bereit bist, öffne langsam wieder die Augen, komme wieder in deinem Zimmer an und strecke dich kurz.

Sollte es dir schwerfallen, zur Ruhe zu kommen, kannst du dich auch noch mal fragen, ob es gerade überhaupt Ruhe ist, nach der du dich sehnst. Wie bereits an verschiedenen Stellen vorher bemerkt, ist es auch möglich, dass du gerade stattdessen mehr Aktivität brauchst.

Joy:
Bevor ich schlafen gehe, mache ich dieses meditative Ritual: Ich schicke Liebe an die Menschen und Seelen, die mir gerade besonders nah sind – und erinnere mich bei einigen bewussten, tiefen Atemzügen daran, dass auch ich geliebt, gehalten und getragen werde. Von mir selbst – und von wem auch immer. Mit diesem Spüren von Liebe kann ich gut und leicht einschlafen.

Übung: Umgebungs-Achtsamkeitsmeditation

Am einfachsten kannst du durch Meditation zur Ruhe kommen,
indem du dich auf etwas fixierst, was sowieso schon da ist, aber
normalerweise nicht lange deine Aufmerksamkeit bekommt.
Zum Beispiel kannst du einige Minuten eine Kerzenflamme beobachten und dabei einfach ruhig atmen. Alternativ kannst du
auch einen anderen Gegenstand oder aber auch ein lebendiges
Wesen nehmen: einen Käfer, einen Stein, ein Stück Moos. Der
fokussierte Blick hilft dir, eine ganz neue Perspektive einzunehmen, Dinge zu entdecken, zu denken oder zu fühlen, die du
so noch nicht erlebt hast.

Oder aber du gehst nicht über den Sehsinn, sondern fokussierst
dich auf die Geräusche, die dich umgeben. Ja, richtig, es muss
nicht immer ruhig sein, damit du meditieren kannst. Wenn
du nicht in einem schalldichten Raum bist, wird es immer Geräusche geben. Kinderlärm, das Summen des Computers, das
Tropfen des Wasserhahns, der laute Rasenmäher deines Nachbarn, Vogelgezwitscher. Irgendetwas hörst du immer und du
kannst die Geräusche sogar bewusst in deine Meditation einladen, dich ein paar Minuten mit geschlossenen Augen darauf
konzentrieren und ein- und ausatmen. Tauchen in Bezug auf die
Geräusche bestimmte Gedanken oder Emotionen auf? Bist du
vielleicht wütend, enttäuscht oder fühlst dich gestört? Bemerke
die Empfindungen, die sich dir zeigen, und lass sie einfach da
sein. Manchmal verschwinden auf diese Weise auch Widerstände. Trotz des Lärms im Außen können wir durch die achtsame Präsenz und Akzeptanz dessen, was gerade ist, im Innen
Stille einziehen lassen.

Übung: Körper-Achtsamkeitsmeditation

Viele geführte Meditationen fokussieren sich auf die Herzgegend.
Aber vielleicht hast du ja auch Lust, etwas zu experimentieren
und dir ein anderes Körperteil auszusuchen, mit dem du

dich einmal verbinden möchtest. Gerade ein Körperteil, dem wir sonst nicht so viel Bedeutung beimessen, hat manchmal sehr spannende Dinge zu erzählen – bzw. mag in dir bei der Meditation sehr interessante Gefühle und Erkenntnisse wachrufen.

Joy:

Ich erinnere mich, dass ich einmal eine Brustmeditation von Osho gemacht habe. Das war seltsam: Die Frauen sollten sich mit geschlossenen Augen und bei tiefem Ein- und Ausatmen mehrere Minuten lang auf ihre Brust fokussieren – nicht auf eine Seite, sondern zeitgleich auf beide, ohne zu werten, ohne etwas zu wollen. Das sollte so lange passieren, bis sich etwas shiftete in der Wahrnehmung. Und auch wenn das Fokussieren auf die Brüste erst mal etwas merkwürdig klingt, so war es doch eine meiner spannendsten Meditationserfahrungen. 🌷

Affirmationen

Wenn du eine neue Übung ausprobierst, kannst du dich ihr gleich hingeben? Oder gehörst du zu den Zweiflerinnen, die sich erst einmal fragen, ob sie überhaupt einen Effekt haben wird? So geht es tatsächlich ganz vielen Menschen. Wir alle sind Gewohnheitstiere und alles, was sich nicht sofort großartig anfühlt, stellen wir schnell infrage.

Aber echte Veränderung – gerade auf emotionaler Ebene – braucht Zeit und vor allem Wiederholung. Wusstest du, dass wir eine neue Routine etwa 30 Mal wiederholen müssen, bis sie uns in Fleisch und Blut übergeht? Egal, was du in diesem Buch an Inspiration für mögliche Morgenroutinen, Rituale oder Übungen mitnimmst, um dich auf dich und deine Selbstliebe zu fokussieren, denke immer daran, Geduld mit dir selbst zu haben und nicht sofort «Erfolge» zu erwarten.

«Gibt es denn kein schnelles Mittel zu mehr Selbstliebe?», wirst

du dich vielleicht fragen? Jein. Es gibt Dinge, die uns schneller
stärken, und solche, die länger brauchen. Zur ersten Kategorie
gehören die Affirmationen.

Was sind Affirmationen?

Das lateinische Wort «affirmare» bedeutet so viel wie «bekräftigen», «versichern» oder «behaupten». Und tatsächlich tun
diese kleinen, selbstbejahenden «Behauptungen» auch genau
das: Sie bekräftigen dich, indem sie dich darin unterstützen,
deine Gedanken und damit auch deine Gefühle und letztlich
sogar dein Handeln zu verändern. Stell dir einfach vor, du
könntest das, was du über dich selbst denkst, umprogrammieren
– vom Negativen ins Positive. Dafür ist keine Veränderung der
äußeren Umstände notwendig. Du darfst schlicht und einfach
den Mut haben, anders über dich und deine Situation zu denken
und diese positiven Sätze, die es zu formulieren gilt, in regelmäßigen Abständen wiederholen. Niemand muss davon wissen,
dass du dich deiner selbst positiv rückversicherst, kein anderer
wird deine Affirmationen anzweifeln oder kritisieren, denn hier
geht es nur um dich und um dein Bild von dir selbst. Wie sieht
das nun in der Praxis aus?

Für jede die passende Affirmation

Affirmationen sind etwas sehr Individuelles. Je nachdem,
welches Thema für dich gerade relevant ist, können sich deine
persönlichen Sätze ganz stark von den hier genannten Bei-
spielen unterscheiden. Auch deine Entwicklung und wie viel
du dir selbst zutraust, können bei der Ausformulierung deiner
Affirmationen eine Rolle spielen.

Kirsten:

*Ich hatte während der Familienplanung, aber auch nach der Geburt
immer wieder ein Problem mit dem Thema Freiheit. Schon allein die
Entscheidung für ein Kind fiel mir nicht gerade leicht, weil ich immer*

viel und weit gereist war, meine Freizeit – ob als Single oder mit Partner – immer so gestaltete, wie ich wollte, und mir auch im Beruf eine größtmögliche Freiheit und Unabhängigkeit erarbeitet hatte. Bereits wenige Monate nach der Geburt meiner Tochter beschäftigte mich immer wieder die Frage, was nun als Mutter überhaupt noch möglich wäre – ein Gefühl des Gefangenseins machte sich breit. Damit einher ging ein Schuldgefühl, wie ich dazu kam, mich, obwohl ich gerade das größte Geschenk meines Lebens erfahren durfte, an manchen Tagen so schlecht zu fühlen.

Je mehr ich versuchte, die lauter werdende Stimme «Ich bin unfrei» zu ignorieren, desto mehr schien sie sich in meinem Körper zu manifestieren. Verspannungen und Unbehagen machten sich breit. Irgendwann wurde die Anspannung so groß, dass ich die Notbremse zog und mir eine kurze Auszeit in Form eines verlängerten Wochenendes im Yoga-Retreat ohne Mann und Kind in Portugal buchte. Vor Ort waren meine körperlichen Verspannungen so stark, dass ich bezweifelte, überhaupt an den morgendlichen Sessions teilnehmen zu können. Glücklicherweise stieß ich bei meiner Yogalehrerin, selbst Mutter von zwei Töchtern, auf großes Verständnis. Und nicht nur das. Als ausgebildete Osteopathin und Körpertherapeutin bot sie mir an, sich meinen Körper einmal genauer anzusehen, um mir nach der Behandlung mitzuteilen, dass genau die Körperregionen angespannt seien, in denen sich Schuld manifestiere. Sie riet mir, mich in den nächsten Tagen nochmal ganz bewusst mit mir selbst auseinanderzusetzen und besonderen Fokus auf dieses Thema zu legen.

Da fiel mir ein, dass ich früher schon einmal mit Affirmationen gearbeitet hatte, was ich aber im letzten Jahr sehr vernachlässigt hatte. Da ich bereits wusste, dass sie mir in der Vergangenheit geholfen hatten, mentale Blockaden zu lösen und positivere Gedanken in mein Leben zu holen, nahm ich mir einen Morgen Zeit, um die negativen Sätze anzusehen, die in den letzten Wochen so präsent gewesen waren: «Du bist unfrei», «Du musst jetzt so leben, wie es für die Familie am besten ist», «Du packst das alles nicht»... wollten umformuliert werden und in Form von positiven Affirmationen Einzug in mein Leben erhalten.

Aus «Du bist unfrei» wurde ein erleichterndes «Du kannst trotz Kind über vieles frei entscheiden», aus «Du musst jetzt so leben, wie es für die Familie am besten ist» ein befreiendes «Ich erlaube mir, mein Leben so zu gestalten, dass es mir gefällt und damit gut geht» und aus «Du packst das alles nicht» ein «Ich tue das, was ich jetzt gerade leisten kann».

In den nächsten Wochen wiederholte ich meine drei Affirmationen jeden Tag nach dem Aufstehen mehrere Male und bemerkte tatsächlich, dass es mir immer leichter fiel, meine neue Rolle anzunehmen. Auch die Verspannungen bauten sich langsam ab.

Finde deine eigenen Affirmationen

So individuell, wie wir alle als Mütter sind, so individuell sind auch die Themen, mit denen wir uns schwertun und die wir mit Hilfe von Affirmationen angehen können. Vielleicht stellst du deine Kompetenzen als Mutter generell infrage oder du haderst mit deiner beruflichen Karriere. Vielleicht ärgerst du dich darüber, dass du nicht dein volles Potenzial lebst, dass du nicht genug für die Umwelt und die Zukunft deiner Kinder tust, eine zickige Partnerin bist oder gar keinen Partner hast, nicht mehr so super aussiehst wie noch vor ein paar Jahren, zu wenig Energie hast oder, oder, oder. Alles darf sein und für alle damit verbundenen negativen inneren Stimmen lassen sich positive finden, die dir helfen, deine Gedanken, Gefühle und dein Handeln umzuprogrammieren.

An einem Beispiel: Wenn du dich oft infrage stellst, dir aber mehr Vertrauen in dich selbst und deine Fähigkeiten wünschst, fühle in dich hinein und frage dich, wann du in der Vergangenheit gute Entscheidungen getroffen hast, die zeigen, dass du deinem Gefühl vertrauen kannst. Anschließend kannst du schauen, welche Affirmation daraus entstehen mag, z. B. «Ich darf mir selbst vertrauen».

Es ist wichtig, dass sich deine Affirmation für dich richtig anfühlt, damit sich nicht jedes Mal Zweifel melden, wenn du sie wiederholst. Wenn du z. B. zum jetzigen Zeitpunkt nicht besonders an dich glaubst, dann wird es dir möglicherweise noch schwerfallen, ein klares «Ich bin selbstbewusst» auszusprechen. Das musst du auch gar nicht. Suche stattdessen eine Formulierung, mit der du dich besser anfreunden kannst, die ein gutes Gefühl in dir auslöst, auch wenn sie vielleicht erstmal nur einen kleineren Schritt in die richtige Richtung bedeutet. Ein «Ich darf täglich selbstbewusster werden» hat den gleichen Effekt. Fühl dich außerdem frei, sie jederzeit anzupassen.

Affirmationen können dich aufmuntern, wenn es dir nicht so gut geht. Gerade an Tagen, an denen du mit dir haderst, mag dir deine ganz persönliche Bekräftigung helfen, deine Energie zu steigern und dich zuversichtlicher werden zu lassen.

Besonders schön ist, dass Affirmationen nicht viel Zeit in Anspruch nehmen. Während andere Übungen ein gewisses Setting oder mehr Vorbereitung erfordern, reichen für Affirmationen fünf Minuten am Tag aus. Es ist egal, ob du sie dir still oder laut vorsagst oder sie aufschreibst und immer wieder liest. Alternativ lassen sich Affirmationen auch mit einer Diktier-App aufnehmen und sind dann abrufbar, wann auch immer du sie brauchst.

Übung: Eigene Affirmationen entwickeln

1 Schließe die Augen. Atme tief ein und aus. Fühle in dich hinein. Was ist es, was du dir wünschst? Wer möchtest du sein? Was willst du dir gerne erlauben? Welche Worte brauchst du, um dich selbst zu stärken?

2 Schreibe nun so viele Affirmationen, wie du möchtest, auf ein Blatt Papier. Du kannst sie z. B. mit den Worten «Ich bin …», «Ich darf …» oder «Ich glaube daran, dass …» beginnen.

3 Sprich deine Affirmationen einmal laut aus und höre in dich hinein. Fühlen sie sich gut an?

4 Stört dich noch etwas? Ist dir eine Bekräftigung noch nicht stark genug oder sogar zu stark? Kaufst du sie dir selbst ab? Versuche, deine Affirmation so lange anzupassen, bis sie für dich stimmig ist.

5 Am Ende schreibst du alle für dich richtigen und wichtigen Affirmationen auf ein Blatt Papier oder in ein schönes Buch.

6 Wiederhole deine Affirmationen regelmäßig, so oft, wie es dir guttut. ❀

Rituale

Die lieben Gewohnheiten:
Bewusster Umgang mit Ritualen

Familienrituale sind so unterschiedlich wie die Familienmitglieder selbst – und oft so selbstverständlich, dass du sie noch nicht einmal auf Anhieb benennen könntest, wenn dich jemand fragt, welche Rituale es bei euch gibt.

Vielleicht feiert ihr den Übergang von einer Jahreszeit zur anderen, vielleicht gibt es ein spezielles Ritual, mit dem ein Familienfest immer auf die gleiche Art begangen wird? Möglicherweise sprecht ihr vor jedem Essen einen Tischspruch, lest vor dem Einschlafen eine Gutenachtgeschichte, macht ein Abschiedsritual für jeden Milchzahn oder heißt die Menstruation eurer Tochter auf eine bestimmte Art und Weise willkommen. Einige Mamas feiern ihre Schwangerschaft mit einer Blessingway-Zeremonie oder nehmen sich jeden Morgen ein paar Minuten Zeit, den Tag mit einem leckeren Guten-Morgen-Tee und einer kleinen Meditation zu begrüßen. Es gibt sowohl zyklische Rituale, die in einem bestimmten Turnus immer wieder stattfinden und jedes Mal auf ähnliche Weise gehandhabt werden, als auch solche, die sich nur auf ein spezielles Lebensereignis, wie z. B. die Geburt, eine Hochzeit oder den Eintritt in eine neue Lebensphase, beziehen.

Dieses Kapitel ist eine Einladung, dich einmal bewusst mit Gewohnheiten zu beschäftigen, einerseits bewährte Rituale zu feiern und neue Rituale zu erschaffen und andererseits nicht mehr dienliche Gewohnheiten hinter dir zu lassen.

Rituale als Anker

Rituale können dabei helfen, uns Halt und Schutz zu geben, denn das Gewohnte, das Altbewährte hat etwas Vertrautes, Entspannendes, fast schon Automatisch-Beruhigendes. Nicht zuletzt deshalb beginnen viele Eltern mit der Geburt ihrer Kinder, Routinen einzuführen oder alte Familientraditionen wiederzubeleben.

Hier möchten wir dir Impulse für ein paar weitere Rituale geben, die dir dabei helfen können, gute Gewohnheiten zu etablieren. Einige stärkende Rituale haben wir in diesem Buch an anderer Stelle bereits vorgestellt (vgl. z. B. das vorhergehende Kapitel Affirmationen).

Übung 1: Neumondritual

Der Mond (oder die Mondin) ist das Symbol für Weiblichkeit und hat für viele etwas Mystisches. Neumond ist die Zeit, zu der man sagt, dass Wünsche, die ins Universum geschickt werden, besonders leicht in Erfüllung gehen können. Dazu braucht es nicht einmal großes Wissen über die verschiedenen Mondphasen, sondern es reicht, wenn du weißt, wann der nächste Neumond ist. Du musst auch nicht notwendigerweise ans Universum oder etwas Höheres glauben. Vielleicht nimmst du den Neumond

einfach als zeitlichen Anker, um dir einmal im Monat bewusst
zu machen, was du in dein Leben einladen möchtest.

1. In der Zeitqualität um Neumond herum (also direkt zu
   Neumond oder in den Folgetagen, wann auch immer du
   dazu kommst), setz dich mit einem Notizbuch an einen
   ruhigen, ungestörten Ort und komm zur Ruhe. Schließ
   gerne die Augen, leg eine Hand aufs Herz und atme ein
   paar Mal tief durch.

2. Wenn du dich mit deinem Inneren verbunden fühlst,
   schreibe deine aus dem Herzen fließenden Wünsche
   (man sagt etwa bis zu zehn Stück) aufs Papier. Der «Be-
   stellung ans Universum» sind keine Grenzen gesetzt. Was
   wünschst du dir in deinem Leben (insbesondere für den
   nächsten Zyklus)? Achte darauf, dass du deine Intentionen
   positiv und unmissverständlich formulierst (z. B. statt «Ich
   möchte mich nicht mehr hin- und hergerissen fühlen»
   formulierst du «Ich wünsche mir mehr Klarheit»).

3. Wenn deine Liste vollständig ist, lies dir die einzelnen
   Punkte der Reihe nach noch einmal durch. Fühle dich
   nacheinander in jeden einzelnen Wunsch ein, spüre die
   Dankbarkeit, die sich einstellen würde, wenn sich der
   Wunsch erfüllt hätte. Oder anders: Stell dir einfach vor,
   dass er schon erfüllt ist, und spüre, wie dankbar du für
   diese Erfüllung bist – auch wenn die Umsetzung in der
   Realität vielleicht noch ein wenig dauert. Man sagt, dass
   ein Wunsch, der mit Dankbarkeit gefühlt wird und mit
   dem Wissen, dass er auf einer anderen Ebene schon erfüllt
   ist – nämlich auf der Ebene der kosmischen Bestellungen
   – gar nicht anders kann, als sich irgendwann auch auf
   unserer materiellen Ebene zu manifestieren. Zumindest
   dann, wenn die Energie beim Wünschen eine gewisse

Zuversicht und ein gewisses Urvertrauen ausstrahlt. Ist das nicht von Anfang an gegeben, auch nicht schlimm, denn: Wünschen darf gelernt sein.

4 Falls du noch etwas ergänzen möchtest, tu das. Danach lege das Notizbuch beiseite und falls dir danach ist, hole es ggf. immer mal wieder hervor, um dich liebevoll daran zu erinnern, was du dir gerade mehr in deinem Leben wünschst.

5 Wenn du möchtest, sieh um den nächsten Voll- oder Neumond herum nach, welchen Wünschen du ein wenig näher gekommen bist bzw. welche sich vielleicht sogar bereits erfüllt haben. Es ist oft erstaunlich, was in kurzer Zeit passieren kann, und manchmal auch ein bisschen magisch.

6 Wenn es sich stimmig anfühlt, gehe auch hier in die Dankbarkeit für all das, was sich bereits verändert oder erfüllt hat.

Übung 2: Das Stimmungsbarometer

Joy:
Diese Übung ist eine Erfindung meiner kleinen Tochter. Eines Tages kam sie zu mir und überreichte mir ihr selbstgebasteltes Stimmungsbarometer, was sich ganz leicht nachmachen lässt.

1 *Überlege dir einige Grundstimmungen, die du näher beleuchten möchtest. Meine Tochter hatte sich für mich vier Grundstimmungen überlegt: glücklich, in der Liebe, traurig und wütend. Jede Grundstimmung bekommt in einer selbstgemachten Liste eine eigene Spalte. Mini hatte jede Grundstimmung mit entsprechenden Smileys bildlich illustriert. Jedes Mal, wenn* *ich mich in der entsprechenden Stimmung befand, bekam diese einen Strich auf der Liste. Das sollte ich so lange fortführen, bis bei einer Stimmung das Blatt voll mit Strichen war.*

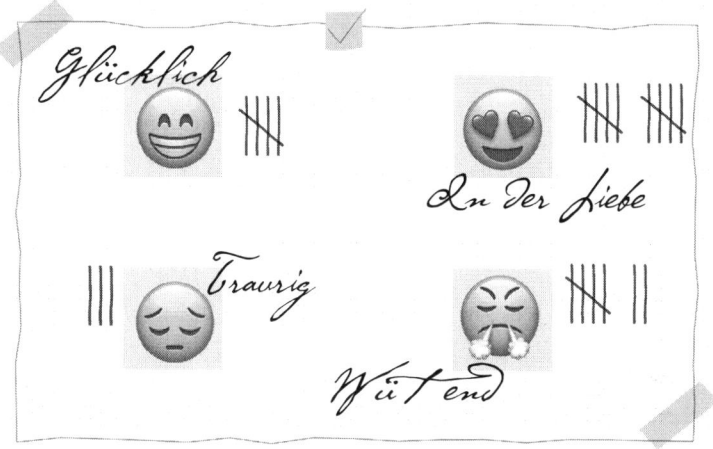

2 *Das war es schon. Nun kannst du deine eigenen Stimmungen nachvollziehen – z. B. als tägliches Abendritual – oder natürlich auch mehrmals am Tag, immer dann, wenn dir bewusst wird, in welcher Stimmung du dich befindest / befunden hast.*

3 *Es geht nicht darum, dass du versuchen sollst, bestimmte Stimmungen öfter zu erreichen, sondern darum, wertneutral wahrzunehmen, welche Stimmungen dich oft begleiten. Ich bin gespannt, inwieweit dir die Übung meiner Tochter hilft, dich selbst mit deinen Emotionen bewusster und liebevoller wahrzunehmen.*

Dankbarkeit

Dankbarkeit ist ein einfaches Mittel, mit dem du deine Energie schnell anheben, deine Laune verbessern und einen positiven Shift in deinem Leben bewirken kannst. Weg vom Mangel, weg vom Negativen, weg von dem, was nicht perfekt ist, hin zu dem, was bereits gut ist und rund läuft. Es ist wissenschaftlich bewiesen, dass Dankbarkeitsrituale nicht nur spiritueller Quatsch sind, sondern einen realen, positiven Effekt auf dein Leben haben können: Dankbarkeit sorgt u. a. dafür, dass du dich glücklicher, optimistischer, gesünder, ausgeglichener, motivierter, entspannter, selbstbewusster und mit dir und der Welt verbundener fühlst. Dankbarkeit vermag es, Depressionen zu mildern, lässt Gefühle von Neid verfliegen und hilft uns, das, was wir als selbstverständlich ansehen, wieder mehr wertzuschätzen. Dankbarkeit ist ein guter Helfer auf dem Weg hin zu mehr Fülle.

Dankbarkeit im Alltag

Es gibt viele Möglichkeiten, Dankbarkeit in dein Leben zu integrieren. In Form von Ritualen oder indem du im Alltag deinen Fokus auf das Positive richtest. Wenn du etwa in einem bestimmten Lebensbereich einen Mangel empfindest, z. B. denkst «Ich verdiene nicht genug Geld», konzentriere dich stattdessen auf einen Gedanken, der dich sofort besser fühlen lässt, etwa «Ich bin dankbar, dass ich es mir leisten kann, jeden Tag mein Lieblingsmüsli zu frühstücken».

Es gibt so viele kleine Dinge, für die wir dankbar sein können: Unseren Lieblingsmusiker, die Frühlingssonne, einen Kitaplatz, einen liebevollen Partner, mit dem wir unser Leben verbringen dürfen, das glückliche Lachen unseres Kindes, eine dicke Winterjacke, die uns warm hält, ein Fahrrad, mit dem wir schneller von A nach B kommen, eine Freundin, mit der wir unsere Sorgen teilen können etc. Die Liste ist schier endlos.

Das Dankbarkeitstagebuch

Ein besonders schönes und einfaches Ritual ist es, jeden Abend drei Dinge aufzuschreiben, für die du an diesem Tag dankbar warst. Dafür eignet sich ein hübsch designtes

Dankbarkeitstagebuch – oder du benutzt einfach ein ganz
normales Notizbuch (welches du natürlich auch selbst nach
deinen Vorstellungen gestalten kannst). Studien konnten belegen, dass eine schriftliche Dankbarkeitspraxis die Lebensfreude und das Wohlbefinden der Versuchspersonen steigerte.[16]

Dieses Ritual lässt sich in mündlicher Form auch wunderbar
zusammen mit deinen Kindern ausüben: Vor dem Einschlafen
darf jedes Familienmitglied noch einmal den Tag Revue
passieren lassen und sagen, was heute besonders schön war.

Diese Aufzählungen helfen nicht nur, sich an die schönen
Momente zu erinnern und mit einem guten Gefühl im Bauch ins
Bett zu gehen, sondern schaffen auch Bindung zwischen Eltern
und Nachwuchs.

Dankbarkeit aussenden

Es tut gut, wenn man nicht nur sich selbst Dankbarkeit zukommen lässt, sondern auch den Menschen, die uns umgeben.
Es klingt absurd, aber wenn wir anderen gegenüber unsere
Liebe und Dankbarkeit ausdrücken, fühlen wir uns auch selbst
geliebter. Es gibt verschiedene Varianten, diese Übung in die Tat
umzusetzen:

- Überlege z. B. vor dem Zubettgehen, für welche Menschen
  in deinem Leben du aktuell dankbar bist. Sende ihnen
  einfach still gute Wünsche wie «Danke, dass es dich gibt.
  Möge es dir immer gut gehen.»

- Eine andere Idee ist, deine Wertschätzung der anderen
  Person gegenüber auch wirklich mitzuteilen. Das tun
  wir nämlich viel zu selten, obwohl es für alle Beteiligten
  Balsam für die Seele ist: Sende nach dem Treffen mit einer
  guten Freundin eine Handy-Nachricht mit einer liebevollen
  Botschaft, z. B. «Es ist schön, dass es dich gibt. Danke für
  die wunderbare Zeit mit dir.» Auch eine Postkarte oder ein

Brief eignet sich perfekt, um netten Menschen ab und zu ein bisschen Liebe zukommen zu lassen. Vielleicht schreibst du ein paar wertschätzende Zeilen an die fürsorgliche Kita-Erzieherin oder den verständnisvollen Lehrer deiner Kinder? Oder einen Brief an deinen Partner, weil er der beste Papa der Welt und immer um dein Wohl besorgt ist? Vielleicht teilst du deinem Vater in der nächsten Geburtstagskarte mit, wie dankbar du bist, dass er da ist.

Je mehr Dankbarkeit du praktizierst, desto leichter wird es dir fallen, dich auf die guten Dinge im Leben zu konzentrieren.

Marianna (45), Mutter von Paula (9) und Luca (14)
Mein Lieblingsritual für mehr Selbstliebe? Ich gehe jeden Freitag nach der Arbeit auf dem Weg nach Hause in meinen Lieblingsblumenladen und beschenke mich selbst mit ein paar schönen Schnittblumen. Damit bedanke ich mich bei mir selbst für all das, was ich die Woche über geschafft habe. Jedes Mal, wenn ich die Blumen auf dem Wohnzimmertisch stehen sehe, freue ich mich. Über die intensiven Farben, die besondere Blütenform und auch über die Schönheit des Lebens generell. Des Lebens, das ich für mich und meine Familie erschaffen habe.

Rituale überprüfen, ändern, loslassen

Bei Ritualen gilt: Alles kann, nichts muss. Wenn ein Ritual mal nicht stattfindet, weil jemand zu müde ist oder keine Lust hat, dann ist das vollkommen in Ordnung. Rituale sind dazu da, Halt zu geben, auf eine sanfte, lockere Weise. Sobald du spürst, dass ein Ritual mit Druck verbunden ist, darfst du das zum Anlass nehmen, es zu hinterfragen, ggf. anzupassen oder ganz zu streichen. Ein Ritual darf sich gut, richtig und leicht anfühlen, wie automatisch passieren, aber doch gleichzeitig zu mehr Bewusstsein einladen.

Es muss auch nicht immer etwas bewusst Wiederkehrendes sein – auch ganz banale, automatisch ablaufende Gewohnheiten können hinterfragt und abgewandelt werden, einfach, um sich selbst ein wenig von den eigenen starren Routinen zu lösen. Die Zahnpasta mit der anderen Hand aus der Tube drücken, mal auf der anderen Bettseite schlafen, einen alternativen Arbeitsweg wählen. Minimale Gewohnheitsbrüche helfen uns, wieder flexibler zu werden und uns mehr und mehr von unseren eigenen Erwartungshaltungen zu lösen.

Der bewusste Umgang mit Ritualen hilft uns einerseits, Vertrauen in unseren von Gewohnheiten wie auch von Überraschungen geprägten Alltag zu bekommen. Andererseits ermöglicht er uns, flexibler zu werden, weil wir durch mehr Bewusstsein in Bezug auf Rituale auch lernen, mehr auf uns zu achten. 🌸

Loslassen

Der Rucksack, den wir ständig mit uns herumtragen, ist vollgepackt mit Dingen, die uns oft nicht mehr dienlich sind: Manchmal handelt es sich dabei um veraltete Anschauungen oder hinderliche Glaubenssätze, manchmal auch um Sachen oder Menschen, die uns nicht mehr guttun und die wir trotzdem in unserem Leben behalten. Es gibt so vieles, was wir nicht loslassen möchten – und oft ist uns noch nicht einmal bewusst, dass wir überhaupt an irgendetwas festhalten. Das hat auch etwas damit zu tun, dass uns Bekanntes ein Stück weit Sicherheit gibt und es vielen Menschen Angst macht, ihre Komfortzone zu verlassen und etwas in ihrem Leben zu verändern.

Doch wenn wir nicht loslassen, kann es sein, dass wir immer mehr Ballast anhäufen, statt Platz für etwas Neues zu schaffen. Wenn du spürst, dass es an der Zeit ist, Altes zu verabschieden und ein wenig Gewicht von deinen Schultern zu nehmen, mag dir dieses Kapitel ein paar Impulse geben.

Loslassen von Dingen

Spätestens seit Aufräumberaterin Marie Kondo ihren Bestseller gelandet hat, ist das Loslassen von Dingen in aller Munde. Die Beschäftigung mit Minimalismus kann dir helfen, dich energetisch neu auszurichten. Oft halten wir an Dingen fest, die längst ausgedient haben, weil wir unsere innere Leere damit füllen, Angst vor Veränderung haben oder mit ihnen wertvolle Erinnerungen an die Vergangenheit verbunden sind, die wir gerne behalten möchten.

Tatsächlich fällt das Loslassen wesentlich leichter, wenn wir uns nicht auf den vermeintlichen Verlust, also das Weggeben, konzentrieren, sondern uns dem Thema auf positive Weise widmen, wenn wir fragen: Was darf bleiben?

Die KonMari-Methode erfreut sich mit Sicherheit so großer Beliebtheit, weil sie die Frage «Does it spark joy?» (zu Deutsch: «Löst es Freude in mir aus?») zu einer zentralen im Ausmistungsprozess macht. Macht mich die Halskette, die mein Exfreund mir vor 15 Jahren auf dem Flohmarkt in Paris gekauft hat, noch happy? Falls nicht, darf ich mich für die schöne Zeit bedanken und sie gehen lassen. Erfüllt mich der Gipsabdruck meines Schwangerschaftsbauches mit Freude, wenn ich ihn im Keller liegen sehe? Ja? Dann darf er bleiben. Vielleicht kreiere ich sogar endlich ein Kunstwerk daraus und gebe ihm einen präsenteren Ort. Der Schlüssel ist wirklich, bei jedem Gegenstand hineinzufühlen und zu schauen, welche Emotionen sich regen.

Auch ein Loslassen in Etappen ist denkbar. Wenn du gemischte Gefühle dabei hast, den ersten selbstgetöpferten Aschenbecher deines Kindes wegzuwerfen, obwohl du seit Jahren nicht mehr rauchst, bewahrst du ihn vielleicht erst einmal eine Weile in einer Kiste mit der Aufschrift «unentschieden» auf und schaust beim nächsten Frühjahrsputz noch mal genauer hin.

Victoria (39), Mutter von Clara (4)

Einmal im Jahr sortiere ich meinen Kleiderschrank aus. Dafür mache ich drei Stapel: Auf den einen kommen alle Dinge, die ich liebend gerne anziehe und mit denen ich mich richtig gut fühle. Auf den nächsten kommen die Klamotten, die ich nicht ganz so häufig trage, aber die ich trotzdem mag, weil sie sich gut kombinieren lassen, praktisch sind oder auch spezielle Teile, die ich gerne öfter tragen möchte. Auf den dritten Stapel packe ich die Kleidung, die ich schon ewig nicht mehr getragen habe, weil ich mich z. B. nicht gut darin fühle, sie nicht mehr (zu mir) passt oder ein Fehlkauf war. Die ersten beiden Stapel kommen zurück in meinen Kleiderschrank, den dritten Stapel verkaufe ich und gönn mir von dem Geld ein besonders schönes Teil oder spende die Kleider an Hilfsorganisationen.

Diese Praxis hat mein Bewusstsein dafür geschult, mit welchen Farben, Schnitten und Materialien ich mich wohlfühle. Mein Konsumverhalten ist dadurch nachhaltiger geworden, weil ich weniger kaufe, was ich nicht wirklich mag oder brauche. Und noch dazu gibt es den netten Nebeneffekt, dass ich mir mit dem Erlös der aussortierten Stücke selbst oder anderen Menschen etwas Gutes tue.

Wie so oft gibt es kein Richtig oder Falsch, sondern allenfalls Impulse, denen wir folgen dürfen. Viele Menschen berichten davon, dass das Loslassen von Dingen sie regelrecht aufatmen lässt und Platz schafft für bedeutungsvollere Dinge, die nicht immer materieller Art sein müssen.

Glücksforscher haben herausgefunden, dass es wesentlich zufriedener macht, weniger Dinge zu besitzen, die wir dafür gerne und viel nutzen, statt vieler Dinge, die in der Ecke herumstehen oder uns als «Fehlkäufe» jedes Mal, wenn wir sie sehen, daran erinnern, wie viel Geld wir unnötig ausgegeben haben.

Minimalismus zu leben, ist eine Möglichkeit, symbolisch mit der Vergangenheit aufzuräumen, dich daran zu erinnern, dass du viel weniger brauchst, als du vielleicht bisher dachtest.

Gleichzeitig wird dir deutlich, was du zwar nicht unbedingt brauchst, aber trotzdem willst. Das, was du willst, ist Teil deiner Persönlichkeit und es darf dich so lange begleiten, wie es sich für dich stimmig anfühlt.

Hinderliche Gedanken loslassen

Bestimmte Rituale und Methoden können dir auch beim Loslassen hinderlicher Gedanken helfen. Sie geben dir Raum, um dir darüber bewusst zu werden, welchen mentalen Ballast du mit dir herumschleppst und wie du ihn verabschieden kannst.

Ein Beispiel: Vielleicht bist du wie viele Mütter traurig oder wütend, weil du meinst, dass dein Partner dich nicht genug liebt, wenn er dich im Alltag mit den Kindern nicht so entlastet, wie du es eigentlich brauchst. Du trägst allerlei Glaubensmuster in dir, die besagen, was er besser wissen oder machen müsste, was er tun sollte, um dir zu zeigen, dass er dich wirklich liebt. Tatsächlich können wir aber meistens nicht beeinflussen, wie unser Gegenüber sich verhält (auch wenn es im Zusammenhang mit gleichberechtigter Elternschaft in vielen Familien durchaus Handlungsbedarf gibt).

Eine sehr gute Methode, um die besagten Glaubensmuster zu hinterfragen und dich ggf. von belastenden Gedanken und Gefühlen zu befreien, ist die Methode «The Work» von Byron Katie. Es handelt sich dabei um ein paar simple Fragen und die Umkehrung deines Glaubenssatzes. Mit oft enormer Wirkung.

Übung: «The Work» von Byron Katie

Am Anfang der Übung steht dein stressverursachender Gedanke/Glaubenssatz, z. B. «Mein Partner liebt mich nicht genug.»

Bezüglich dieses Gedankens stellst du dir nun folgende Fragen:

1 Ist es wahr? In unserem Beispiel also: «Ist es wahr, dass mein Partner mich nicht liebt?» (Ja oder nein? Wenn du mit «Nein» antwortest, kannst du direkt mit 3. weitermachen.)

2 Kannst du mit absoluter Sicherheit wissen, dass das wahr ist? «Kann ich mit absoluter Sicherheit wissen, dass mein Partner mich nicht liebt?» (Fühle tiefer in dich hinein und antworte erneut mit «Ja» oder «Nein».)

3 Wie reagierst du, wenn du diesen Gedanken glaubst? «Was macht es mit mir, wenn ich glaube, dass mein Partner mich nicht liebt?» (Welche Gefühle kommen in dir hoch? Wie behandelst du dich selbst und andere, wenn du deinem Gedanken glaubst?)

4 Was wärst du ohne den Gedanken? «Wie würde es mir gehen, wenn ich den Gedanken hinter mir lassen könnte, dass mein Partner mich nicht liebt?» (z. B. «Ohne den Gedanken fühle ich mich geliebter.» oder «Wir hätten weniger Streit und könnten unsere Zeit als Paar mehr genießen.»)

Nun geht es darum, deinen Gedanken auf kreative Weise umzukehren und zu schauen, was passiert. Oft kommt es in diesem Teil zu Aha-Erlebnissen.

Kehre den Gedanken um, z. B. wird daraus nun «Mein Partner liebt mich genug», «Ich liebe meinen Partner nicht genug» etc. Überprüfe auch, wie wahr sich diese Gedanken für dich anfühlen.[17]

Wenn du möchtest, bilde einen neuen, positiven Glaubenssatz, z. B. «Mein Mann liebt mich viel mehr, als ich dachte, denn er geht jeden Tag arbeiten und verzichtet auf Zeit mit den Kindern, damit es uns allen finanziell gut geht.»

185

Menschen loslassen

Es kann sein, dass das Loslassen alter Glaubenssätze auch dazu führt, plötzlich Dinge zu erkennen, die du dich vorher schlicht nicht getraut hast zu denken oder laut auszusprechen. Viele von uns fürchten sich vor dem Loslassen, weil wir glauben, dass es zur Folge hat, alles zu verlieren.

Nehmen wir mal an, du hast im Beispiel oben erkannt, dass nicht dein Partner dich nicht genug liebt, sondern du ihn nicht genug liebst. Diese Erkenntnis hat große Auswirkungen für die ganze Familie, wenn du dir wirklich erlaubst, von der Vorstellung abzulassen, dein Leben mit dem Vater deiner Kinder zu verbringen. Es ist gewiss nicht leicht, auch solche Gedanken zuzulassen, sich nicht schuldig dafür zu fühlen und Konsequenzen zu ziehen.

Tatsächlich gibt es beim Loslassen auch etwas zu verlieren (im Beispiel oben kann ich vielleicht meinem Ideal von einer intakten Familie nicht länger entsprechen, möglicherweise verliere ich meine finanzielle Sicherheit oder gemeinsame Freunde und habe Angst davor, alleinerziehend zu sein). Loslassen ist nicht immer sofort angenehm. Aber auf längere Sicht gesehen, haben wir mehr davon, wenn wir das, was uns nicht mehr dient, ziehen lassen – egal, ob es sich dabei um unser zu klein gewordenes Lieblingskleid handelt oder auch etwas ganz Drastisches, wie einen Menschen, der fester Bestandteil unseres Alltags ist. Meistens verlieren wir dabei nichts so, wie wir anfänglich meinen. Die schönen Erinnerungen mit meinem Lieblingskleid bleiben und ich habe endlich Platz im Schrank, um mir ein richtig tolles neues Teil zu kaufen, das mit seinem modernen Schnitt und hochwertigen Wohlfühlmaterial meine Persönlichkeit von heute viel besser unterstreicht.

Die Beziehung zum Vater meiner Kinder darf sich verändern, wird vielleicht sogar entspannter als je zuvor. Nach einer Zeit der Trauer und Verarbeitung bin ich möglicherweise in einer neuen Beziehung viel erfüllter.

Einen Menschen loszulassen, heißt ja auch nicht zwangsläufig, dass du dadurch jegliche Verbindung mit ihm kappst. Im Gegenteil: Oft durchtrennt ihr lediglich die negativen Bande, die euch bislang aneinandergefesselt haben. Alles Positive, all die Wertschätzung, die euch ggf. verbindet, kann weiterhin bestehen bleiben.

Kontrolle vs. Loslassen

Die Königsdisziplin des Loslassens ist die, nicht mehr alles in deinem Leben kontrollieren zu wollen. Einfach mal im Hier und Jetzt leben und darauf vertrauen, dass du alle Fähigkeiten mitbringst, um mit verschiedenen Situationen umgehen und sie positiv für dich gestalten zu können.

Das ist für viele, insbesondere auch für viele Mütter, schwierig. Wir meinen, wenn wir die Kontrolle über alles haben, dann ist das Risiko kleiner, schlechte Erfahrungen zu machen. Wir wollen verhindern, dass wir oder unsere Lieben leiden, uns und unseren Kindern Enttäuschungen, Niederlagen, Schmerz oder Verletzungen ersparen.

Wir hoffen, wenn wir nur genug kontrollieren, auch «negative» Gefühle (Angst, Wut, Trauer, Schuld etc.) vermeiden zu können. Genau das ist aber nicht möglich. Natürlich können wir Gefahrenquellen minimieren, wir können uns auf Situationen vorbereiten, indem wir auch mal einen negativen Ausgang in Gedanken durchspielen oder uns Kenntnisse aneignen, um möglichst flexibel und kompetent auf alles reagieren zu können. Wir sollten uns aber auch damit anfreunden, dass es menschlich ist, dass wir verschiedene Erfahrungen im Leben machen und positive wie auch negative Emotionen durchleben.

Kontrolle abgeben heißt, zu akzeptieren, dass wir in unserem Leben unterschiedlichen Gefühlen begegnen werden. Wir können weder alles vorausplanen noch beeinflussen, sondern nur darauf vertrauen, dass wir handeln können, wenn etwas nicht so läuft, wie es unserer Idealvorstellung entspricht.

Das kann uns von vielen Sorgen (oft Horrorszenarien, die nur in unseren Gedanken existieren und niemals eintreten werden) befreien. So ist es uns möglich, uns besser auf den Moment zu konzentrieren und auf das, was aktuell gut ist.

Christina (32), Mutter von Lara (6)

Als Lara klein war, habe ich mir ständig Sorgen gemacht. So wie wahrscheinlich viele Mamas am Anfang. Man liebt ja sein Kind so sehr und möchte unter keinen Umständen, dass ihm etwas passiert. Fast jede Situation stellte für mich eine potenzielle Gefahr dar: Kann sie sich an einem Stück Apfel verschlucken? Ist sie warm genug angezogen? Ist sie in der Krippe gut aufgehoben? Was, wenn sie vom Klettergerüst fällt oder sich mit der Schere ein Auge aussticht? Dementsprechend habe ich oft eingegriffen, ihr vieles verboten und ständig «Pass auf, das ist gefährlich!» gesagt. Damit habe ich oftmals ihren Entdeckergeist unterbunden oder sie stark verunsichert, was mich dann selbst traurig gemacht hat.

Mir war klar, dass ich meine Ängste loslassen muss, wenn ich möchte, dass mein Kind sich frei entwickelt und Selbstvertrauen gewinnt. Das war ein längerer Prozess: Ich musste mir meine Ängste eingestehen (obwohl ich nie eine ängstliche Mutter sein wollte), sie annehmen und Schritt für Schritt auflösen.

Irgendwann begreift man, dass man als Mutter einfach nicht alles kontrollieren kann und vertrauen muss, dass das Kind macht, womit es sich sicher fühlt (und ich manchmal nicht).

Ich versuche durchzuatmen, offen zu bleiben und mir zu sagen: «Lass sie ihre eigenen Erfahrungen machen! Und wenn doch etwas schiefgeht, dann bist du für sie da.»

Ich glaube, das hat mir selbst und meiner Tochter ein Stück Freiheit zurückgegeben. Freiheit für mehr Leichtigkeit in unserem Leben. 🌸

Leichtigkeit:
Dem guten Gefühl folgen

Das Leben ist – so scheint es – voller Zufälle. An den un-
wahrscheinlichsten Orten treffen wir Menschen, mit denen wir
uns verbunden fühlen, in den ausweglosesten Situationen kommt
unerwartet Hilfe und Probleme verschwinden über Nacht, einfach, weil wir sie ziehen lassen. So kann es laufen, wenn wir
mit uns selbst verbunden sind. Denn eine enge, liebevolle Verbindung zu uns selbst zieht mit Leichtigkeit wie von Zauberhand
wunderbar-passende Situationen und Menschen in unser Leben.

Die Motivationsrednerin Esther Hicks geht davon aus, dass jeder
Mensch über einen inneren Kompass verfügt, der uns genau sagt,
wo wir hinlaufen müssen – nämlich in die Richtung, wo sich ein
gutes Gefühl zeigt. Wann immer wir daran denken, können wir
uns zwei einfache Fragen stellen: «Macht es Spaß?» und «Ist es
leicht?» Die Antworten auf die Fragen vermögen uns einen Hin-
weis darüber zu geben, welche Richtung wir einschlagen sollen.
   Wenn wir diese Fragen oder eine davon verneinen müssen,
Widerstand spüren, z. B. in Form eines unguten Bauchgefühls,
kann das ein Indikator dafür sein, dass wir eine andere Entscheidung treffen sollten bzw. uns wieder dem zuwenden
dürfen, was sich gut und leicht anfühlt.

Meistens wissen wir vom Verstand her ziemlich genau, was
wir wollen – und haben konkrete Pläne, wie wir das, was wir
möchten, erreichen können. Wir verbeißen uns in der Umsetzung, tun alles dafür, dass es läuft, nur um dann festzustellen, dass gar nichts funktioniert oder es sich am Ende nicht
so befriedigend anfühlt, wie wir dachten.
   Unsere wahren Wünsche sind uns hingegen manchmal gar
nicht bewusst, denn sie verbergen sich hinter einem Berg an
Hürden, den wir im Laufe der Zeit angesammelt haben. Die

Gesellschaft, unsere Eltern, unsere Freunde, das ganze vom Patriarchat geprägte Kollektiv – all das hat uns immer wieder ein Bild davon vermittelt, wie wir zu sein haben – auch als Mutter.

Wenn wir öfter unser Herz befragen, unserer Intuition vertrauen und den unserem inneren Kompass entsprechenden Weg wählen, steigt die Chance auf ein Leben, das sich leicht und glücklich anfühlt.

Intuition oder Angst?

Vielleicht gehörst du zu denjenigen, die jetzt denken: «Ist ja schön und gut. Aber woher weiß ich, ob die innere Stimme nun meine Angst oder meine Intuition ist?»

Am Anfang ist es nicht leicht, Angst und Intuition zu unterscheiden. Gerade in den Momenten, in denen wir schnell Entscheidungen treffen müssen, fühlen wir uns oft gestresst und unter Druck, was es schwierig macht, intuitiv zu handeln. Wie an anderer Stelle bereits erwähnt, erfordert es eine gewisse Atmosphäre der Ruhe und Gelassenheit, um unserer Intuition und unseren Körperempfindungen zu lauschen. Im emotionalen Chaos ist es wahrscheinlicher, dass wir aus der Angst heraus reine Verstandsentscheidungen treffen.

Ein guter Rat ist, dir in einer solchen Situation unmittelbar ein paar Sekunden zu gönnen, um zur Ruhe zu kommen und in dich hineinzuhorchen, bevor Konditionierungen und Glaubenssätze dazwischengrätschen: Nimm einige tiefe Atemzüge. Gibt es ein Gefühl? Zieht sich dein Körper bei dem Gedanken an etwas zusammen oder bist du entspannt?

Wenn die Angst sich einschaltet, erkennt man das oft daran, dass wir uns Entscheidungen mit dem Verstand erklären: «Ich entscheide mich dagegen, mich mit meinen gestrickten Kinderpullovern selbstständig zu machen, weil es schon genügend Leute gibt, die gut stricken.» Oder: «Es ist zu spät, Gitarre zu lernen, weil ich zu alt dafür bin.»

(Du kannst dich auch fragen: Setzt hier die Angst ein, weil ich
mich vor etwas schützen möchte, z. B. davor, mich zu blamieren,
mein Gesicht vor anderen zu verlieren, vor finanziellem Verlust,
Krankheit, Ärger mit der Chefin, Streit mit meinem Kind …)

Spricht die Intuition, können wir manchmal nur sagen, ob
sich etwas richtig oder falsch anfühlt, ohne weiter erklären zu
können, warum.

Möglicherweise hilft es dir auch, einmal mit einer Körperübung
in die Möglichkeiten hineinzufühlen.

Übung: Entscheidungen fühlen

1 Schließe die Augen und atme einige Male tief durch.

2 Denke an eine Situation, in der du eine Entscheidung
treffen möchtest, aber dir die Wahl schwerfällt (z. B.: «Soll
ich mein Kind zur Tagesmutter oder in die Kita geben?»
oder «Bin ich bereit, wieder in Vollzeit zu arbeiten – oder
bleibe ich lieber in Teilzeit?»).

3 Wähle nun in Gedanken eine der Möglichkeiten, die dir
zur Verfügung stehen, und fühle dich in die zukünftige
Situation ein. Wie geht es dir dabei? Welche Signale gibt
dir dein Körper? Fühlt sich die Option gut oder schlecht
an? Gibt es genauere Hinweise deines Körpers? Spüre
einige Sekunden genau hin. Das reicht schon aus.

4 Wende dich dann der nächsten Option zu und fühle dich
wieder für ein paar Sekunden ein. Was sagt dein Bauchgefühl dazu, was dein ganzer Körper?

Kreativität: Ausdruck deiner ureigenen Energie

Kreativität verbinden viele Menschen mit Kunst oder innovativen Ideen. Das ist aber nur ein kleiner Teil, denn eigentlich bedeutet Kreativität viel mehr als das: Etwas auf die Welt zu bringen, das tief aus unserem Innern kommt. Natürlich können das großartige Gemälde oder Erfindungen sein, die unsere Welt nachhaltig verändern. Oft geht es dabei aber auch darum, wie wir unseren Alltag bewältigen, wie wir passende Lösungen für die kleinen Problemchen finden. Gerade als Mütter sind wir darin besonders gefordert, wir produzieren kreative Lösungen am laufenden Band, wenn es darum geht, wie wir den Nachwuchs am besten dazu bekommen, das Mittagessen aufzuessen, Kleidung anzuziehen oder vom Spielplatz nach Hause aufzubrechen. Wir entwickeln das tägliche Unterhaltungsprogramm, planen Bastelaktionen und Rollenspiele. Viele Mütter entdecken zwischen Tonpapier und Wasserfarben ihre eigene Kreativität wieder, während sich für andere das Tor zum DIY-Himmel einfach nicht öffnen will.

Warum ist es in Sachen Selbstliebe überhaupt sinnvoll, der eigenen Sehnsucht nach kreativen Tätigkeiten zu folgen oder sich mit der eigenen Schaffenskraft zu befassen?

Weil Kreativität ein Weg ist, unsere Einzigartigkeit auszudrücken und unser Umfeld durch unsere ureigene Energie mitzugestalten. Sie ermöglicht es uns, das, was wir fühlen, für uns und andere sichtbar zu machen, und kann dazu beitragen, dass wir uns «gesehen» fühlen.

Mit kreativen Tätigkeiten – egal ob du ein Müllsortierungssystem in deinem Haushalt etablierst oder die Hochzeit deiner besten Freundin fotografierst – gibst du ein bisschen von deiner Magie in die Welt.

Pia (35), Mutter von Marlene (3)

Meine Elternzeit habe ich dafür genutzt, endlich das Theaterstück zu schreiben, das ich schon so viele Jahre im Hinterkopf hatte. Auch wenn es mich viel Energie gekostet hat, ich chronisch unter Schlafmangel litt und es noch bei mir in der Schublade liegt, hat mich das Schreiben beflügelt. Endlich mal was schreiben, was aus mir raus will. Ohne einen Auftrag zu haben oder was abliefern zu müssen. Keiner, der meinen Text abnimmt, niemand, der darüber urteilt, ob er gut oder schlecht ist, oder Verbesserungsvorschläge macht. Dieses Theaterstück gehört einfach nur mir! Das macht mich glücklich.

Erlaube dir, zu experimentieren

Die gute Nachricht ist: Kreativität ist für jeden zugänglich. Aus unserem unendlichen Fundus der Möglichkeiten können wir schöpfen wie aus einem Brunnen voller Quellwasser. Wenn wir im Flow sind, sprudelt unsere Kreativität über. Auf der anderen Seite kann es uns auch traurig machen, wenn wir von unserer Schaffenskraft abgeschnitten sind. Wenn wir unseren Impulsen nicht nachgehen oder uns nicht wagen, unsere Energie in etwas Greifbarem zu manifestieren, dann blockieren wir diesen Fluss.

Viele von uns leben ihre Kreativität nicht in vollen Zügen aus, weil wir irgendwann mal gehört haben, dass wir dieses oder jenes nicht gut genug können. Malen, Singen, Gedichte schreiben – was auch immer. Es ist wichtig, den inneren Stimmen, die dir weismachen wollen, «Das kannst du nicht», nicht zu glauben, sondern das, worauf du Lust verspürst, auch zu tun. So kann es dir gelingen, einen kleinen Funken zu entzünden, der Tag für Tag wächst, so lange, bis das kreative Feuer in dir wieder lodert. Kein Leben auf Sparflamme mehr, sondern pure Energie.

Lass dich dabei gerne von deinen Kindern leiten. Sie machen uns vor, dass es nur ein wenig Neugier, Spontaneität, Selbstvertrauen und manchmal auch Ausdauer braucht, um etwas zu kreieren. Bewertungsfrei und ergebnisoffen.

Und falls es dir wie uns geht, dass du dich manchmal dabei ertappst, Zeitmangel als Ausrede vorzuschieben, um nicht kreativ sein zu können, dann beobachte mal, wie Kinder sich auf ganz natürliche Weise Zeit nehmen, um ihre Kreativität fließen zu lassen: Wenn sie auf sich selbst hören dürfen, machen sie in jedem Augenblick genau das, worauf sie Lust haben.

Giuliana (40), Mutter von Ronaldo (6) und Ramiro (4)

Meine Kinder waren für mich wie kleine Mini-Therapeuten. Am Anfang fand ich es nervig, wenn sie gesagt haben: «Mama, mach mit!» oder «Mal mir ein Pferd!» Ich dachte bei allem: «Oh Gott, das kann ich nicht.» Kunst war nicht gerade mein bestes Fach in der Schule. Dann sollte ich meinen Jungen mal für eine Faschingsparty als Tiger schminken, Dios! Das Ergebnis war in meinen Augen eher eine Kreuzung aus Katze und Teddybär. Umso gerührter war ich, als er ankam: «Wow, Mama, ich wusste gar nicht, dass du das so gut kannst …!?» Die Kinder haben mir geholfen, meine Hemmungen abzulegen und meinen Perfektionsanspruch runterzuschrauben. Ich male Katzenbären. Macht Spaß!

Du musst nicht die nächste Frida Kahlo werden, sondern Kreativität ist schlichtweg eine wunderbare Einladung, dich selbst zu erfahren. Wenn du dich vom Spaß an der Sache leiten lässt, stolperst du dabei vielleicht über ganz neue Talente – oder aber du hast einmal mehr die Chance, die eigene Unperfektheit liebevoll anzunehmen. Wie Eckhart Tolle so schön sagt: «Der Form nach wirst du immer einigen über-, anderen unterlegen sein. Im Sein jedoch bist du eins mit allen.»

Frida Kahlo verarbeitete in ihren Bildern übrigens auch schwierige Gefühle und Schicksalsschläge, wie z. B. ihre Fehlgeburten. Damit ist sie ein schönes Beispiel für eine Künstlerin, die uns durch ihr Schaffen gezeigt hat, wie eng Schmerz und freudvolles Kreieren miteinander verbunden sein können. Die Verschmelzung und Akzeptanz dieser beiden vermeintlichen Gegensätze birgt unglaubliches Heilungspotenzial in sich.

Die wenigsten können Kritik, insbesondere die eigene innere Kritikerin, von heute auf morgen ausblenden. Es ist ein Lernprozess. Aber je mehr du spürst, dass das, was du tust, dir guttut, desto unwichtiger wird auch das Ergebnis oder die Stimmen anderer Menschen.

Übung: Intuitives Gestalten

In dieser Übung geht es darum, ohne Leistungsdruck und intuitionsbasiert zu gestalten. Es ist sinnvoll, den ersten Teil dieser Übung innerhalb eines enger gesteckten Zeitrahmens durchzuführen, sodass keine Zeit zum Überlegen bleibt, der Verstand also eine untergeordnete Rolle spielt. Du brauchst alte Zeitschriften, Magazine oder Zeitungen, ein großes Blatt Papier, Schere, Stifte und Kleber.

1 Breite deine Hefte vor dir aus.

2 Nimm dir nun ca. zehn Minuten Zeit, um aus den Magazinen und Zeitungen so viele Bilder wie möglich herauszureißen, die dich ansprechen. Nimm alles, was dir gefällt, ohne zu überlegen. Es können Fotos, einzelne Überschriften oder Texte sein.

3 Erstelle dann (ohne festen Zeitrahmen) aus deinen Schnipseln eine Collage. Du kannst Formen mit der Schere ausschneiden, Sätze unterstreichen, die dir ins Auge fallen, oder die Bilder einfach nur nebeneinanderkleben. Höre dabei auf dein Gefühl, schiebe die einzelnen Teile ggf. so lange hin und her, bis sich ihre Anordnung wirklich stimmig anfühlt. Bilder, die sich nicht gut anfühlen oder sich nirgendwo einfügen lassen wollen, darfst du weglegen oder wieder abreißen. Wichtig ist, dass du vor jedem neuen Schritt noch einmal alles auf dich wirken lässt und wieder in dich hineinhörst. Vielleicht möchtest

du eine Pause machen oder einen Schritt zurückgehen? Fehlt etwas? Ist etwas noch nicht stimmig? Braucht es irgendwo mehr Farbe oder möchtest du ein Bild besonders hervorheben? Mache erst weiter, wenn es sich für dich stimmig anfühlt. Dieser Prozess kann eine Stunde, aber vielleicht auch mehrere Tage dauern. Gib dir Zeit, um dein Bild wachsen zu lassen.

4 Nun hast du eine fertige Collage. Es ist etwas entstanden, wo vorher nur ein leeres Blatt war. Schau dir deine Collage einmal genauer an. Sagt sie etwas über dich, dein Ich oder deinen aktuellen Gemütszustand? Spiegelt sie Wünsche oder Träume wider? Gibt es Bilder, die miteinander in Verbindung stehen, ohne dass du dir darüber bewusst warst? Was ist stimmig, was nicht? Was nimmst du wahr?

Ob die Collage tatsächlich etwas über dich aussagt, spielt keine Rolle, denn es ging eigentlich nur darum, etwas zu gestalten; aus dem Sein heraus ins Handeln zu kommen. Das hast du nun getan. War es schwierig oder einfacher, als du dachtest? Haben sich kritische Stimmen gemeldet, und wenn ja, wann? Hast du dazu tendiert, das Endergebnis zu bewerten? War dein Urteil positiv oder negativ? Wirfst du die Collage sofort in den Müll oder kannst du dir vorstellen, sie irgendwo aufzuhängen? Es ist spannend, was so eine Übung alles über dich und deinen aktuellen Gemütszustand aussagen kann. Nimm dir ein wenig Zeit für die Reflektion.

Kreative Blockaden: Was, wenn überhaupt nichts kommt?

Das Blatt, das sich einfach nicht füllen will. Zu viele Farben und keine Ahnung, mit welcher du beginnen sollst ... Leere oder Stille können herausfordernd sein. Und doch sind sie ein Geschenk für uns, denn sie gehören zum kreativen Kreislauf

dazu. Es ist natürlich, dass auf schaffensintensive Perioden
Phasen der Stagnation folgen. Besonders wenn wir uns noch
mal vor Augen führen, dass wir Frauen zyklische Wesen sind.
Das bedeutet, dass unser ganzes Sein, aber auch unser Handeln
nicht linear verläuft, weil das weibliche Prinzip gar nicht darauf
angelegt ist, immer eine gleichbleibende Leistung zu erbringen.
Wenn wir unsere Kreativität mit dem Wasserkreislauf vergleichen, dann gibt es immer Phasen, in denen sich das Wasser
unterirdisch sammeln muss, um später wieder an einer Quelle
auszutreten und sich in einen Bach zu verwandeln. Der Bach
wird zum Fluss und der Fluss endet im Meer, um wenig später
zu verdunsten, abzuregnen und wieder in die Erde zurückzu-
fließen. Dort, in der Tiefe, ist das Wasser zwar für unsere Augen
nicht sichtbar, dennoch ist es da und folgt seinem natürlichen
Lauf. Selbstverständlich könnten wir es mit Druck nach oben
befördern, aber was, wenn wir uns einfach mal dem Moment
hingeben und darauf vertrauen, dass es dann aus uns heraus-
sprudeln wird, wenn der Zeitpunkt dafür gekommen ist?

Gerade die vermeintlich unproduktiven Zeiten sind ein Nähr-
boden für Kreativität. Nicht umsonst kehren Kreative nach einer
Schaffenskrise oft umso kraftvoller zurück.

Probier es aus: Ein weißes Blatt Papier regt unsere Fantasie an –
wir haben unendlich viele Möglichkeiten, es mit Leben zu füllen.
Lass dich verzaubern von der magischen Leere, aus der Neues
entsteht, und sei dir gewiss, dass du auch in einem kreativen
Flow sein kannst, wenn du keine sichtbaren Ergebnisse lieferst.

Lass die Freude deine Geburtshelferin sein, lass sie frei durch
deinen Körper fließen in dem unerschütterlichen Wissen, dass
du hier bist, um mit Hilfe deiner Schaffenskraft dein Licht auf
die Welt zu bringen. ✿

197

Fülle

Nicht genug – ein Mantra, das wir, ohne es zu beabsichtigen, ziemlich oft wiederholen: «Ich bin nicht gut genug.» «Wir haben nicht genug Geld.» «Ich habe nicht genug getan, um die Beziehung zu retten.» «Ich habe mich nicht genug um mein Kind gekümmert, als es mich so dringend brauchte.» «Vielleicht ist nicht genug für alle da.»

Wenn sich unsere Haltung häufig und intensiv um welchen Mangel auch immer dreht, bekommen wir ihn nicht nur in Gedanken zu spüren, sondern ziehen ihn auch immer wieder an. Aber wenn wir beginnen, uns selbst mehr zu lieben, verändert sich unser Mindset dahingehend, dass wir uns Fülle in sämtlichen Lebensbereichen zugestehen und sich diese dadurch auch vor unseren Augen manifestiert.

Was bedeutet Fülle?

Ein erfülltes Leben zu führen, dafür gibt es keine Definition, denn die Vorstellung von Fülle ist individuell. Wenn wir Fülle z. B. auf das Thema Geld anwenden, so mag sie für die eine Mutter bedeuten, die finanziellen Mittel zu haben für Urlaub in Übersee, ein Au-pair-Mädchen im Haus und einen Garten im Grünen. Für die andere ist Fülle, zu wissen, dass die Kinder immer gut versorgt sind, ausreichend zu essen da ist und ab und an ein schöner Urlaub auf dem Campingplatz möglich ist.

Fülle ist aber nicht auf Finanzielles oder Materielles beschränkt, sondern vielmehr eine innere Grundhaltung. Ich kann noch so viele Dinge besitzen und mich trotzdem innerlich nicht erfüllt fühlen. Wahre Fülle liegt eher in dem Vertrauen, dass ich immer alles habe, was ich brauche – und noch viel mehr als das: Fülle ist die Gewissheit, dass mich zur richtigen Zeit das Richtige findet, weil es genau für meine

jetzige Situation passend ist und mir das Gefühl vermittelt, getragen, erfüllt, voll zu sein.

Fülle ist eine Lebenseinstellung, die allein auf das Jetzt ausgerichtet
ist und an der ich arbeiten kann. Während Mangel-Denken sich oft
auf das konzentriert, was wir in der Vergangenheit nicht hatten
oder uns in der Ist-Situation noch zu unserem Glück fehlt, finden
wir das Gefühl der Fülle dann, wenn wir das annehmen, was
gerade vorhanden ist. Wenn wir dankbar für das sind, was wir
bereits besitzen. Wenn wir vertrauen, dass immer alles zu unserem
Besten passiert, selbst wenn wir nicht absehen können, wohin die
Reise geht. Wenn wir das Leben als Fest sehen können, auf dem
wir ständig reich beschenkt werden. Einige dieser Geschenke
kannst du vielleicht direkt annehmen, der Wert von anderen er-
schließt sich hingegen erst in der Rückschau.

Vom Mangel in die Fülle

Die Grundhaltung, die dazu führt, dass sich Fülle in unserem
Leben manifestieren kann, besteht aus mehreren Komponenten.

- Wir stellen uns vor, wie es sich anfühlt, bereits das zu
  haben, was wir gerne haben möchten, und gehen in Gedanken fest davon aus, dass es schon da ist – auch wenn
  wir es vielleicht noch nicht in der Realität sehen können.

- Wir nehmen bewusst eine optimistische Sichtweise ein, sind
  dankbar, dass wir immer wieder Zeichen erhalten dafür,
  dass das, was wir haben wollen, uns auch erreicht. Wenn
  die Anzeichen auf das Gegenteil hinweisen, steigern wir
  uns nicht hinein und fokussieren erneut auf den Mangel,
  sondern wir bleiben zuversichtlich, weil wir wissen, dass
  das Universum unsere Wünsche erfüllt, aber eben nur dann,
  wenn wir uns nicht aus der Ruhe bringen lassen durch den
  temporären Aufenthalt im Wartezimmer des Universums.

- Wir lassen alles Materielle so gut es geht fließen, halten nicht fest, sondern vertrauen darauf, dass die Dinge so kommen und gehen, wie es für uns und unser Umfeld am besten ist. Wenn wir etwas gehen lassen, was uns einmal sehr wichtig war, aber von dem wir spüren, dass es nun an einem anderen Ort besser aufgehoben ist, schaffen wir Platz dafür, dass uns Neues erreichen kann, das *jetzt* für uns passend und richtig ist.

- Geben und nehmen sind im Einklang bzw. es spielt keine Rolle, ob wir etwas verschenken oder etwas geschenkt bekommen – denn wir begrüßen beides mit einem freudvollen Gefühl. Wir wissen, dass wir in jedem Fall genug haben.

- Es ist uns nicht so wichtig, ob wir das, was wir gerne hätten, auch wirklich erhalten. Wir wünschen es uns – und dann lassen wir wieder locker und vertrauen, ausgestattet mit einer ordentlichen Portion Demut, darauf, dass es uns auch wirklich erreicht.

- Wir erlauben es uns, uns auch mal selbst den einen oder anderen Herzenswunsch zu erfüllen, weil wir wissen, dass es in Ordnung ist, wenn wir uns selbst etwas gönnen.

- Genau so, wie wir nett und liebevoll uns selbst gegenüber sind, sind wir nett und liebevoll zu anderen, wenn uns unser Herz dazu auffordert. Wir geben, ohne etwas dafür zurückzuerwarten. Das heißt nicht, dass wir immer für jede Organisation spenden, jeden Obdachlosen versorgen und unseren Kindern jeden Wunsch erfüllen, sondern es heißt, dass wir dann reagieren, indem wir geben, wenn der entsprechende Impuls dazu kommt.

- Wir tragen in uns das Wissen, dass immer genug für alle da ist. Wir brauchen keine Angst zu haben, jemand anderem etwas wegzunehmen, indem wir etwas (z. B. Hilfe, ein Geschenk usw.) annehmen, sondern all das, was uns erreicht, kann auch alle anderen erreichen, wenn sie sich dafür öffnen.

- Wir erinnern uns daran, im Jetzt zu bleiben.

Wenn du vertrauter damit werden möchtest, wie es sich anfühlt, sich weniger auf den Mangel als vielmehr auf die Fülle zu fokussieren, kann die folgende Übung hilfreich sein:

Übung: Einschlafen mit Fülle

1 Wenn du abends bequem im Bett liegst und die Augen bereits geschlossen hast, atme einige Male tief ein und aus.

2 Lass alle Lebensbereiche, in denen du dir mehr Fülle wünschst, nacheinander im Geiste vor dir erscheinen und stell dir vor, dass all das, was du möchtest, sich bereits auf dem Weg zu dir befindet.

3 Sobald du alle für dich relevanten Lebensbereiche durchgegangen bist und in allen die Freude des Empfangens gespürt oder dir vorgestellt hast, kannst du entweder in diesem Gefühl verweilen und dann sanft in den Schlaf gleiten – oder du beendest die Übung bewusst, indem du dich z. B. beim Universum dafür bedankst, dass es dir hilft, diese Wünsche zur Realität werden zu lassen.

4 Sei nicht enttäuscht, wenn nicht sofort etwas passiert. Oft dauert es, bis das, was du dir gewünscht hast, auch wirklich kommt.

5 Wiederhole die Übung, solange es sich für dich richtig anfühlt, jeden Abend. Je mehr es dir gelingt, dabei tatsächlich ins Vertrauen und dadurch auch in das tiefe, unerschütterliche Wissen zu gehen, dass du die Kraft hast, dir die Fülle in deinem Leben zu manifestieren, desto leichter und schneller wird dein Leben fließen.

Alternativ hilft es auch manchmal, sich bewusst zu machen, warum man sich bestimmte Dinge wünscht. Welches Bedürfnis steht z. B. hinter dem Wunsch «Ich möchte Millionärin sein»? Der Wunsch nach Sicherheit, Leichtigkeit, mehr Abenteuer? Was versteckt sich hinter «Ich wünschte, wir hätten einen Wohnwagen»? Sehnst du dich vielleicht nach mehr Freiheit, Flexibilität oder Spontanität?

Wenn wir einen Mangel erleben, dürfen wir uns immer fragen: «Wie möchte ich mich stattdessen fühlen?» Dadurch können wir versuchen, dieses gute Gefühl bereits jetzt in unser Leben zu integrieren – auch wenn die Million oder der Wohnwagen vorerst Träume bleiben. 🌸

Annehmen

Etwas mehr Spinne sein

Kai Pannen hat mit seiner liebenswerten Kinderbuchreihe um die Freundschaft zwischen der trägen, gemütlichen Spinne Karl-Heinz und der hyperaktiven Fliege Bisy zwei Kinderbuchhelden geschaffen, die auch uns Müttern als Vorbild dienen können. Die meisten Menschen neigen dazu, zu oft Fliege zu sein – und viel zu wenig Spinne. Will heißen: Wir meinen, wir müssen aktiv sein, Dinge in die Wege leiten, etwas tun, um etwas zu erreichen.

Wenn wir uns öfter mal wie die Spinne Karl-Heinz zurücklehnen und abwarten, wer oder was uns so alles ins Netz fliegt, lernen wir zu empfangen, geduldig zu warten, anzunehmen. Und wir lernen zu staunen und dankbar zu sein, sowohl für das, was wir bereits haben, als auch für das, was wir durch Zufall bekommen.

Die Fliege Bisy würde jetzt sicher einwenden, dass wir durch dieses abwartende Verhalten vielleicht das Beste verpassen. Mehr Spinne zu sein, heißt aber ja nicht, immer nur passiv im häuslichen Netz herumzuhängen. Sondern es heißt, zu schauen, welche Gelegenheiten sich dir anbieten, und dann in dich hineinzuspüren, um zu ergründen, ob das, was dir angeboten wird, dich wirklich lockt oder nicht.

Natürlich musst du auch nicht immer nur warten auf das, was kommt. Du kannst jederzeit selbst Dinge in die Wege leiten, aber es ist hilfreich, im Hinterkopf zu behalten, dass sich vieles leichter erledigen lässt, wenn du a) den Druck rausnimmst, b) dich nicht zu sehr darauf fixierst, wie etwas zu sein hat, und du c) trotzdem loslässt, während du aktiv bist.

Eine gute Übung ist, zu probieren, nur dann zu handeln, wenn du eine Art inneren Drang spürst, der sich aber nicht nach Druck und Enge anfühlt, sondern leicht und frei. Einen Impuls, der dich dazu bewegt, aus der Freude heraus aktiv zu werden.

Veränderte Lebensumstände annehmen

Vielen von uns Müttern macht früher oder später ihr schlechtes Gewissen zu schaffen: Bei der einen ist vielleicht der alte Job nicht mehr da, die andere ist ganz oder zumindest in Teilzeit zu Hause – und steuert entweder gar kein Geld oder zumindest viel weniger als zuvor zum Familieneinkommen bei. Das kann ganz schön belastend sein, denn es erzeugt Druck von beiden Seiten: Der Mann suggeriert unterschwellig oder sogar im direkten Gespräch, dass das, was die Frau beiträgt, nicht genug ist, schließlich kann man sich mit einem in Ordnung gehaltenen Haus keine Brötchen kaufen.

Warum leiden so viele von uns Müttern unter diesem Dilemma? Weil wir uns für die Familie in ein Abhängigkeitsverhältnis mit dem Mann begeben haben. Diese finanzielle Abhängigkeit führt dazu, dass wir uns für die Familie ein Stück weit in Ketten legen und unsicher sind, ob wir diese Ketten jemals wieder abgestreift bekommen. Wenn wir so lange aus dem Beruf draußen sind wegen der Familie, will uns danach überhaupt noch jemand haben oder sind wir dann schon zu alt?

Letztendlich geht es darum, auch in dieser Hinsicht das Annehmen, das Vertrauen zu üben. Wir dürfen das Geld des Partners akzeptieren als Energieausgleich für all das, was wir tagtäglich leisten, aber nicht direkt von offizieller Stelle vergütet bekommen. Und wir dürfen darauf vertrauen, dass, wenn wir aus eigenem Antrieb und aus einer inneren Freude heraus wieder (mehr) ins Berufsleben zurückgehen möchten, sich eine passende Gelegenheit bieten wird. Abgesehen davon: Wir sind nie zu alt und es ist nie zu spät.

Geschenke annehmen

Übrigens ist es okay, das anzunehmen, was uns auf materieller Ebene angeboten wird. Es gibt immer wieder Menschen, die wollen uns etwas schenken, etwas Gutes tun. Wie oft ertappen wir uns dabei, zu denken oder auch auszusprechen: «Das kann ich nicht annehmen!» Warum nicht? Doch, du kannst! Und zwar ohne, dass du davon ausgehen brauchst, deshalb auch gleich etwas zurückgeben zu müssen. Du darfst lernen, wirklich ohne schlechtes Gewissen zu akzeptieren, wenn man dir etwas schenken möchte (und wenn sich die Absichten des Schenkenden für dich gut und authentisch anfühlen). Etwas dankbar entgegenzunehmen, ohne sich hinterher mit Höflichkeits-Gegengeschenken zu revanchieren, auch das ist Selbstliebe.

Hilfe annehmen

Bei dieser Gelegenheit möchten wir auch noch den dringenden

Appell loswerden, Hilfe anzunehmen, wenn sich jemand an-
bietet. Wie oft sind wir Mütter in dieser modernen Zeit überfordert? Weil die Großeltern zu weit weg wohnen, weil wir noch
keine Nachbarn kennen, bei denen wir einfach mal die Kinder
lassen könnten – oder weil der Mann beruflich unterwegs ist
und wir mit den Kindern allein sind. Da kommt schnell mal ein
Moment der Überforderung. Alles wird zu viel. Selbst das, was
dich normalerweise beflügelt, lässt dich plötzlich nicht mehr zur
Ruhe kommen. Die Gedanken kreisen endlos um all das, was
noch zu tun ist, oder all das, was mit den Kindern ansteht, und
du fühlst dich rastlos. Natürlich ist es an dir, wieder in die Ruhe
zu finden, aber dazu brauchst du die Möglichkeit, überhaupt
in Ruhe zur Ruhe kommen zu können. Daher: Trau dich, Hilfe
anzunehmen, wenn du überlastet bist. Das ist vollkommen in
Ordnung. Übrigens ebenso, um Hilfe zu bitten.

Annehmen an miesen Tagen

Es gibt Tage, an denen kannst du machen, was du willst – es
will einfach nichts klappen. Nichts kann deine Stimmung auf-
hellen, du hast auf nichts Lust und alles ist zu viel. Manchmal
sind es nicht nur Tage, sondern auch längere Phasen. In solchen
Momenten kann das Gerede von positivem Denken, von Über-
fluss und Freude einfach nerven. Es wirkt wie ein schlechter
Scherz, weil es dir nichts bringt, zu allem Möglichem animiert
zu werden, worauf du einfach keinen Bock hast. In solchen
Momenten hilft gar nichts mehr, keine Atemtechnik, kein Schlaf,
keine Belohnung, keine Ruhe. Nichts.

Vor diesen Tagen bleiben wir leider alle nicht verschont. Was
du in solchen Momenten für dich tun kannst, ist, den hoch-
kommenden Gefühlen Raum zu geben, anstatt sie wegzudrücken.

Miriam (35), Mutter von Anna (4) und Max (6)

*Es gibt Tage, da kommen gefühlt alle Katastrophen zusammen.
Dann hilft mir nichts, außer mich einfach mal so richtig auszuheulen.*

205

Es geht nicht darum, sich zu verbiegen und auf Teufel komm raus positiv denken oder handeln zu wollen, wenn das dem eigenen Wesen gerade nicht entspricht. Auch weinen, schreien, klagen wirkt entlastend, ebenso der Glaube daran bzw. die Hoffnung darauf, dass irgendwann wieder eine bessere Zeit kommt. 🌷

Naturverbundenheit

Heu-Höhlen bauen, sich gegenseitig Geschichten am Lagerfeuer erzählen, auf Bäume klettern, Streichholzschachteln als Maikäfer-Behausung herrichten, verschlungene Pfade in Maisfelder trampeln oder mit dem Großvater Pflanzen bestimmen – bei jeder von uns zeigen sich andere Lieblings-Kindheitserinnerungen, wenn wir an Erlebnisse in der Natur denken. Leider kommt vielen von uns der enge Kontakt mit der Natur im Laufe des Erwachsenwerdens abhanden. Die Interessen verändern sich, wir finden neben Job und alltäglichen Aufgaben weniger Zeit und Lust für intensive Begegnungen mit ursprünglicher Natur – oder wir müssten als Städter erst mal eine Strecke zurücklegen, um überhaupt den nächsten Park oder Wald zu erreichen.

Doch mit der Geburt der Kinder kommt in vielen Müttern wieder der Wunsch nach Verbindung mit Wald, Wiese, Berg oder Ozean auf.

Julia (41), Mutter von Marie (10), Max (7) und Oskar (3)

Lange Zeit hatte ich keinen Kontakt zur Natur, sieht man mal von den sonntäglichen Spaziergängen im Park ab. Ich lebe seit fast 20 Jahren in Berlin, aber erst seitdem vor zehn Jahren meine Tochter zur Welt kam, habe ich damit begonnen, mich mehr fürs Umland zu interessieren. Plötzlich hatte ich ein dringendes Bedürfnis, meinen Kindern das zu ermöglichen, was ich in meiner Kindheit auf dem Land erlebt habe: endlose Streifzüge durch Wälder und Wiesen, Kontakt zu Tieren und Pflanzen.

Allerdings habe ich schnell gemerkt, dass es mir in der Realität ganz schön schwerfiel, die Kids einfach machen zu lassen. Ich glaube, bei meinem ersten Kind hatte ich sogar noch Angst vor Matsch- und Grasflecken auf den Klamotten oder davor, dass meine Tochter von einer Wespe gestochen werden könnte. Am liebsten hätte ich jeden ihrer Schritte kontrolliert. Zum Glück hat sich das von Kind zu Kind mehr entspannt.

Oft steht uns Angst oder Stress im Weg, die beiden großen Lehrmeister auf dem Weg zu mehr Selbstliebe. Sie sind dazu da, uns bewusst zu machen, dass wir durch ihre Anwesenheit nicht nur unsere Kinder ausbremsen, die noch ganz natürlich ins Fühlen, Staunen, Beobachten, Experimentieren eintauchen, sondern auch uns selbst.

Lassen wir uns doch wieder öfter von ihrer Freude anstecken! Statt zuzuschauen oder weiterzuwollen, dürfen wir uns daran erinnern, dass die Kinder uns eine Einladung aussprechen, uns wieder mehr mit uns selbst zu verbinden. Eine Einladung, einzutauchen in das Gefühl der Freiheit, Leichtigkeit, Unbeschwertheit und des Glücks. Eine Einladung, uns an das Leben im Hier und Jetzt zu erinnern.

Tanja (36), Mutter von Ella (7)

Einfach barfuß laufen. Was für eine Offenbarung! Ich bin meiner Tochter so dankbar, dass sie mich gelehrt hat, das Selbstverständlichste der Welt wieder öfter zu tun. Wir spazieren oft gemeinsam ohne Schuhe im Park und pfeifen dabei sogar immer öfter aufs Wetter. Es ist unglaublich, dass ich fast schon verlernt hatte, wie es sich anfühlt, wenn man über kleine Steinchen, eine feuchte Wiese oder durch eine Pfütze läuft. Wenn ich barfuß unterwegs bin, fühle ich mich so herrlich unkonventionell und frei. Außerdem bin ich dann irgendwie mehr Teil der Natur.

Barfußlaufen mag vielleicht bei der ersten Erfahrung etwas unangenehm sein, jedoch werden die Fußreflexzonen so massiert und stimuliert, dass es gut möglich ist, dass du dich danach fühlst wie nach einer Verjüngungskur: wacher, fitter, fröhlicher, geerdeter. Wie viele Aktivitäten in der Natur hat das Barfußlaufen auch einen direkten Effekt auf unsere Gesundheit: Es kräftigt unsere Fußmuskulatur und wirkt Fußfehlstellungen entgegen, es fördert die Durchblutung und eine bessere Körperhaltung (die sich, wie wir ja bereits wissen, auch auf dein Selbstbewusstsein auswirken kann), es hilft bei Verspannungen im Rücken und sorgt allgemein dafür, dass du deinen Tastsinn und dein Körperempfinden schulen kannst.

Holen wir uns die angenehmen Empfindungen von früher zurück! Denn genau zu diesen positiven Gefühlen, die so viele von uns mit der Natur verbinden, dürfen wir wieder hin, wenn wir unsere Selbstliebe fördern wollen. Die Kinder machen es uns vor, wenn wir sie lassen: Ein Frühlingstanz im Regen, im Herbst mit dem ganzen Körper dem Sturm trotzen, im Sommer die Füße in kaltem Quellwasser abkühlen oder im Winterurlaub einen Schneeengel entstehen lassen – all das bringt uns auf eine belebende, vielleicht sogar erheiternde Weise wieder zurück ins Körpergefühl. Bäume umarmen, Waldbaden, dem Wasser oder auch den Vögeln auf der Wiese lauschen, Sand oder Erde durch die Finger rieseln lassen – die Natur hilft uns gerne dabei, im Hier und Jetzt, im reinen Sein anzukommen und unsere Welt mit allen Sinnen wahrzunehmen.

Draußen lässt es sich auch wunderbar meditieren – zumindest dann, wenn die Kinder gerade anderweitig beschäftigt sind. Es muss ja auch nicht immer gleich ein langes Abtauchen sein. Ein paar Minuten bewusstes, tiefes Atmen an der frischen Luft kann völlig ausreichen, um unsere Kraftreserven wieder aufzufüllen. Falls du viel mit dem Kinderwagen unterwegs bist, versuch es doch mal mit einer Gehmeditation (siehe Seite 212).

Waldbeeren und Nüsse naschen, Pilze sammeln – oder vielleicht einfach nur den Blickwinkel verändern, aus der Perspektive der Erwachsenen in die der Kinder zoomen. Ganz dicht ran ans Moos und überrascht sein, was sich zwischen den winzigen grünen Wundern alles verbirgt: eine mikroskopisch kleine Schnecke, die so durchscheinend ist, als hätte sie jemand aus Glas geblasen, ein kunstvolles Spinnennetz oder ein schillernder Käfer, den du vorher noch nie gesehen hast. Es gibt immer etwas zu entdecken und zu ertasten: Inwiefern fühlt sich der Stamm einer Eiche anders an als der einer Buche? Wie fest kann ich den Finger auf eine Distel drücken, ehe es unangenehm wird? Wie filigran ist die Schale eines Vogeleis? Wie fluffig eine Feder? Wie hart ist eine Bienenwabe? Und wie glitschig ein nasser Stein? Wie fühlt es sich an, in einen eiskalten See zu springen?

Unsere Ahnen gingen sogar von einer Beseeltheit der Natur aus, fanden in ihr das Göttliche, hielten Zwiegespräche mit ihr und stärkten ihre Intuition durch die Rückverbindung mit Natur und Erde. Je leiser das Außen wird, desto lauter wird das Innen. Kein Wunder, dass wir fernab vom Lärm der Zivilisation einfacher zu uns selbst finden.

Je achtsamer wir uns verhalten, desto ruhiger werden wir, desto mehr innere Stille und Harmonie kann sich in uns ausbreiten. Die Natur unterstützt uns, in unsere ureigene Balance zurückzufinden und uns an den Frieden zu erinnern, den wir alle in uns tragen, wenn wir ganz bei uns sind.

Auch Demut hilft uns, mehr in unsere Mitte zu kommen. Je mehr wir lernen, uns mit der Natur zu verbinden, ihren Zeichen zu folgen und ihren stillen Botschaften zu lauschen, desto mehr Ehrfurcht empfinden wir für Mutter Erde, die uns nährt, trägt und mit frischer Energie versorgt.

Natalie (26), Mutter von Levi (10 Monate)

Ich habe mich schon vor Levis Geburt viel mit unserer Umwelt auseinandergesetzt, denn ich war eigentlich immer ein Naturkind und lebe ganz bewusst in und mit der Natur. Die Umweltverschmutzung und Klimakrise machen mir manchmal Angst, gerade jetzt, wo ich weiß, dass auch mein Kind und seine Nachkommen noch auf dieser Welt leben werden.

Ich habe das Gefühl, dass ich durch eine höhere Selbstliebe mehr Liebe für unseren Lebensraum und seine Bewohner entwickeln und aussenden kann. Vor allem aber kann ich diese Liebe mit meinem Sohn teilen und pflegen.

Mir ist es wichtig, nicht nur zu nehmen, sondern auch zu geben. Ich initiiere z. B. regelmäßig Clean-ups in meiner Gemeinde. Wir treffen uns am Strand und sammeln gemeinsam den Müll, den Urlauber hier zurücklassen, und Plastikabfälle, die angespült werden. Dadurch fühle ich mich nicht ganz so machtlos und ich finde es schön, dass ich mittlerweile keine anderen Menschen mehr brauche, die mir sagen, dass ich das gut gemacht habe. Ich klopfe mir innerlich selbst auf die Schulter und denke: Es ist echt cool, dass ich mich um meine Umwelt kümmere!

Wenn wir von Selbstliebe erfüllt sind und uns als Teil der Natur begreifen, spüren wir auch die Liebe stärker, die jedes einzelne Wesen umgibt, welches Teil dieser Erde ist. Wir verstehen, dass wir nicht getrennt voneinander existieren, sondern alle in Liebe verbunden sind. Wenn wir uns mit Demut, Hingabe, Respekt und Achtung in den Schoß unserer eigenen großen Mutter begeben, spüren wir, dass sie uns trägt, vorurteilslos und mit bedingungsloser Liebe.

Im Folgenden möchten wir dir zwei Übungen an die Hand geben, welche dich darin unterstützen können, dich mit der Natur und dir selbst zu verbinden.

Übung 1: Die Erdschale

1. Geh in die Natur und such dir einen schönen Platz auf der Erde, wo du einige Minuten oder auch länger verweilen kannst.

2 Setz dich auf den Boden und stell dir Mama Erde einmal als riesengroße Schale vor. In dieser Schale befinden sich alle mütterlichen Qualitäten, die du dir wünschst, um dich geborgen zu fühlen – unabhängig davon, ob du diese Geborgenheit auch im Schoß deiner physischen Mutter gespürt hast oder nicht. Im Schoß der Erde sind sie alle präsent. Wenn du möchtest, schließe die Augen.

3 Werde dir nun darüber bewusst, dass du von Mutter Erde getragen wirst. Du kannst nicht fallen. Hier gibt es alles, was du gerade brauchst.

4 Stell dir vor, dass sich dein eigener Schoß mit der Erde verbindet. Aus deinem Unterleib wachsen Wurzeln, die dir noch mehr Halt geben. Du gehst eine tiefere Verbindung mit Mutter Erde ein und sie versorgt dich mit allem, was du brauchst, um zu wachsen: Nahrung, Wasser, Energie, Sicherheit und Liebe.

5 Nun nimm einige tiefe Atemzüge und spüre deine Wurzeln. Fühle die Verbindung. Du darfst Energie aus ihr schöpfen, loslassen, dich getragen fühlen. Bleibe in dieser liebevollen Verbindung, so lange, wie es sich für dich gut und richtig anfühlt.

6 Wenn du so weit bist, komm langsam wieder im Hier und Jetzt an und öffne die Augen.

7 Bedanke dich bei Mutter Erde. Ihr Schoß steht dir immer offen.

Übung 2: Gehmeditation

> **Wenn du gehst, dann geh, als seist du schon angekommen. Denn wo du bist, ist alles, was du brauchst.**
>
> Hadjara

Die Gehmeditation ist sehr alltagstauglich, da du sie jederzeit, überall und so lange du möchtest durchführen kannst. Sie hilft dir, deinen Atem und den Energiefluss anzuregen sowie Stress abzubauen. Die Gehmeditation ist eine Achtsamkeitsübung, bei der du deinen Atem mit dem Gehen verknüpfen und dadurch ganz bewusst im Hier und Jetzt ankommen kannst.

Idealerweise unternimmst du die ersten Meditationsversuche an einem ruhigeren Ort, z. B. in der Natur, wenn du keinen Zeitdruck hast. Sobald du geübter bist, fällt es auch leichter, an belebten Plätzen und in einem enger gesteckten Zeitrahmen zu meditieren.

1 Bevor du mit der eigentlichen Meditation beginnst, halte gern noch einmal kurz inne, nimm einen sicheren Stand ein und schließe die Augen. Deine Haltung ist entspannt, du darfst die Arme neben deinem Körper locker herunterhängen lassen und auch deine Knie sind nicht ganz durchgedrückt. Nimm einige tiefe Atemzüge.

2 Nun kann es losgehen. Spüre einmal den Boden unter deinen Füßen und atme normal weiter. Wie fühlt es sich an, wenn deine Füße auf dem Boden stehen?

3 Öffne die Augen und beginne jetzt langsam, einen Fuß vor den anderen zu setzen. Hebe ihn an, nimm wahr, wie es sich anfühlt, wenn du zuerst deine Ferse, dann die Sohle und zuletzt die Fußzehen wieder auf dem Boden absetzt. Wiederhole das Gleiche mit dem anderen Fuß.

4 Starte anschließend erneut mit dem einen Fuß, dann mit dem anderen und wiederhole diese sonst meist automatisch ablaufende Wechselbewegung bewusst, in einem gleichmäßigen Rhythmus. Achte dabei auf einen fließenden Atem. Deine Aufmerksamkeit ist weiter auf deine Schritte gerichtet. Wenn du möchtest, kannst du auch mit jedem Einatmen den einen und mit jedem Ausatmen den anderen Fuß absetzen.

5 Sollten dir während des Gehens Gedanken kommen, wie z. B. die Einkäufe, die du heute noch erledigen musst, lass die Gedanken einfach ziehen und richte deine Aufmerksamkeit wieder auf das Gehen und Atmen. Was nimmst du wahr? Wie fühlt sich dein Körper beim Gehen an? Welche Muskeln spürst du? Wie fließt Luft in deine Lungen und wieder aus dem Körper hinaus?

6 Um die Freude am Gehen noch zu steigern, kannst du den Mund zu einem Lächeln formen und einige Minuten einfach achtsam weitergehen. Genieße dabei auch die Dinge, die dich umgeben: das Rascheln des Windes in den Bäumen, einen Sonnenstrahl, der auf die Erde trifft, ein kleines Blümchen am Wegesrand …

7 Beende deine Gehmeditation nach etwa fünf bis zehn Minuten, indem du stehen bleibst, die Augen erneut schließt und ein weiteres Mal in deinen Körper hineinspürst. (Wenn du die Übung ein paar Mal gemacht und dementsprechend verinnerlicht hast, kannst du den Zeitrahmen selbstverständlich nach deinen Bedürfnissen ausdehnen.)

8 Am Schluss nimmst du noch einen tiefen Atemzug, öffnest die Augen und beendest das bewusste Gehen.

Wenn wir auf körperlicher oder emotionaler Ebene Selbstliebe praktizieren, tun wir das oft nur für uns, manchmal sogar im stillen Kämmerlein, für andere nicht sichtbar. Es muss keiner mitbekommen, dass wir meditieren, Atemübungen machen, uns im Spiegel gut zureden, uns bewusst ernähren oder regelmäßig in unser Dankbarkeitsjournal schreiben – auch wenn die Auswirkungen unserer Selbstliebepraxis sehr wohl sichtbar für unser Umfeld sein können.

Es gibt jedoch noch eine dritte Ebene, die sich unmittelbar um die soziale Interaktion mit anderen dreht: Wenn wir auf sozialer Ebene Selbstliebe leben, indem wir uns mit anderen verbinden, austauschen und kommunizieren und uns dabei gleichzeitig authentisch zeigen möchten, kann das für einige Mütter eine größere Herausforderung sein. 🌼

Authentizität

Was bedeutet es, authentisch zu sein? Das Wort «Authentizität» wird vom Griechischen «authentikós» abgeleitet, wobei «autos» selbst und «ontos» sein bedeutet. Authentisch sein könnte man also mit «du selbst sein» übersetzen. Im Zusammenhang mit der Selbstliebe bekommen wir tatsächlich auch immer wieder diesen Ratschlag: «Sei einfach du selbst!» oder «Nimm dich genau so an, wie du bist!» Auch wenn das ganz einfach klingt und theoretisch auch sein könnte, gestaltet sich die Praxis etwas schwieriger. Haben wir nicht gelernt, dass wir nie zu viel von uns preisgeben sollten, z. B. im Berufsleben nicht zu viel privates zeigen dürfen? Ist es in manchen Situationen nicht besser, einfach still und höflich zu sein und mit unserer Meinung hinterm Berg zu halten? Sind wir nicht unnötig angreifbar, wenn wir uns anderen ehrlich mitteilen? Wollen wir uns gläsern machen und mit all unseren Stärken und Schwächen gesehen werden? Erlauben wir uns überhaupt selbst, von der Person abzulassen, die wir gerne sein möchten, und stattdessen der Mensch zu sein, der wir wirklich sind?

Authentizität und Ängste

Wenn sich bei dem Gedanken daran, ganz du selbst zu sein, ein ungutes Gefühl in deinem Bauch zeigt, dann bist du mit Sicherheit nicht die Einzige. Für viele geht Authentizität mit Ängsten einher, insbesondere mit der Angst vor Ablehnung.

Zum einen sind gerade wir Frauen darauf konditioniert, bloß nicht zu viel von uns zu zeigen bzw. unser öffentliches Image – möge es nun die Figur oder eine coole Attitüde sein – zu perfektionieren. Wenn wir an das Bild der Jahreszeiten (siehe Seite 65) denken, wird deutlich, dass wir gesellschaftlich darauf gepolt sind, immer in unserem Sommer zu sein. Heißt: gut gelaunt, kontaktfreudig, positiv (allerdings ohne dabei zu sehr im Mittelpunkt zu stehen). Das Gegenteil ist eher verpönt und etwas, was man besser für sich behält.

Zum anderen haben sogar wissenschaftliche Untersuchungen im Bereich der Epigenetik ergeben, dass wir von unseren Vorfahren nicht nur bestimmte Körpermerkmale vererbt bekommen, sondern auch deren Traumata, Glaubenssätze oder Verhaltensweisen in uns tragen können. Wenn wir davon ausgehen, dass wir bereits als Eizelle im Körper unserer Großmütter existierten und einmal zurückschauen, welche Ängste und Sorgen unsere Omas womöglich durchleben mussten, welche gesellschaftlichen Ideale und damit einhergehenden Tabus damals vorherrschten, wird schnell klar, dass die freie Meinungsäußerung selbst zwei Generationen vor der unseren nicht immer erwünscht und bisweilen sogar mit Gefahr verbunden war. Ganz zu schweigen davon, wenn wir weiter in der Zeit zurückgehen.

Während der Hexenverfolgung war es beispielsweise lebensbedrohlich, Heilkünste oder Hebammenwissen preiszugeben. In anderen Jahrhunderten bedeutete von einer Gemeinschaft abgelehnt und ausgestoßen zu werden den sicheren Tod. Wenn diese kollektiven existenziellen Ängste uns also irgendwo noch in den Knochen stecken, ist es kein Wunder, dass wir oftmals auch heute noch Angst davor haben, uns offen und authentisch zu zeigen – obwohl es für uns in der Regel nicht mehr um Leben oder Tod geht.

Aber selbst, wenn es heutzutage «nur» um Akzeptanz geht: Dazuzugehören fühlt sich besser an, als eine unbeliebte Außenseiterin zu sein. Daher scheint es für viele sicherer, sich anzupassen, statt selbstbewusst zu dem zu stehen, was wir wirklich fühlen, denken und meinen.

Deine Wahrheit sprechen

Jedoch: Wenn wir uns nicht authentisch zeigen, gehen wir das Risiko ein, niemals tiefergehende Verbindungen leben zu können. Wie sollen andere uns akzeptieren oder lieben, wenn sie gar nicht genau wissen, was unser wahres Ich ist? Sich nicht gesehen zu fühlen bzw. von anderen ganz anders eingeschätzt zu werden, als wir uns selbst kennen, kann auch schmerzhaft sein.

Wenn zumindest du dich selbst annehmen kannst, dann hast du schon mal einen Menschen, der hinter dir steht. Und sobald du dich authentisch zeigst und sich die verabschieden, die dich

so nicht mögen, steigen die Chancen, dass du irgendwann überwiegend von Menschen umgeben sein wirst, die dich so annehmen können, wie du wirklich bist.

Verletzlichkeit zeigen

> **„Verletzlich zu bleiben, ist ein Risiko, das wir eingehen müssen, wenn wir eine Verbindung herstellen wollen."**
>
> Brené Brown

Selbstliebe und Authentisch-Sein sind eng mit Verletzlichkeit verwoben. Denn wer bewusst seine Gefühle, Meinungen,
Ideen, Visionen, seine Stärken und Schwächen erkennt und
offen mit anderen teilt, macht sich verwundbar. Gerade wenn es
um Fehler oder schlechte Angewohnheiten geht, fällt es vielen
schwer, offen darüber zu sprechen. Wir empfinden Scham für
alles, was nicht in unsere perfektionierte Welt passt. Und wir
haben Angst vor dem Gefühl des Getrenntseins, das entstehen
kann, wenn andere befinden, dass wir nicht schön / erfolgreich
/ cool / sympathisch / reich / intelligent / liebenswert / … genug
sind.

«Ich habe heute vor lauter Wut mein Kind angeschrien» oder
«Ich wurde entlassen, weil ich nicht ins Team gepasst habe» – so
etwas zu äußern, dazu gehört Mut, denn das Wohlwollen oder

Verständnis unseres Gegenübers scheint uns nicht so gewiss, wie wenn wir etwas erzählen, worauf wir stolz sein können oder das gesellschaftlich akzeptiert ist.

Anne (42), Mutter von Xaver (5)

Vor einigen Jahren gehörte ich noch zu dem Typ Frau, die den Weg des geringsten Widerstandes geht: Ich habe mich z. B. mit meiner Meinung oft anderen angepasst, die Kleidung getragen, die bei meinen Freundinnen angesagt war, und wenn ich Kummer hatte, hab ich ihn für mich behalten und mit ein paar Gläsern Wein runtergespült. In der Schwangerschaft mit Xaver ging das nicht mehr und als ich erfuhr, dass er mit einem Gendefekt zur Welt kommen würde, da brachen alle Dämme.

Mir war klar: Mein Kind wird etwas Besonderes sein und ich werde mit ihm nie mehr einfach mit der Masse mitschwimmen können. Ich hatte unglaublich große Angst vor dem Anderssein und davor, dass meine Freundinnen, die bereits gesunde Kinder zur Welt gebracht hatten, mich verstoßen oder nur noch aus Mitleid sporadischen Kontakt halten würden.

Es war ein harter Kampf, den ich mit mir austrug. Schon während der Schwangerschaft dazu zu stehen, dass ich ein behindertes Kind haben würde, und mich auch mit allen meinen Sorgen und Schuldgefühlen anderen Menschen gegenüber zu öffnen, kostete mich Überwindung. Ich glaube, ich hatte zuvor Jahrzehnte nicht mehr vor einer anderen Person geweint, und nun passierte es mir ständig.

Mein Weg hin zu mehr Verletzlichkeit war weiß Gott kein einfacher und auch kein freiwilliger, aber heute kann ich wirklich sagen, dass es mir wahnsinnig guttut, aus ganzem Herzen authentisch zu leben und mich auch verletzlich zu zeigen. Mich mitzuteilen, wenn es mir nicht gut geht, Fehler zu machen und sie zuzugeben, etwas auszuprobieren, für dessen positiven Ausgang es keine Garantie gibt.

Mein Sohn hilft mir dabei, mich an Folgendes zu erinnern: Wir mögen alle in den Augen anderer Menschen nicht perfekt sein, aber es ist unser Geburtsrecht, genau so geliebt zu werden, wie wir zur Welt gekommen sind.

Bewerten und bewertet werden

Grundsätzlich ist die Angst davor, bewertet zu werden, eine Form der Angst vor Ausgrenzung. Aber da sie, gerade auch durch unsere digitale Welt, immer mehr gefüttert wird, finden wir es wichtig, sie einmal genauer unter die Lupe zu nehmen.

Die Angst, von anderen negativ bewertet zu werden, ist eine Form der Angst vor Ablehnung und Getrenntsein. Dahinter steht in der Regel die Annahme: «Wenn jemand schlecht von mir denkt, könnte das schreckliche Folgen für mich haben.» Wir streben aber nach Harmonie und fürchten Streit, Lästereien oder sogar öffentliche Anprangerung. Unangenehmen Situationen, die oft mit Gefühlen wie Scham, Trauer oder Wut verbunden sind und manchmal sogar in einer persönlichen Krise enden, von der wir nicht wissen, ob wir sie bewältigen können, versuchen wir auszuweichen.

Das trifft sogar dann noch gelegentlich zu, wenn wir viel Selbstliebe in uns tragen. Allerdings können wir solchen Situationen ein wenig gelassener entgegenblicken, wenn wir wissen, dass wir es wert sind, geliebt zu werden und dazuzugehören, als jemand, der um das Gefühl der Anerkennung kämpft und seinen Selbstwert hauptsächlich aus der Bewertung anderer zieht. Statt zu fragen: «Was denken andere über mich, wenn ich …?», dürfen wir uns also lieber fragen: «Was denke ich über mich, wenn ich …?»

Nancy (34), Mutter von Jordan (4) und Jayden (4)

Kennst du diese Angst, dass du es einfach nicht überleben wirst, wenn dich jemand ablehnt?

Ich hatte in der Vergangenheit mit starken Panikattacken zu kämpfen, wenn in einem Lebensbereich etwas schieflief.

Ich erinnere mich z. B. an Existenzängste, wenn ich bei der Arbeit etwas verbockt hatte (sogar wenn es sich nur um einen kleinen Fehler handelte). Sofort dachte ich: Wenn das dein Chef herausfindet, wird er deine Kompetenz infrage stellen, dir kündigen und du stehst auf der Straße.

Oder: Wenn Bekannte in meiner Nähe tuschelten, wurde ich direkt nervös: Oh Gott! Was, wenn sie über mich reden? Was, wenn sie mich eigentlich total schlimm finden und mich hinter meinem Rücken auslachen?

Mein Psychotherapeut erklärte mir dann einmal, dass diese Ängste möglicherweise aus meiner Kindheit kommen. Meine Eltern waren sehr kritisch und haben vieles an mir abgelehnt. Und als Kind ist man ja wirklich auf die Gunst der Eltern angewiesen und darauf, dass sie sich um einen kümmern. Davon hängt im Endeffekt wirklich dein Überleben ab.

Ich meine, mich zu erinnern, dass ich bei jeder Zurechtweisung ein Gefühl von «Haben sie mich noch lieb?» empfand und nach Streitigkeiten schon damals existenzielle Ängste hochkamen, die mich dazu bewogen, egal wer im Recht war, immer bei meinen Eltern angekrochen zu kommen.

Ein Satz meines Therapeuten hat mir geholfen, die Angst des kleinen Mädchens in mir vor Abwertung besser in den Griff zu bekommen: «Sie sind nun erwachsen und Ihr Überleben ist nicht mehr von anderen abhängig. Sie können sehr wohl gut für sich selbst einstehen.»

Wenn ich merke, dass ich einen Anflug von Panik bekomme, sage ich daher zu meinem inneren Kind: «Ich sorge jetzt für dich!» Damit lässt sich die Situation besser bewältigen.

Obwohl wir selbst oft Angst Perspektivwechsel vor Bewertung haben, bewerten auch wir die ganze Zeit. Wir tendieren dazu, Menschen / andere in Kategorien einzuteilen. Das passiert automatisch und als Menschen können wir uns nicht komplett davon freimachen.

Dass deine Selbstliebe steigt, kannst du daran erkennen, dass du andere nicht mehr so viel, so schnell oder so oft bewertest. Wenn wir uns selbst verstehen und annehmen, entwickeln wir oft mehr Empathie für andere: Wir sehen nicht mehr nur uns, sondern versuchen auch, uns in die andere Person hineinzuversetzen, sehen die Welt mit ihren Augen. So wie wir uns selbst Respekt zollen, haben wir auch mehr Verständnis für die Gefühle und Motive anderer Menschen.

Wenn du dazu neigst, andere negativ zu bewerten oder ihnen einen Stempel aufzudrücken, darfst du dich daran erinnern, dass Abwertung immer Trennung schafft. Die meisten von uns wünschen sich aber eine tiefere Verbindung. Wenn wir Verbindung möchten, müssen auch wir Empathie für unsere Mitmenschen entwickeln.

Übung: Empathischer Perspektivwechsel

Wenn im Kontakt mit einer anderen Person ein starkes Gefühl, wie z. B. Aggression, Angst etc., in dir hochkommt, kann dir folgende Übung helfen, empathischer zu werden, statt in die Ablehnung zu gehen.

Für diese Übung ist es nicht notwendig, dass die andere Person anwesend ist. Du kannst sie dir einfach auf einem leeren Stuhl vor dir sitzend vorstellen und dir eine vorangegangene schwierige Situation mit dieser Person noch einmal in Erinnerung rufen.

1. Versuche, dich einmal von deinen eigenen Gefühlen freizumachen und dich stattdessen auf die Perspektive der anderen Person zu konzentrieren.

2. Du beginnst nun, der Person Fragen zu stellen. Natürlich haben die Antworten keinen Anspruch auf Wahrheit. Die Übung dient nur dazu, mehr Verständnis für einen anderen Menschen aufzubringen.

3. Die erste Frage kann lauten: Wie war die Situation für dich?

4. Dann kannst du fragen: Wie hast du dich in der Situation gefühlt?

5. Die nächste Frage bezieht sich auf das Bedürfnis der anderen Person: Was hättest du in dieser Situation gebraucht?

6 Und mit der letzten Frage kommst du ggf. der Lösung des Konflikts näher: Was wünschst du dir, dass jetzt passieren würde?

Vielleicht hilft dir diese Übung, die der Gewaltfreien Kommunikation nach Marshall B. Rosenberg entlehnt ist, dich besser in deine Gegenüber hineinzuversetzen und Interesse für ihr Gefühlsleben und ihre Bedürfnisse aufzubringen?

Einige Mütter haben berichtet, dass es ihnen auch im Umgang mit ihren Kindern hilft, ab und an die Perspektive zu wechseln. Wenn es dir komisch vorkommt, die Übung in Abwesenheit der Person durchzuführen und du dir mehr Klarheit darüber wünschst, was wirklich in deinem Gegenüber vorgeht, kannst du natürlich auch überlegen, die Person direkt zu fragen. Dann ist es wichtig, dass du im Zwiegespräch sachlich deine subjektive Gefühlslage äußerst, Ich-Botschaften aussendest (Ich habe mich … gefühlt), ehrlich deine Bedürfnisse kommunizierst (Ich wünsche mir …) und ggf. eine positive Bitte für die Zukunft formulierst.

Klarheit ausstrahlen

Je mehr die Selbstliebe steigt, desto deutlicher kannst du vielleicht spüren, dass Klarheit nicht nur auf Worte beschränkt ist. Wenn du dir im Klaren darüber bist, warum du mit welchen Gefühlen auf welche Situationen / Menschen reagierst, z. B. indem du dich selbst fragst, welche deiner Bedürfnisse gerade nicht erfüllt werden und was du brauchst, um anders zu reagieren / dich besser zu fühlen, birgt das ein großes Potenzial für Veränderung. Du kommunizierst nicht nur klarer, sondern strahlst auch deutlicher aus, was du möchtest und brauchst. Du lächelst nicht, wenn du eigentlich vor Wut überschäumst, du gibst nicht vor, Spaß zu haben, wenn du dich eigentlich langweilst, du hältst deine Freude nicht zurück, sondern traust dich, ihr Ausdruck zu verleihen. Statt unklarerer Energie sendest du das aus, was du

ehrlich spürst, und hilfst damit auch deinen Mitmenschen, dich
besser zu verstehen. 🌷

Social Media

Wenn es um die Verbindung mit anderen Menschen über
digitale Medien geht, sind wir die erste Generation, die sich in
diesem spannenden Feld erproben darf.

Es ist eine Sache, sich den eigenen Freunden gegenüber zu
zeigen, Freunden, von denen man weiß, dass sie einem bestenfalls wohlgesinnt sind, und auch der Kreis von Bekannten oder
Menschen in der Nachbarschaft ist überschaubar.

Die Social-Media-Community hingegen scheint unendlich: so
viele Möglichkeiten, sich zu verbinden, darzustellen, gefeiert zu
werden und genauso viele, sich potenziell zu blamieren oder auf
Kritik zu stoßen. Kennst du das Gefühl, wenn dein Herz pocht,
sobald du einen Post oder Kommentar veröffentlichst? Pocht es vor
Angst, dass du abgelehnt werden könntest, oder aus Vorfreude auf
all die Likes, die dir bestätigen, dass jemand mit dir schwingt?

Die Gefühle, die du bei der Nutzung von Social Media wahrnehmen kannst, werden dir mitunter auch Auskunft darüber
geben, wo du gerade mit deiner Selbstliebe stehst. Und da Social
Media tolle Chancen bieten, aber auch große Risiken, ist es im
digitalen Raum besonders wichtig, gut auf dich zu achten und
immer mal wieder zu reflektieren, was dir guttut und was nicht.

Chancen: Virtueller Support, Austausch, Unterhaltung

Während die Social Media vor einigen Jahren noch stärker ein
Ort der reinen Selbstinszenierung waren, geht der Trend zu
einer reiferen Nutzung hin. Die jüngere Generation nutzt die
digitalen Medien differenzierter und bewusster. Gerade seit der
COVID-19-Pandemie steht dabei der Kontakt zur Außenwelt

im Fokus. WhatsApp, Instagram, Facebook und andere Plattformen werden noch stärker dazu genutzt, um mit Freunden und Verwandten in Verbindung zu bleiben. Daneben werden YouTube und Co. aufgerufen, um sich Informationen über die unterschiedlichsten Themen zu beschaffen, oder schlicht und einfach zur Unterhaltung.

Ähnlich dürfte es bei Müttern aussehen: Die Social Media haben definitiv Vorteile, wenn sich Langeweile breitmacht und wir uns nach Verbindung und Austausch mit anderen sehnen. Insbesondere dann, wenn wir vielleicht gerade ein schlafendes Baby auf dem Bauch liegen haben oder aus irgendwelchen Gründen – die gibt es mit Kindern ja immer – gerade nicht das Haus verlassen können, um echte Verbindungen zu pflegen.

Cansu (26), Mutter von Berat (2)

Es wird ja viel über soziale Medien abgehatet. Aber ich liebe sie! Für mich ist das super, dass ich mir dort ohne großen Aufwand Rat von anderen Müttern holen kann oder einfach nur durch meinen Feed scrollen, wenn ich daheim vor Langeweile sterbe.

Ich finde es fantastisch, dass man sich über Ländergrenzen hinaus vernetzen kann, mal mitbekommt, wie man woanders mit bestimmten Situationen umgeht. Ich fühle da eher ein Einssein mit Menschen auf der ganzen Welt und der Zuspruch in Form von Likes oder einem netten Kommentar unter meinen Posts wie «Ich kenne das so gut und verstehe dich» helfen mir, vor allem, wenn ich mich als Mutter mal wieder ein bisschen isoliert fühle.

Wir können Gruppen beitreten, die unsere Interessen repräsentieren, uns Inspirationen von unseren Lieblings-Influencerinnen holen, was z. B. Kinderzimmergestaltung, Urlaubsplanung mit der Familie, spannende Aktivitäten oder die Selbstliebe angeht. Kurz gesagt: Solange es uns guttut, dürfen wir uns jederzeit virtuelles Soul-Food gönnen, wenn der

Hunger nach Information, Unterhaltung oder Verbindung mit anderen groß wird.

Risiken von Social Media

Wir freuen uns sehr über eine Entwicklung hin zu mehr Authentizität, die wir in letzter Zeit beobachten konnten. Wenn statt aufwendig dekorierten Kindermahlzeiten Bilder davon gezeigt werden, wie der Boden aussieht, nachdem die Kleinen mit dem Essen fertig sind. Oder die Wand, wenn die Stifte zu lange unbeaufsichtigt waren. Und wenn sich Mütter auch mal mit Augenringen und schlecht frisiert vor die Kamera trauen.

Doch obwohl der Wandel bereits im Gange ist und es sehr viele positive Seiten von Social Media gibt, bergen sie auch Risiken, gerade in Bezug auf die Selbstliebe: Wer kennt es nicht? Man hat einen schlechten Tag, will sich ein bisschen ablenken und der Versuch geht voll in die Hose. Denn nicht immer bekommen wir anerkennende Likes für unsere Posts und manchmal ist die perfekt aufgeräumte Wohnung deiner Lieblingsbloggerin gerade das, was das Tränenfass zum Überlaufen bringt, wenn der Blick auf die eigenen vier Wände fällt.

Auch wenn wir in den letzten Jahren ein realistischeres Bild von Mutterschaft in den Social Media erleben, begegnen wir doch noch oft genug Social Mums, deren Selbstdarstellung und perfekte Inszenierung von Mutterschaft uns ins Grübeln bringen: «Wie kann es sein, dass die anderen das hinbekommen und ich nicht?» – egal ob es sich dabei um die perfekte Geburtstagstorte oder die fehlerfreien Erziehungsmethoden handelt.

Vom Verstand her wissen wir zwar oft, dass Fotos oder Reels nur einen Ausschnitt (und zwar oft die beste Version) der Realität der anderen zeigen, und trotzdem haben viele Mütter das Gefühl, dass ein Druck auf ihnen lastet: der Druck, nicht mithalten zu können.

Die Vergleichsfalle

Wie auch im echten Leben ist der Vergleich mit anderen (vornehmlich mit vermeintlich Besseren) etwas, was unserer Selbstliebe gar nicht förderlich ist. In den Social Media wird dieser Vergleich noch auf die Spitze getrieben, weil es nicht die Realität ist, mit der wir uns vergleichen, sondern eine perfektionierte Darstellung derselben.

Wenn du in dem Beitrag einer Bloggerin liest, wie sie selbst den bedürfnisorientierten Alltag mit den Kindern gestaltet, wenn du die Ratschläge von Expertinnen findest, wie sich dieses oder jenes Problem mit dem Nachwuchs liebevoll lösen lässt, dann ist trotzdem nicht gesagt, dass sie das auch selbst immer hinbekommen. Das, was du von diesen Müttern siehst, ist schließlich auch nur das, was sie zeigen wollen und was du gleichzeitig bereit bist zu sehen. Wir wissen nicht, wie das Leben dahinter aussieht, wir kennen ihre wahren Gefühle nicht.

Auch hier empfiehlt es sich wieder, dich liebevoll daran zu erinnern, dass du gar nicht in den Vergleich mit anderen treten musst. Lenke stattdessen den Fokus auf dich, indem du dich z. B. fragst: Worauf bin ich stolz? Wofür bin ich dankbar? Was ist in meinem Leben gut?

Wenn sich bei dir Gefühle von Neid oder Missgunst regen, kannst du sie auch als Anhaltspunkt dafür nutzen, was du gerne mehr in deinem Leben hättest, und dich darauf konzentrieren, dies auch zu erreichen.

Katharina (38), Mutter von Kaya (2), Cleo (4) und Max (7)

Wenn beim Scrollen das Gefühl von Neid aufkommt, dann bringt es mir gar nichts, in Selbstmitleid zu versinken und mich dafür zu bedauern, dass die anderen es besser haben. Ich habe daher verschiedene Strategien für mich entwickelt, mit Neid umzugehen. Zum einen versuche ich, Neid als Wegweiser und als Motivation zu sehen: Wo möchte ich längerfristig hin? Welche Schritte muss ich dafür gehen? Welche

*kleinen Ziele kann ich mir vornehmen, um meinen Wünschen näher
zu kommen?*

*Und zum anderen – die kurzfristige Lösung – versuche ich, das
Positive an meiner Situation zu sehen. Also z. B. welche Möglichkeiten
sich mir dadurch bieten, dass ich etwas (noch) nicht habe: Wir besitzen
kein eigenes Haus. Wir können also jederzeit umziehen und müssen
keinen hohen Kredit bedienen usw.*

Oder du machst kurzen Prozess, packst die Gelegenheit beim
Schopf und mistest deinen Social-Media-Account aus. Raus mit
den Channels, Profilen und Dingen, die dich mehr belasten, als
dir Freude bringen. Bleiben dürfen die, die dich ermutigen, Spaß
machen und mit denen du dich wirklich identifizieren kannst.

Übung: Social Media ausmisten

Im Folgenden findest du einige Impulsfragen, um auszuloten,
welche Kanäle dir überhaupt (noch) zuträglich sind.

Plattformen:

- Hast du ein gutes Gefühl, wenn du deine Social-Media-
  Plattformen benutzt, oder gibt es einige, mit denen du dich
  gar nicht wohlfühlst? Reflektiere kurz die Gefühle, die du
  mit den einzelnen Portalen verbindest. Welchen Nutzen
  bringen sie dir?

- Falls eine Plattform dich nicht in ihren Bann zieht,
  warum hast du den Account nicht gelöscht? Gibt es andere
  Möglichkeiten, die den gleichen Nutzen für dich bringen?
  Wie geht es dir, wenn du mal testest und einen Tag, eine
  Woche oder einen Monat auf das Einloggen dort ver-
  zichtest oder die App auf deinem Smartphone löschst
  (ohne gleich den Account zu löschen)?

- Gibt es einen neuen Online-Ort, der dich immer wieder lockt? Warum? Welchen Mehrwert siehst du? Ergibt es Sinn, hier einen neuen Account zu generieren und dafür ggf. einen anderen, der dir nichts mehr bringt, aufzugeben?

Profile/Freunde:

- Gibt es Menschen oder Profile, deren Bilder, Aussagen oder Reaktionen dich dich immer wieder schlecht fühlen lassen?

- Falls ja, was sagt das über dich aus – und was über die anderen?

- Kannst du dich erinnern, wieso du mit einer bestimmten Person online befreundet bist / ihr folgst? Was weißt du über sie? Möchtest du von ihr lesen oder ist sie dir nicht so wichtig? Gibt es Menschen im virtuellen Raum, von denen dir dein Bauchgefühl sagt, dass sie eigentlich nicht (mehr) zu dir passen? Gibt es Menschen / Personen von denen du aus irgendeinem Grund nicht möchtest, dass sie so viel über dich erfahren, und falls ja, kannst du ihren Zugriff so beschränken, dass es sich für dich in Ordnung anfühlt – oder wäre es besser, diese Menschen komplett aus deinen Kontakten zu löschen?

- Falls du ein Problem damit hast, jemanden virtuell zu löschen, was steckt dahinter? Und was geschieht, wenn du es testweise einmal versuchst?

Nicht nur im virtuellen Raum ist es sinnvoll, von Zeit zu Zeit in dich hineinzufühlen, um zu prüfen, mit wem du dich gerne umgibst. Wer gibt dir Energie und wer nimmt dir eher Energie?

Übung: Finde deinen Tribe

Keiner von uns ist gerne auf Dauer allein und gerade unter Müttern lässt sich vieles gemeinsam leichter meistern. Wichtig ist jedoch, dass du dich in dieser Gemeinschaft angenommen fühlst. Je (selbst-)bewusster du wirst, desto deutlicher kannst du spüren, bei wem du wirklich du selbst sein darfst und dich dadurch eher energetisch gestärkt als geschwächt fühlst.

Das gilt auch umgekehrt: Sobald wir uns und unsere Meinung zeigen, wird auch für andere klarer, ob sie sich uns zugehörig fühlen oder nicht. Hab keine Angst davor, abgelehnt zu werden. Es tut auf die Dauer nicht gut und ist deiner Selbstliebe nicht förderlich, dich mit Menschen zu umgeben, die dich, so wie du wirklich bist, nicht akzeptieren können. Dafür ist es umso bereichernder, wenn du durch bewussteren Umgang in deinen Beziehungen Raum schaffst für diejenigen, die ähnlich schwingen wie du.

Die nächste Übung kannst du dafür nutzen, dir klarer zu werden, wer zu deinem Tribe gehört oder gehören soll. Während sich ein Stamm im eigentlichen Sinne auf Menschen bezieht, die in einer Gemeinschaft beieinander wohnen und/oder miteinander verwandt sind, meinen wir hier vielmehr eine unabhängig von irgendwelchen Regeln oder Zugehörigkeiten erweiterbare Gruppe, diejenigen Menschen, die gefühlt einfach zu dir gehören – deine Soul-Family.

Du benötigst für diese Übung Zettel und Stift.

1. Nimm dir ein wenig Zeit für dich selbst und mach es dir gemütlich.

2. Gehe gedanklich mit deiner Aufmerksamkeit zu den Menschen, mit denen du regelmäßig in Kontakt stehst, egal, ob online oder offline.

3 Schreibe die Namen derjenigen auf, mit denen du die meiste Zeit verbringst.

4 Notiere eine Aussage oder ein Geheimnis über dich, das du dich bisher nicht getraut hast, öffentlich zu kommunizieren.

5 Nun nimm dir die erste Person auf deiner Liste vor. Sprich in Gedanken deine Wahrheit vor ihr aus. Wie fühlst du dich damit, was spürst du in deinem Körper? Fühlt es sich beklemmend oder befreiend an? Wie reagiert die andere Person auf dein Geständnis? Beginnt sie, dagegen zu argumentieren? Stimmt sie dir freudig zu? Und noch viel interessanter: Kann sie dich mit deiner Wahrheit stehen lassen, selbst wenn sie vielleicht nicht derselben Meinung ist?

6 Schreibe auf, welche Gedanken und Gefühle dir bei dieser Person durch den Kopf gegangen sind.

7 Wiederhole den Vorgang für die anderen auf deiner Liste.

8 Zeit zu sortieren: Wer zaubert dir unabhängig von dem, was kommuniziert wird, stets ein Lächeln ins Gesicht? Bei wem kannst du dir sicher sein, dass die Reaktion, wie auch immer sie ausfallen wird, wertschätzend und liebevoll ist? Wer mag vielleicht nicht immer sofort zu allem seine Zustimmung aussprechen, aber du weißt: Wenn Bedenken kommen, dann sind sie gut gemeint, durchdacht und bringen dich auch weiter? Wer fühlt sich sonst noch unterstützend für dich an, und aus welchem Grund? Gibt es Menschen, die zwar in deinem Leben sein dürfen, aber nicht zu deinem Tribe gehören, weil du dich nicht uneingeschränkt wohl mit ihnen fühlst? Und sind auf deiner Liste vielleicht sogar Menschen, bei denen dir klar geworden ist, dass du den Kontakt mit ihnen nicht mehr forcieren oder sogar beenden möchtest, weil deine Intuition dir sagt, dass es nicht passt? Wie fühlst du dich bei dem Gedanken daran, den Kontakt auslaufen zu lassen? Fällt dir jemand ein, mit dem du zwar nicht regelmäßig in Kontakt bist, aber trotzdem weißt, dass er zu deiner Soul-Family gehört?

9 Wenn du magst, kannst du deine Kontakte nun bildlich anordnen. Du schreibst deinen Namen in die Mitte und all diejenigen, die zu deiner engeren Soul-Family gehören, um dich herum verteilt – so, wie es sich für dich stimmig anfühlt. Eine Art Stammbaum, nur nicht auf genetischer, sondern auf seelischer Ebene. Auf diese Weise kannst du vielleicht noch besser erkennen, welche Menschen dir uneingeschränkt guttun, welche du nur zu bestimmten Anlässen um dich haben möchtest, und welche Kontakte du gar nicht mehr in deinem Leben brauchst, weil sie dich nicht nähren.

10 Manchmal hilft es, wenn du zusätzlich zur räumlichen Verteilung auch noch etwas über die Rolle des jeweiligen Menschen in deinem Leben vermerkst. Auf diese Weise wird deutlicher, wen du dir immer in deiner Nähe vorstellen kannst – und wen nur unter bestimmten Bedingungen. Z. B. mag es sein, dass eine Freundin, mit der du dich früher regelmäßig getroffen hast, inzwischen nur noch dann für dich passt, wenn es ums Party machen geht, aber für tiefe Gespräche gibt es andere.

Du brauchst dir übrigens keine Sorgen darüber zu machen, dass du die Neusortierung deiner Soul-Family nun auch gleich aktiv im echten Leben umsetzen musst. Die Klarheit rund um die Neuausrichtung der Kontakte sorgt vermutlich bereits dafür, dass sich einiges verändern wird. Du triffst Verabredungen bewusster, weißt genauer, mit wem du über welche Themen sprechen möchtest und mit wem nicht. Vielleicht zieht eine solche Analyse aber auch tatsächlich die Entscheidung nach sich, dass bestimmte Menschen nicht länger zu deinem Inner oder Outer Circle gehören sollen.

Digitales Detox

Um Abstand von all den Ablenkungen, Menschen, Nachrichten und Angeboten im Internet zu bekommen, dich zu sortieren und mit der echten Welt und dir selbst rückzuverbinden, kann auch ein digitales Detox sinnvoll sein.

Nina (31), Mutter von Levin (5)

Ich glaube, ich bin ein Social-Media-Junkie. Ich ertappe mich ständig dabei, dass ich, wenn ich eine freie Minute habe, meine Messenger checke oder Instagram öffne. Ohne dass ich es merke, vergehen die Stunden und ich habe das Gefühl, dass ich dadurch wertvolle Zeit verliere. Auch mit meiner Familie.

Ich versuche daher, einmal im Monat ein Wochenende ein digitales Detox zu machen. Als Anreiz schreibe ich mir vorher eine Liste mit all den Dingen, die ich durch bewussten Verzicht gewinnen kann:

- *Zeit für mich und meine Familie*
- *Besseren Schlaf und mehr Entspannung*
- *Lust, kreativ tätig zu werden*
- *Stärkere Präsenz und Konzentration auf den Augenblick*

Wenn ich spüre, dass meine Sucht sehr groß wird und ich am liebsten zum Smartphone greifen würde, atme ich tief durch und frage mich: Wonach sehne ich mich eigentlich gerade wirklich? Wie kann ich dieses Bedürfnis durch etwas Reales ersetzen?

Am Sonntag ziehe ich dann noch ein kurzes Resümee. Was hat mir meine digitale Auszeit gebracht? Wofür habe ich Zeit gewonnen und genutzt? Wie habe ich mich gefühlt, welche Bedürfnisse haben sich gezeigt? Was kann ich für meinen Alltag mitnehmen und vielleicht ab und zu anders machen?

Selbst in den Social Media aktiv sein

Während die einen spüren, dass es Zeit für ein digitales Detox ist, sie also weniger Zeit im Netz verbringen möchten, gibt es auch viele Frauen, die Lust und Zeit haben, aktiver zu werden: Gehörst auch du zu den Müttern, die sich endlich zeigen wollen, Spaß daran haben, digitalen Content zu kreieren und denen nur noch ein bisschen Mut fehlt, um loszulegen?

Was den einen leicht von der Hand geht, kostet andere ein wenig Überwindung. Fragen wie: «Warum sollte ich das eigentlich noch machen, machen doch schon Tausend andere?» oder «Was, wenn es nicht gut wird und ich nicht erfolgreich bin?» kommen auf. Gerade für Mütter, die sich mit ihrem Account auch an andere Mütter richten wollen, spielt außerdem immer wieder die Frage eine Rolle, wie viel man überhaupt von sich und seiner Familie preisgeben möchte.

Vielleicht helfen diese kleinen Reminder:

1. Nimm dich selbst nicht allzu wichtig: Ja, die Dinge können anders laufen, als wir denken, und manchmal machen wir uns sogar zum Deppen. Na und? Immer alles so perfekt wie möglich handhaben zu wollen, macht dich nur unflexibel und verhindert, dass du aus dem Flow heraus kreierst.

2. Du bist einzigartig: Deshalb ist es auch vollkommen egal, wie viele Leute schon tun, was auch dir vorschwebt. Du tust es auf deine eigene Weise, keiner macht es genau wie du und mit Sicherheit wird es immer Menschen geben, die genau deinen individuellen Stil gut finden.

3. Es kommt nicht auf den Erfolg an, sondern auf die Freude, mit der du etwas schaffst. Wenn du Spaß daran hast, Fotos zu knipsen oder Videos zu drehen, ist es doch eigentlich

egal, ob sie auch bei anderen gut ankommen. Deshalb sollte die erste Frage immer lauten: Macht es mir Freude? Erfolgreich sein, kann im Übrigen auch bedeuten, dass du es geschafft hast, eigene Hürden zu überwinden und dich selbstbewusst mit dem, was du bist, zu zeigen. Und auch wenn du nur eine Nutzerin inspirierst, kann das ein Erfolg sein.

4　Du musst nicht von Anfang an perfekt sein! Social Media sind schnelllebig und an jedem Tag bietet sich die Chance, etwas neu zu gestalten. Wenn du hinter einem Beitrag nicht mehr stehst, kannst du ihn jederzeit löschen.

5　Keine Angst vor der eigenen Größe: Viele von uns haben gelernt, bescheiden zu sein und sich bloß nicht in den Mittelpunkt zu stellen. Wenn wir uns aber selbst nicht erlauben, mit unserem Licht zu leuchten, unsere Berufung auszuleben, werden wir unser Potenzial auch nie voll nutzen und das kann sich unbefriedigend anfühlen. Daher: Trau dich! Du stiehlst keinem anderen Raum, sondern nimmst nur deinen Platz in der Sonne ein.

6　Es ist normal und in Ordnung, dir einzugestehen, wenn du Angst davor hast, im Internet sichtbar zu werden. Egal, ob eher passiv, indem du Beiträge likest und kommentierst oder indem du dich selbst auf irgendeinem Kanal zeigst. Diese Angst zu überwinden, ist ein Prozess, in dem es darum geht, in der Vergangenheit erworbene Wunden liebevoll zu flicken, dadurch, dass du vorsichtig einen virtuellen Schritt vor den anderen setzt und dann feststellst, dass dir nicht wirklich etwas Schlimmes passiert, wenn du online präsent bist. Du bist es wert, dich zu zeigen, und zwar in deiner Ganzheit – alles, was dich beschäftigt, darf mit anderen geteilt werden, wenn dir danach ist. Das macht sogar deine einzigartige Stimme aus.

7   Einige Dinge solltest du dir jedoch schon überlegen, bevor es losgeht: Wo liegen deine Grenzen? Was möchtest du nicht zeigen? Gerade im Zusammenhang mit dem Teilen von Kinderbildern werden immer wieder kritische Stimmen laut, weil es tatsächlich auch reale Risiken gibt, die wir nicht unterschätzen sollten. Außerdem haben auch Kinder ein Recht auf Privatsphäre und können, zumindest wenn sie klein sind, noch nicht entscheiden, was sie von sich zeigen wollen. Überlege dir vorher, ob du die Verantwortung dafür übernehmen möchtest.

Steffi (38), Mutter von Jannis (8) und Emma (10)
Vor ein paar Jahren habe ich meinen Blog gegründet. Obwohl ich mittlerweile viel Erfahrung habe und mehrmals pro Woche etwas poste, gibt es Tage, an denen noch immer die Angst anklopft. Ist meine Meinung zu radikal? Ist das Bild zu privat? Kann ich das, was ich heute sage, nächste Woche noch vertreten? Dann versuche ich, meiner Intuition zu folgen und im Vertrauen zu sein, dass das, was mich beschäftigt oder fröhlich macht, auch andere anspricht.

Kritik (von den ganz blöden, unsachlichen Kommentaren abgesehen) hat mir aber auch geholfen, meinen Standpunkt zu prüfen und meinen Horizont für andere Sichtweisen zu öffnen, was ich als große Bereicherung sehe. 🌸

Grenzen setzen

Viele Menschen fürchten, nicht mehr so beliebt zu sein, wenn sie «Nein» zu etwas sagen. Sie wollen niemanden vor den Kopf stoßen, scheuen sich vor einem Konflikt oder können sich gut in andere und deren Gefühle hineinversetzen, möchten sozial handeln und auf keinen Fall das Wohl anderer gefährden. Dabei werden die Bedürfnisse der anderen oft priorisiert und die eigene emotionale Gesundheit tritt in den Hintergrund. Ein

Verhalten, das nicht selten zu Erschöpfung oder Überforderung führt und sogar im Burn-out enden kann.

Besonders Frauen tun sich schwer damit, Grenzen zu setzen. Es gibt zahlreiche Mütter, die den dringenden Wunsch verspüren, ihrer Familie alles Menschenmögliche zu geben und aus Angst vor Schuldgefühlen, Streit oder Ablehnung keine klaren Grenzen ziehen.

Gehörst du zu den Menschen, die wenig Energie haben, weil du alles für andere gibst? Passiert es dir, dass eine Situation eskaliert, weil du ein bestimmtes Verhalten von anderen zu lange ausgehalten hast, statt zügig zu kommunizieren, dass du etwas nicht möchtest? Hast du ab und zu das Gefühl, dass andere dich ausnutzen oder du immer den Kürzeren ziehst, weil keiner Rücksicht auf dich nimmt? Dann solltest du dir einmal die Frage stellen, ob du deine Grenzen klar kommunizierst. Denn es sind nicht in erster Linie die anderen daran schuld, wenn du schlechte Laune, wenig Kapazitäten oder keine Zeit hast. Du selbst bist die Wächterin über deine Ressourcen und bist in der Verantwortung, sie zu verteidigen.

Bevor wir uns dem widmen, wie du deine Grenzen setzen und einhalten kannst, stellt sich erst einmal die Frage, ob du deine persönlichen Grenzen überhaupt kennst.

Welche Werte und Einstellungen vertrittst du? Was ist dir sehr wichtig, wo bist du flexibler? Gibt es Momente, in denen du denkst: «Stopp, das geht mir zu weit!», oder Entscheidungen, bei denen sich regelmäßig ein schlechtes Bauchgefühl meldet, z. B. weil du etwas jemand anderem zuliebe tust, obwohl es sich eigentlich nicht gut anfühlt? Vielleicht gibt es auch jemanden, von dessen Verhalten du dich manchmal überrumpelt fühlst oder das dir unangenehm ist? Denke auch mal an deine Liebsten: Wann gibt es Situationen, in denen deine Eltern, dein Partner, deine engsten Freunde oder Kinder deine Grenzen überschreiten? Gibt es Glaubenssätze wie «Ich muss es allen recht machen!», die du verinnerlicht hast und die dich vielleicht sogar emotional von anderen abhängig machen?

Je mehr du darüber weißt, desto klarer wird dir auch, warum sich manchmal Wut, Verärgerung, Enttäuschung oder Überforderung zeigen. Wenn du spürst, dass jemand sich nah an deiner Grenze bewegt, kannst du dir diese Situationen auch aufschreiben, um dir immer bewusster darüber zu werden, welche Momente es genau sind, in denen deine Grenzen spürbar werden.

Gibt es welche, die fix sind, oder sind sie nur da, wenn du angespannt oder gestresst bist? Gibt es eine bestimmte Grenze nur im Zusammenhang mit einer speziellen Person? Wie handelst du, wenn jemand kurz davor ist, deine Grenze zu übergehen oder sie überschritten wurde? Hast du sie vorher kommuniziert oder konnte die andere Person gar nichts von ihr wissen? Nimmst du deine eigenen Grenzen ernst oder spüren andere vielleicht keine klaren Grenzen, weil du selbst nachlässig mit ihnen umgehst?

Wie du leichter Grenzen setzen kannst

Wenn du dich ein wenig mit deinen Grenzen in verschiedenen Lebensbereichen vertraut gemacht und dein Bewusstsein dafür geschult hast, dass immer wieder Situationen auftauchen, die dir Energie rauben, kannst du einmal überlegen, wie du in zukünftigen Situationen besser auf deine Grenzen achten kannst.

Hier einige Impulse dazu:

1　Akzeptiere, dass es für deine Selbstachtung und emotionale Gesundheit wichtig ist, auf deine Grenzen zu achten.

2　Höre auf dein Bauchgefühl. Wenn es deutlich grummelt, könnte es sein, dass du Gefahr läufst, deine eigene Grenze zu überschreiten. Nimm dich und deine Gefühle wichtig.

Wenn du deine Grenzen dauerhaft überschreitest, geht es auf dein Energiekonto.

3 Wenn du dir in einer Situation schwertust, direkt eine Entscheidung zu treffen, weil du nicht weißt, ob du Kapazitäten hast, erbitte dir ggf. mehr Bedenkzeit. Wenn z. B. deine Nachbarin fragt, ob du nächste Woche ihr Kind hüten kannst, du aber ohnehin schon am Anschlag bist, spricht nichts dagegen, das auch so zu kommunizieren: «Ich muss mir das erst durch den Kopf gehen lassen. Ich sage dir gerne noch mal Bescheid.»

4 Hab keine Angst, «Nein» zu sagen. Wenn du zu dem Entschluss kommst, dass etwas für dich nicht passt, ist das okay. Du kennst deine Gründe dafür und keiner sollte sie dir absprechen. Ein «Nein» kann Beziehungen sogar verbessern, denn so lernen andere deine Grenzen besser kennen. Und wem hilft es schon, wenn du nur halbherzig oder mies gelaunt bei der Sache bist?

5 Wenn du dich schlecht damit fühlst, etwas komplett abzulehnen, kannst du auch überlegen, Alternativen anzubieten: «Ich schaffe es nicht, dir beim Umzug zu helfen, aber unterstütze dich gerne darin, die Wandfarbe zu kaufen.»

6 Manche Grenzen kannst du bereits setzen, bevor es überhaupt zu einem Konflikt kommt: Wenn es z. B. Menschen gibt, die dein Verhalten, deine Entscheidungen, deine Ideen oder deine Arbeit immer wieder kritisch bewerten, und du das Gefühl hast, dass sie dich negativ beeinflussen, frage dich einmal, was du wann mit ihnen teilen möchtest. Gerade wenn wir selbst noch am Anfang von etwas stehen, bringen wir manchmal Zweifel mit und lassen uns schnell von

Pessimisten und Kritikern verunsichern. Lass dich nicht limitieren, denn du musst dich weder rechtfertigen noch die Erwartungen anderer erfüllen. Du allein weißt, was du brauchst, möchtest und dir zutrauen kannst. Wenn es regelmäßig vorkommt, dass eine Person dich mit ihrem Verhalten runterzieht, kannst du auch überlegen, ob du die Zeit mit ihr beschränkst. Suche dir stattdessen Leute, die dich unterstützen.

7 Interessiere dich für die Grenzen anderer und lerne, sie zu akzeptieren. Wenn wir uns darüber bewusst werden, dass wir alle z. B. aufgrund unserer Erziehung und Erfahrung ein ganz anderes Empfinden haben, welches Verhalten übergriffig ist, können wir auch leichter unsere eigenen Grenzen akzeptieren.

8 Erlaube dir schwierige Gefühle. Es ist nicht immer leicht, Grenzen zu setzen, und oftmals treten im Zusammenhang damit Ängste und negative Emotionen auf. Lass sie kommen und sei geduldig mit dir selbst. Vielleicht brauchst du ein wenig Zeit, um dich dem Thema anzunähern.

Grenzen und Ängste

Falls du gerade erst anfängst, Grenzen zu setzen, mag das alles sehr ungewohnt erscheinen. Wenn du zum ersten Mal für dich einstehst, ist das womöglich nicht nur für dich ein Schock, sondern auch für die anderen, gerade dann, wenn sie es gewohnt sind, deine Grenzen überschreiten zu können. Möglicherweise werden nicht alle Mitmenschen daher direkt freudig darauf reagieren, wenn du plötzlich klarer kommunizierst, was du (nicht mehr) willst. Dann kommt es darauf an, dass du dennoch bei dir bleibst und nicht aus Angst vor Ablehnung zurückruderst. Du weißt ja schließlich, wofür du es machst: nicht, um die anderen zu ärgern, sondern um deinen Raum zu schützen.

Ängste sind in diesem Zusammenhang normal, aber oft befürchten wir viel schlimmere Konsequenzen, als dann tatsächlich eintreten: Eine Kündigung, eine Trennung, ein Shitstorm bleiben meistens aus, wenn wir unserem Gegenüber respektvoll vermitteln, warum wir uns zuliebe eine bestimmte Grenze einhalten wollen. Und Menschen, denen unser Wohlergehen tatsächlich am Herzen liegt, werden versuchen, uns zu verstehen und unsere Grenzen zu respektieren oder zumindest Kompromisse zu finden.

Kindern Grenzen setzen

Ein sehr komplexes und wichtiges Thema stellt das Grenzensetzen bei Kindern dar, das wir daher lieber Erziehungswissenschaftlern überlassen möchten.

Und doch wollen wir die Empfehlung aussprechen, dich einmal eingehend mit diesem Thema zu befassen, weil es unserer Selbstliebe als Mutter sehr zuträglich sein kann, wenn wir ein besseres Gespür dafür bekommen, wie wir in diesem Zusammenhang möglichst verantwortungsvoll handeln.[18] Was wir tun können, um unseren Kindern sichere und verlässliche Grenzen zu setzen, ohne dabei die vertrauensvolle Beziehung zu ihnen aufs Spiel zu setzen. Genau das fällt nämlich vielen Müttern schwer. Wir verfallen oft in die Muster unserer Eltern, deren Erziehungsmethoden noch viel stärker von Macht, Anpassung, Disziplin und Gehorsam geprägt waren. Gleichzeitig spüren viele von uns sehr deutlich, dass wir die Bedürfnisse der Kinder nicht zugunsten unserer eigenen Bedürfnisse übergehen dürfen. Auch hier können wir als Mütter verantwortungsvoller handeln, wenn wir unsere eigenen Grenzen kennen und sie authentisch vertreten. Zu wissen, was ich möchte und was ich nicht möchte, und es meinem Kind liebevoll zu kommunizieren, ist eine gute Basis für eine Beziehung auf Augenhöhe. Welche Möglichkeiten es jedoch im Einzelnen gibt, wissen Pädagogen im Zweifelsfall besser als wir.

Julie (38), Mutter von Coco (8) und Camille (10)

Es fällt mir manchmal schwer, «Nein» zu meinen Kindern zu sagen. Hin und wieder musste ich mir auch schon von anderen anhören, ich sei so «laissez faire», würde zu wenig Grenzen setzen. Dabei geht es mir eigentlich eher um eine Beziehung auf Augenhöhe. Ich habe als Kind die Erfahrung gemacht, dass meine Eltern immer das letzte Wort hatten, einfach aufgrund der Tatsache, dass sie die Eltern waren. Das wollte ich nicht genauso machen.

Wenn ich «Nein» zu etwas sage, dann reflektiere ich auch gerne, ob das jetzt überhaupt Sinn hat. Ab und zu stelle ich dabei fest, dass alte Glaubenssätze zum Tragen kommen oder ich eine Regel (wie z. B. «Nur wer seinen Teller aufisst, bekommt eine Nachspeise» oder «Im Haus werden die Schuhe ausgezogen») übernommen habe, ohne sie jemals zu hinterfragen. Manchmal komme ich zu dem Schluss, dass eine Grenze gar nicht meine Grenze ist und ich sie meinen Kindern daher auch nicht setzen muss, wenn sie nicht lebensnotwendig ist.

Ich würde also sagen, ich bin nicht inkonsequent, sondern meine Grenzen sind je nach Situation auch verhandelbar. Und zwar unter Einbezug des Standpunkts meiner Kinder. Ich finde es schon wichtig, nicht alles einfach durchzusetzen, weil ich die Mama bin. Das heißt aber auch, dass ich mal einen Kompromiss auf meine Kosten mache, um meinen Kindern das Gefühl zu geben, gleichwertig zu sein. Mir gibt das ein gutes Gefühl. 🌸

Verantwortung für sich selbst übernehmen

Wie bereits im vorherigen Kapitel angedeutet, ist es leicht, anderen die Schuld für das zu geben, was nicht so läuft, wie wir es gerne hätten. Oft schieben wir unsere Vergangenheit, äußere Umstände oder andere Personen vor, damit wir nicht für uns selbst einstehen müssen.

- Ich habe keine Zeit für mich selbst, weil mein Partner immer unterwegs ist – und irgendeiner muss ja zu Hause bleiben und dafür sorgen, dass der Laden läuft.
- Ich wurde so erzogen und kann nicht aus meiner Haut.
- Ich würde mich viel wohler auf den Elternabenden fühlen, wenn da nicht immer so viele Eltern wären, die so anders ticken und gar nichts mit mir zu tun haben wollen.
- Wenn die Politiker ordentliche Arbeit machen würden, gäbe es nicht so viele gesellschaftliche Probleme.
- Wenn es nicht ständig so kalt und regnerisch wäre, hätte ich bessere Laune.

Doch wenn wir uns von der Opferrolle verabschieden möchten, kommen wir nicht umhin, Eigenverantwortung zu übernehmen.

Du stehst am Steuerrad des Lebens, niemand sonst

Verantwortung zu übernehmen heißt, sich aus der passiven Rolle zu befreien, sich seiner Wünsche und Bedürfnisse bewusst zu werden und sie auch zu kommunizieren. Es bedeutet auch, den Mut zu haben, Fehler zu machen oder Entscheidungen zu treffen und die Konsequenzen zu tragen. Oder seine Wahrheit zu sprechen, anstatt Notlügen zu erfinden, weil man sich nicht traut, zu seinen Bedürfnissen zu stehen.

Typischerweise stehen uns auch auf dem Weg zu mehr Verantwortung einige Ängste im Weg, z. B. die Angst, die Schuld zu tragen, wenn ich eine schlechte Entscheidung treffe, oder etwa die Angst, dass andere schlecht über mich denken könnten, wenn ich die wahren Gründe für ein bestimmtes Verhalten nenne. Für viele scheint es daher komfortabler, in der passiven Rolle zu verharren. Leider bedeutet das aber, dass ich anderen die Macht über mein Leben überlasse. Unsere Zufriedenheit ist jedoch maßgeblich davon abhängig, dass wir unser Leben selbst in die Hand nehmen, statt andere über uns entscheiden zu lassen und uns unserem Schicksal zu ergeben.

Melanie (33), Mutter von Selina (7) und Joshua (9)

Ich habe lange den durch die Familie entstandenen Zeitmangel als Grund vorgeschoben, meinen Traum von einer Kreativwerkstatt nicht umsetzen zu können. Bis mir eines Tages bewusst wurde, dass der eigentliche Grund dafür, dass ich mich so lange verweigert hatte, nicht wirklich etwas mit meinen Kindern zu tun hatte. Es ging vielmehr darum, dass ich Angst hatte, dass anderen das, was ich da vorhabe, nicht gefallen könnte. Oder dass ich scheitern könnte, noch bevor ich überhaupt richtig angefangen habe.

Nachdem ich mir das eingestanden hatte, fand ich vor dem Aufstehen meiner Kinder oder wenn sie mit den Nachbarskindern spielten plötzlich Zeit, an meinem Konzept zu arbeiten und anzufangen, den schon so lange leerstehenden Schuppen für den Umbau zur Werkstatt vorzubereiten. Nicht immer konnte ich stundenlang arbeiten, manchmal nicht mehr als 20 Minuten, die ich aber produktiv nutzte. Wenn man den Fokus auf das legt, was man zur Verfügung hat, statt auf das, an was es einem mangelt, ändert sich die Perspektive.

Wenn wir uns trauen, Verantwortung für uns zu übernehmen, und aufhören, Ausreden zu erfinden, warum etwas nicht geht, werden plötzlich Dinge möglich, die vorher unmöglich erschienen.

Mehr Verantwortung zeigen

Verantwortung zu übernehmen, ist in erster Linie eine Haltung: Du weißt, dass du durch deine Gedanken, Gefühle und Handlungen dein Leben so gestalten kannst, wie du es möchtest. Und du weißt auch, dass niemand die alleinige Schuld daran trägt, wenn etwas nicht so läuft, wie du das gerne hättest.

Statt übermäßig lange in einengenden Gefühlen wie Schuld oder Scham zu verweilen, kannst du auch die Verantwortung für dein Scheitern übernehmen und sagen: «Das, was da passiert ist, war nicht optimal. Ich bin dafür verantwortlich, dass es so gelaufen ist – aber es ist okay. Ich lerne aus diesem Fehler.»

Dann kannst du aktiv etwas dafür tun, die Dinge wieder in eine andere Richtung zu lenken:

Wenn du verstanden werden willst, erkläre dich. Wenn du etwas nicht verstehst, frage. Wenn dir etwas nicht gefällt, teile dich mit und mache einen alternativen Vorschlag. Wenn du dir eine Veränderung wünschst, verändere selbst etwas usw.

Wenn wir Verantwortung übernehmen, handeln und ein kleines Ziel nach dem anderen erreichen, fühlen wir uns selbstwirksamer. Wenn wir immer wieder erfahren, dass wir selbst etwas schaffen können, hilft uns das auch, mehr Selbstvertrauen in schwierigen Situationen zu entwickeln.

Was kannst du tun, um mehr Verantwortung für dich zu übernehmen? Hier ein paar Anregungen, die kleine Schritte in diese Richtung sein können:

1 Statt anderen oder äußeren Umständen die Schuld an etwas zu geben, was dich einengt, kannst du nach Lösungen suchen, wie du das, was dir wichtig ist, trotzdem tun kannst. Sorge selbst dafür, dass deine Bedürfnisse erfüllt werden.

2 Überprüfe einmal deine Wortwahl: Benutzt du oft die Wörter «man» oder «wir»? (z. B. «Man sollte mehr für seine Rechte eintreten.») Wenn du nicht mehr von «man»/»wir», sondern von «ich» sprichst, übernimmst du bereits in der Kommunikation mehr Verantwortung.

3 Plage dich nicht lange mit Entscheidungen herum, indem du wieder und wieder überlegst, welche Konsequenzen dein Handeln haben könnte. Keine Entscheidung zu treffen, ist oft am quälendsten. Kaum etwas ist wirklich endgültig und auch schlechte Entscheidungen helfen dir, herauszufinden, was du möchtest bzw. nicht möchtest.

4 Stehe dazu, wenn du etwas vermasselt hast. Ein klares
«Das war mein Fehler!» kann sehr befreiend sein und wird
von anderen oft viel besser aufgenommen als fragwürdige
Rechtfertigungen.

5 Dass du Verantwortung übernehmen kannst, hast du
bereits mit der Entscheidung bewiesen, Kinder zu bekommen und für sie zu sorgen. Wenn du für einen
anderen Menschen Verantwortung übernehmen kannst,
dann dürfte dir alles andere leicht von der Hand gehen.

Wenn du deine Einstellung änderst und Verantwortung für dich
selbst übernimmst, ziehst du andere, teilweise völlig neue Erfahrungen an. Sie zeigen dir, dass du mit allem, was du tust,
einen Unterschied machen kannst, dass du wichtig bist und dein
Leben so gestalten kannst, wie du es dir wünschst. 🌸

Teil 4

Selbstliebe kennt kein Ende

Selbstliebe kennt kein Ende

Zusammenfassung

Jetzt sind wir schon fast am Ende unseres Buches angekommen. Das heißt jedoch nicht, dass du nun alle Hürden aus dem Weg geräumt hast und in der vollen Selbstliebe angekommen bist. Leider stellt dieses Buch keine Gebrauchsanweisung dar, die für jede gleichermaßen funktioniert und ihren Leserinnen am Ende 100 Prozent Selbstliebe garantieren kann. Tatsächlich ist Selbstliebe ein lebenslanger Wachstumsprozess, für den wir viel Geduld, Raum und Zeit benötigen. Unser Anliegen war es, dir mit diesem Ratgeber einige Impulse zu geben, die in diesem Prozess unterstützend wirken können. Gerne möchten wir hier noch einmal das Wichtigste kurz zusammenfassen.

Unserem Verständnis nach braucht es für die Selbstliebe eigentlich nicht viel. Es bedeutet, dich selbst zu lieben, dich einfach genau so anzunehmen, wie du bereits bist. Mit all deinen Stärken und all deinen Schwächen. Besonders als Mütter müssen wir nicht alles perfekt machen, wir müssen weder unseren eigenen noch den Erwartungen der Gesellschaft entsprechen. Viel wichtiger ist, dass wir uns in unserer Ganzheit, ja, in unserer Unvollkommenheit, mit allen dazugehörigen Gefühlen annehmen können.

Dass dies mal leichter und mal schwerer fällt, versteht sich von selbst. Wir alle durchlaufen Phasen und (weibliche) Zyklen, erleben Schönes und Herausforderndes. Wir selbst, unsere Lebensumstände, Ansprüche, Ideale und Mitmenschen verändern sich.

Wenn wir von einer Polarität der Welt ausgehen, dann kann es auch nie nur Höhen geben. Nein, es braucht sogar Tiefen, um die Höhen überhaupt als solche empfinden zu können. Es gehört zu der Erfahrung als Mensch dazu, dass wir immer wieder Berge erklimmen, aber auch Täler durchschreiten. Die Selbstliebe schützt uns nicht vor schwierigen Erfahrungen, aber sie macht sie mitunter ein bisschen leichter erträglich, weil wir gelernt haben, nicht mehr vor unseren Ängsten, Gefühlen und Bedürfnissen wegzulaufen, sondern uns ganz bewusst und authentisch zu begegnen, anzunehmen, was ist, sowie Mitgefühl und Verständnis für uns selbst und unser Umfeld aufzubringen. Das tiefe Vertrauen, dass wir uns auf uns selbst verlassen können, und die Erlaubnis, alles zu fühlen und sich ggf. auch anderen mitzuteilen und um Hilfe zu bitten, wappnet uns für verschiedenste Situationen, denen wir im Leben begegnen werden.

Es kann jedoch Anteile in uns geben, die solch ein tiefes Vertrauen in uns selbst und unser Umfeld erschweren. Schon in der Kindheit haben viele von uns schwierige Erfahrungen gemacht, die uns unser Leben lang prägen und Glaubenssätze und Muster in uns verankert haben, welche wir nur schwer wieder loswerden. Wenn wir unser Selbstbild korrigieren möchten, kann es sich lohnen, sich einmal mit ebendiesen auseinanderzusetzen, genauso wie mit den Traumata unserer Jugendzeit. Gerade für uns Frauen gilt es auch, die Beziehung zur eigenen Mutter einmal näher zu beleuchten, ist sie doch ein so wichtiger Faktor, wenn es um die Entwicklung der Selbstliebe und weiblicher Identität geht. Eine vorhandene Mutterwunde fernab von Verurteilung zu heilen, kann ein Meilenstein auf dem Weg zu mehr Souveränität und Selbstliebe sein. Denn Verstehen und Vergeben sind wichtige Schlüssel, um sich aus einer Opferhaltung und vom Schmerz vergangener Tage zu befreien, wenn wir Selbstermächtigung anstreben.

Außerdem ist es sinnvoll, dir regelmäßig vor Augen zu halten, dass du der wichtigste Mensch in deinem Leben bist. Nur wenn du dich selbst liebst, wirst du auch bereit sein, die volle Verantwortung für dein Glück zu übernehmen, Grenzen zu setzen und dir ausreichend Zeit für die körperliche und seelische Selbstfürsorge zu nehmen. Dazu kann z. B. gehören, dass du deine Glaubenssätze hinterfragst und positiv umformulierst, dich bewusst ernährst, deinen Körper liebevoll pflegst und wertschätzt, dich selbst feierst, positiv bekräftigst und dankbar bist. Das, was dir nicht mehr zuträglich ist, darfst du loslassen. Was sich leicht und gut anfühlt und dir wirklich entspricht, dem darfst du folgen. Du kannst dich mit dir selbst rückverbinden, indem du eine Achtsamkeitspraxis entwickelst und den Kontakt zur Natur suchst. Und du darfst wählen, mit welchen Menschen du dich Tag für Tag umgeben möchtest. In der Kommunikation mit anderen solltest du du selbst sein dürfen und dich wohl und angenommen fühlen.

Selbstliebe in der Mutterschaft

Wir dürfen uns eingestehen, dass die Mutterschaft für viele Frauen eine Lebensphase ist, die nicht nur schöne Seiten hat, sondern uns auch vor Herausforderungen stellt. Mit der Geburt unseres ersten Kindes begann für uns ein besonders intensiver, schöner, aber auch anspruchsvoller Übergangsritus: der Startpunkt für ein Leben, in dem wir nicht mehr nur noch für uns selbst verantwortlich sind, unendlich viel Zeit für uns haben und vollkommen frei Entscheidungen treffen können, sondern auch die Verantwortung für ein anderes Lebewesen als dessen Mutter übernehmen. Ist es bei so einer wichtigen Aufgabe nicht nachvollziehbar, dass wir uns immer wieder mal fragen, ob wir wirklich gut genug sind, und diese Frage nicht immer aus ganzem Herzen und voller Selbstbewusstsein mit «Ja» beantworten können?

Wir alle haben negative Erfahrungen in der Vergangenheit gemacht, unsere Kindheit, unsere Familie, das soziale Umfeld und die Gesellschaft haben uns geprägt, sowohl positiv als auch negativ. Wir alle tragen Selbstzweifel in uns und auch die

Gleichzeitigkeit der alten und neuen Welt. Der Wunsch, uns (beruflich) selbst zu verwirklichen und eine «gute Mutter» zu sein, endet oft in Überforderung.

Es ist wichtig zu verstehen, dass vieles, von dem wir glauben, es als Frauen und Mütter sein zu müssen, von einer patriarchalischen Weltsicht herrührt und uns gar nicht zuträglich ist. Die Auseinandersetzung mit dem Thema Weiblichkeit kann folglich ein weiterer Anhaltspunkt hin zu mehr Ganzheitlichkeit und Selbstliebe im Kontext der Mutterschaft sein. Wenn wir ein Verständnis dafür entwickeln, dass es sowohl die männlichen als auch die weiblichen Anteile auszuleben gilt, wenn wir es nicht mehr als Schwäche empfinden, uns hinzugeben oder verletzlich zu zeigen und erfahren, dass es nicht egoistisch ist, sich abzugrenzen und auch mal «Nein» zu sagen, dann ist authentische Mutterschaft möglich.

Auch wenn viele von uns meinen, sich durch die Mutterschaft verloren zu haben, so birgt sie doch große Chancen der Weiterentwicklung. Sie gibt uns die Möglichkeit, uns noch einmal ganz neu mit uns selbst auseinanderzusetzen und Schattenthemen aufzuarbeiten, die gerade durch all die Gefühle und Dinge, die Kinder in uns (wieder) hervorrufen, aus den Tiefen unserer Psyche hochgeholt und losgelassen werden können. Unsere Kinder ermöglichen es uns dadurch, einen Weg einzuschlagen, der wirklich unserem Herzen entspringt. Ganz bei uns anzukommen, unsere unterschiedlichen Facetten anzunehmen und darauf zu vertrauen, dass wir genau so sind, wie wir mit dem Moment unserer eigenen Geburt gedacht waren, kann zu einem erfüllteren Leben führen – für uns und unsere Kinder.

Wenn wir uns selbst lieben, werden wir auch die Kapazitäten haben, unsere Kinder wirklich bedingungslos zu lieben und ihnen als gute Vorbilder voranzugehen: als liebevolle, selbstbestimmte, authentische, verantwortungsvolle, kraftvolle, intuitive Frauen, die ihre Wünsche verfolgen, Bedürfnisse anerkennen und sich bewusst dazu entschieden haben, das Leben in schwierigen wie auch in leichten Phasen als Geschenk anzunehmen.

Indem wir Selbstliebe leben, uns trauen, einfach wir selbst zu sein, werden wir auch unsere Kinder dazu ermutigen, es uns nachzutun und all die Schönheit, die sie in sich tragen, als solche anzusehen. 🌷

> I believe that children are our future. Teach them well and let them lead the way. Show them all the beauty they possess inside. Give them a sense of pride to make it easier. Let the children's laughter remind us how we used to be.

Linda Creed

Nachwort – Oder: Wie wir an und mit diesem Buch wachsen durften

Als wir im Februar 2020 den Vertrag zu diesem Buch unterzeichneten, freuten wir uns auf das Schreiben und gingen davon aus, dass wir den Veröffentlichungstermin Ende des Jahres einhalten würden. Wir wussten weder, dass uns eine Pandemie bevorstand, die uns als Müttern kaum Zeit und Raum für diese Aufgabe lassen würde, noch dass unser Thema für Millionen von Müttern gerade durch die aktuellen gesellschaftlichen Herausforderungen eine noch größere Relevanz bekommen würde.

Es gab Momente, da dachten wir: Wahrscheinlich entsteht dieses Buch überhaupt nicht. Denn uns machte die Doppelbelastung zu schaffen, gleichzeitig im Homeoffice zu arbeiten und unseren Kindern im häuslichen Rahmen besonders viel Nähe, Liebe und Sicherheit zu geben, um ihnen trotz des Tumults im Außen weiterhin einen halbwegs normalen Alltag zu ermöglichen.

Unser Verleger ist glücklicherweise der geduldigste Mensch auf Erden und nahm uns sofort unsere Ängste und Sorgen, was die Veröffentlichung anging.

Was aber blieb, waren viele Situationen, die uns vor große Hürden in Sachen Selbstfürsorge stellten und uns die Chance gaben, mit und an diesem Buch zu wachsen.

In manchen Monaten schrieben wir nicht eine einzige Zeile. Es war nicht leicht zu ertragen. Aber genau das war eine der wichtigsten Lektionen: Uns nicht vom Außen oder von uns selbst bedrängt zu fühlen, liefern zu müssen, sondern den weiblichen Weg zu wählen und zu warten, bis die Kraft, die Inspiration und die Motivation kamen und uns mitnahmen. Auch die schwierigen Momente auszuhalten, jegliche Gefühle stehen zu lassen.

Mit einigen Themen, die dir in diesem Buch begegnet sind, machten wir aufs Neue Bekanntschaft: die Angst, uns zu zeigen. Der Druck, uns beeilen und etwas leisten zu müssen. Die Sorge, nicht gut genug zu sein. Jedoch zeigte sich auch die Freude, kreativ zu sein und etwas entstehen zu lassen. Nicht, weil die Zeit rannte, sondern weil der richtige Zeitpunkt endlich gekommen war.

Wir hoffen, dass auch du den Mut hast, das zu verwirklichen, wofür dein Herz brennt. Dass du Freude darin findest, die Rolle einzunehmen, die du dir für dieses Erdenleben ausgesucht hast. 🌷

Dank

Joy:

Ich bedanke mich bei all denjenigen, die durch ihre Verbindung zu mir zur Entstehung dieses Buches beigetragen haben. Indem sie mir ihre Geschichten erzählten, mich an ihren Ängsten und Sorgen teilhaben ließen, mich durch ihre Reaktionen vor Herausforderungen stellten, die dann wiederum Wachstumsprozesse einleiteten, welche in dieses Buch einfließen durften. Ich danke den Soulmates, die mich durch ihre bedingungslose Liebe bestärken, diejenige zu sein, die ich bin, mit all meinen Stärken und Schwächen. Denjenigen, die im richtigen Moment mit den richtigen Impulsen zu mir kamen und mir Zeichen gaben, dass ich auf dem richtigen Weg bin, egal, wie ungewöhnlich oder unbeschritten er manchmal aussehen mag.

Kirsten:

Ich bedanke mich bei allen, die mich beim Schreiben dieses Buches unterstützt haben. Bei meinem Mann, meiner Familie und meinen Freunden, die immer an mich glauben und mir mit Rat und ihrer ehrlichen Meinung geholfen haben. Ich bin sehr dankbar, so viel Liebe und Wertschätzung von meinem Umfeld zu erfahren und dass es so viele Menschen um mich herum gibt, bei denen ich genau die sein darf, die ich bin.

Insbesondere danke ich all den großartigen Frauen und Müttern, in deren Kreis ich Mutterschaft und Sisterhood erleben darf und die diesem Buch durch ihre ehrlichen Stimmen und Erfahrungsberichte eine ganzheitlichere Perspektive verliehen haben.

Ich weiß euer aller Anwesenheit, Toleranz, Weisheit, Offenheit, Ehrlichkeit, Authentizität und Liebe zu schätzen, die mir meinen eigenen Weg in die Selbstliebe erleichtert haben und mir jeden Tag dabei helfen, ihn weiterzugehen.

Dankbar sind wir außerdem für den Austausch mit Susana Pallas von Trance Balance, die uns geholfen hat, Blockaden zu lösen, welche uns den Schreibprozess erschwert haben.

Des Weiteren bedanken wir uns bei unserem wunderbaren Verleger, Maximilian Mika, dessen Verständnis und Geduld uns grenzenlos erschienen und ganz gewiss gerade in der oft so schnelllebigen Verlagswelt nicht selbstverständlich sind. Ebenso ein herzliches Dankeschön an unsere Lektorin Lena-Charlotta Bauer, die uns mit ihrem guten Gespür für textliche Feinheiten geholfen hat, unsere Inhalte an den richtigen Stellen zu optimieren.

Und natürlich bedanken wir uns bei dir, liebe Leserin (oder in manchen Fällen auch lieber Leser). Danke, dass du dich dafür entschieden hast, ein Stück deines Weges mit unserer Begleitung zu gehen! 🌹

Austausch

Wenn du magst, lass uns sehr gerne an deinem Weg teilhaben. Benutze dafür gern den Hashtag #feelinglovedbuch.

Falls du es lieber klein und persönlich magst, um Fragen, Anregungen, Lob oder Kritik loszuwerden, schreib uns doch einfach eine E-Mail an info@remote-verlag.de.

Endnoten

1 Giesselmann, Marco (2018): Mutterschaft geht häufig mit verringertem mentalem Wohlbefinden einher, DIW Berlin, Wochenbericht Nr.35. https://www.diw.de/documents/publikationen/73/diw_01.c.596751.de/ 18-35-1.pdf, 07.04.2022. **S. 29**

2 Cammarata, Patricia (2020): Raus aus der Mental Load Falle – Wie gerechte Arbeitsteilung in der Familie gelingt, Beltz Verlag, 5. Auflage. **S. 54**

3 Mütterkuren ohne Kind werden beispielsweise vom Müttergenesungswerk angeboten. Weitere Informationen findest du auf: https://www.muettergenesungswerk.de/ **S. 55**

4 Heimhard, Heide-Marie (2020): Sacred Woman – Die Erweckung der weiblichen Urkraft, Vivitaverlag Scheßlitz, S.45. **S. 60**

5 Schwarz-Schilling, Alexandra/ Müller, Christin (2006): Zu zweit – Beziehungscoaching für Singles und Paare, Orlanda Frauenverlag GmbH, Berlin, S.94. **S. 62**

6 Statistisches Bundesamt (2022): Gender Pay Gap 2021, https://www.destatis.de/DE/Presse/Pressemitteilungen/2022/03/PD22_088_621. html, 12.05.2022. **S. 63**

7 Wegelin, Natascha (2018): Bali statt Bochum – Wie jede Frau ihr Ticket in die finanzielle Unabhängigkeit löst, S.2. **S. 64**

8 Schwarz-Schilling/Müller, S.146. **S. 81**

9 Schwarz-Schilling/Müller, S.155. **S. 84**

10 Richardson, Diana (2011): Slow Sex – Zeit finden für die Liebe. integral-Verlag, Verlagsgruppe Random House GmbH, München. **S. 87**

11 Heimhard, S.169f. **S. 107**

12 vgl. Vitti, Alisa (2014): WomanCode – Perfect Your Cycle, Amplify your Fertility, Supercharge your Sex Drive, and Become a Power Source, HarperCollins Publishers. **S. 133**

13 vgl. Hay, Louise (2016): Mirror Work – 21 Days to Heal your Life. Hay House UK. **S. 143**

14 Association for Psychological Science (2012): Grin and Bear it – Smiling Facilitates Stress Recovery, https://www.psychologicalscience.org/news/ releases/smiling-facilitates-stress-recovery.html/ **S. 144**

15 Hamilton, David (2013): 5 Ways that Positivity and Happiness can Protect you from Illness and even help you to Live Longer, https://drdavidhamilton.com/5-ways-that-positivity-and-happiness-can-protect-you-from-illness-and-even-help-you-live-longer/, 11.05.2021. **S. 145**

16 z. B. durchgeführt von der Psychologin Leah Dickens an der Northeastern University in Boston **S. 179**

17 Weitere Informationen und Materialien findest du auf der deutschen Website von Byron Katie: https://thework.com/sites/de/ **S. 185**

18 Ein Autor, der sich bspw. mit dem Thema beschäftigt hat, ist Jesper Juul in seinem Buch «Grenzen, Nähe, Respekt: Auf dem Weg zur kompetenten Eltern-Kind-Beziehung» (2009). **S. 240**

Quellenverzeichnis

- Association for Psychological Science (2012): Grin and Bear it – Smiling Facilitates Stress Recovery, https://www.psychologicalscience.org/news/releases/smiling-facilitates-stress-recovery.html/comment-page-1, 6.4.2022.

- Cammarata, Patricia (2020): Raus aus der Mental Load Falle – Wie gerechte Arbeitsteilung in der Familie gelingt, 5. Auflage, Beltz Verlag, Weinheim.

- Giesselmann, Marco (2018): Mutterschaft geht häufig mit verringertem mentalem Wohlbefinden einher, DIW Berlin, Wochenbericht Nr. 35, https://www.diw.de/documents/publikationen/73/diw_01.c.596751.de/18-35-1.pdf, 7.4.2022.

- Hamilton, David (2013): 5 Ways that Positivity and Happiness can Protect you from Illness and even help you to Live Longer, https://drdavidhamilton.com/5-ways-that-positivity-and-happiness-can-protect-you-from-illness-and-even-help-you-live-longer/, 11.05.2021.

- Hay, Louise (2016): Mirror Work – 21 Days to Heal Your Life. ©Hay House UK.

- Heimhard, Heide-Marie (2020): Sacred Woman – Die Erweckung der weiblichen Urkraft, Vivitaverlag, Scheßlitz.

- Juul, Jesper (2009): Grenzen, Nähe, Respekt – Auf dem Weg zur kompetenten Eltern-Kind-Beziehung, ©18. Auflage, Rowohlt Verlag, Hamburg.

- Katie, Byron: https://thework.com/sites/de/, 13.5.2022.

- Richardson, Diana (2011): Slow Sex – Zeit finden für die Liebe, 11. Auflage, Integral Verlag, München.

- Schwarz-Schilling, Alexandra/Müller, Christin (2006): Zu zweit – Beziehungscoaching für Singles und Paare, Orlanda Frauenverlag GmbH, Berlin.

- Statistisches Bundesamt (2022): Gender Pay Gap 2021, https://www.destatis.de/DE/Presse/Pressemitteilungen/2022/03/PD22_088_621.html, 12.05.2022.

- Vitti, Alisa (2014): WomanCode – Perfect Your Cycle, Amplify your Fertility, Supercharge your Sex Drive, and Become a Power Source, 1. Auflage, HarperOne, New York.

- Wegelin, Natascha (2018): Bali statt Bochum – Wie jede Frau ihr Ticket in die finanzielle Unabhängigkeit löst, E-Book.

Entdecke
weitere Bücher in unserem
Online-Shop

www.remote-verlag.de

Printed in Poland
by Amazon Fulfillment
Poland Sp. z o.o., Wrocław

11418358R00148